닥치고 버텨라

닥치고
버텨라

안주석 지음

출근길에 울려 퍼지는 힘찬 응원가

한 장의 입사원서가 인생을 바꾸어 놓았다. 1980년대 초반, 지방대화학공학과 졸업을 앞두고 있던 나는 취업이라는 첫 관문 앞에서 막막함과 정면으로 마주했다. 어려운 살림 속에서도 대학까지 보내주신 부모님의 은혜를 어떻게 갚아야 할지, 과연 직장을 구할 수는 있을지 하는 걱정이 꼬리를 물었다. 그때 한 친구가 건네준 L 그룹 공채 입사원서는 어두운 길을 환히 밝혀준 운명의 선물이었다.

지방의 화학공장에서 시작된 직장생활은 35년이라는 긴 여정으로 이어졌다. 생산부 말단 사원에서 시작하여 기술파트, 신규사업, 생산과장, 본사 기획 기술파트를 거쳐 생산부장이 되었고, 직장인의 꽃으로 불리는 임원으로 승진하여 공장장, 영업 본부장, 생산본부장, 사업부장, 계열사 대표까지 오르게 되었다. 남들이 부러워하는 직장인의 길을 걸었지만 그 길은 결코 순탄치만은 않았다. 그래도 굽이굽이 그 모든 순간이 값진 배움의 시간이었다.

퇴직을 앞두고 새로운 도전을 시작했다. 경희사이버대학교 대학원에서 관광학 석사과정을 마치고, 퇴직 후 경희대학교 일반대학원에서 관광학 박사학위를 취득했다. 4년간 경희대학교에서 강의하며 제2의 인생을 준비했다. 인생 1막의 경험들은 직장생활 이후의 삶을 어떻게 설계해야 할지에 대한 소중한 통찰과 혜안을 열어주었다.

바야흐로 100세 시대다. 준비된 자에게만 축복인 100세 시대는 먼 미래가 아닌, 성큼성큼 현실로 다가오고 있다. 1막을 내려오면 30년을 훌쩍 넘는 세월이 이 시간은 어떻게 채울 거냐고 묻는다. 단순히 노마드적 삶을 추구하거나, 1인 기업가의 길만을 고집하거나, 혼자만의 삶을 살아가는 것이 과연 해답일까? 우리는 이제 이 질문에 진지한 답을 내놔야 한다.

회사생활에 곱지 않은 시선을 쏘아대는 사람들은 직장인을 '영혼을 끌어다 파는 노예생활'로 폄훼하고, '현재의 희생'으로 단정 짓기조차 한다. 각종 미디어들도 월급쟁이의 고단한 삶을 연일 클로즈업시키니 열심히 일하는 직장인들의 어깨는 절로 초라해진다.

하지만 나는 다른 제안을 하고 싶다. 인생의 활동기 70년을 '책임의 시기'와 '자아실현 시기'로 나누어 보자는 것이다. 직장생활이 단순한 돈벌이가 아닌, 가족을 부양하고 미래를 준비하는 소중한 '인생 1막'이 되게 하자는 것이다. 견실한 1막의 토대 위에서 진정한 자아실현은

'인생 2막'에서 추구하자.

　이 책은 직장인을 위한 안내서이다. 갈림길에서 방향을 일러주는 나침반이자 이정표다. 순간순간 막막해도 끝까지 가보라고 지친 어깨를 툭 쳐주는 힘찬 응원가다. 신입사원부터 고위 임원까지 각자의 위치에서 필요한 지혜와 노하우를 담았다. 야무지게 버텨 직장에서 꽃을 피우는 방법, 동료와 상사 사이에서 균형을 잡는 노하우, 자신의 몸값을 높이는 팁을 들려줄 것이다. 직장이 주는 가치와 의미를 재발견하고, 더 나은 미래를 준비하는 지혜도 서로 나눌 것이다.

　《닥치고 버텨라》는 직설적이면서도 현실적인 메시지를 전달하고, 독자의 공감을 얻기 위하여 체계적인 구성을 하고자 노력하였다. 현재 직장 환경의 변화 인식1장, 직장인의 현실과 고민2장, 미래 준비의 중요성3장, 실질적인 성공 전략4~6장, 위로와 희망7장으로 장을 나누었다.

　특히 본 책의 특이점은 '생각정리' 코너이다. 각 글마다 한 개의 질문과 동감하는 부분을 정리하는 코너를 만들었다. 정답은 없다. 자신에게 편하게 이야기하듯이 적어보라. 다 적으라는 것은 아니다. 하고 싶을 때, 하고 싶은 페이지만 적어도 된다.

50여 개의 생각정리 코너 중 몇 개만 해도 좋다. 한번 해보고, 시간이 흐른 뒤에 또 해보자. 그러는 사이 자신을 발견할 수도 있을 것이다. 나는 독자 여러분 중에 단 한 명이라도 생각정리를 따라 적어 나가다가 자신을 발견하게 된다면 그것으로 만족한다.

직장은 월급 그 이상이어야 한다. 돈이라는 상자에 꿈을 가두면 직장이 주는 행복은 볼품없이 쪼그라든다. 모든 것이 가벼워지는 시대에도 버티는 힘은 여전히 미덕이다. 고비의 순간엔 버티는 힘이 이기는 힘이 된다. 이 책이 직장으로 향하는 독자 여러분의 발길을 가볍게 하는 응원가가 되고, 성장으로 가는 작은 디딤돌이 되었으면 한다.

2025년 봄을 맞이하며
안 주 석

| 목차 |

1장

직장의 패러다임이 바뀐다

지금의 직장에서 시작하라

끊임없는 도전과 선택의 연속, 그것이 바로 직장인의 삶이다.

디지털 시대의 도래는 새로운 기회를 열어주었지만, 동시에 예측할 수 없는 위험도 몰고 왔다. 매일 아침 스마트폰을 열면 쏟아지는 성공 신화들은 지친 직장인의 마음을 흔든다. "제주도 카페에서 인생 2막 시작", "퇴사 1년 만에 월 500만 원 달성", "회사 때려치우고 세계일주 시작"과 같은 현혹적인 이야기들은 많은 직장인에게 달콤한 도피처가 되어준다.

인스타그램과 틱톡에는 화려한 삶을 살아가는 청년 창업가들의 일상이 끊임없이 흘러넘친다. '휴먼스 오브 서울'과 '브랜드 스토리'에서 매일같이 공유되는 젊은 사업가들의 성공담은 수많은 퇴준생의 마음을 설레게 한다. 하지만 이 반짝이는 성공 스토리의 이면에는 우리가 주목해야 할 보이지 않는 그림자가 있다.

직장인 사이에서는 퇴사각[1], 사표병[2]과 같은 신조어들이 일상적으로 사용된다. 하나같이 요즘 직장인들의 심리 상태를 반영한다. '님블워크[3]'로 불리는 잦은 이직이 새로운 트렌드로 자리 잡은 지 오래다. 평균 직장 유지 기간이 점차 짧아지고 있으며, 특히 MZ세대에서 이러한 경향이 두드러진다. 이투데이뉴스, 2021년 8월 10일 기사에 따르면, 직장인의 82%가 사표충동 경험이 있다고 한다. 요즘 직장인들의 심리적 불안정성을 여실히 보여주는 지표이다. 충동적으로 사표를 내고 싶은 이유로는 아무리 열심히 해도 제대로 평가와 보상을 받지 못할 때가 48.8%복수응답로 가장 높았다.

　억울하게 혼났을 때 36.2%, 상사와 고객사로부터 갑질이나 폭언을 당했을 때 31.1%, 반복되는 업무에 지겨울 때 30.3%, 일이 너무 많아 야근과 주말출근이 계속될 때 28.7%, 동료직원들과 트러블이 생겼을 때 24.2% 등의 순으로 나타났다.

　파이어족[4]은 많은 젊은이의 로망이다. 조기 은퇴를 목표로 하는 파이어족의 증가세는 직장 문화에 대한 불만족을 고스란히 반영한다. '머릿속에 드는 생각, 나는 왜 이렇게 살고 있지?'라는 밈[5]이 MZ세대 사이에서 폭발적인 공감을 얻는 것도 당연해 보인다. 모두 현대 직장인의 실존적 고민을 오롯이 담고 있다.

---

1 퇴사각: 갑자기 퇴사하고 싶은 충동이 드는 현상으로, 주로 2~3년 차에 발생
2 사표병: 충동적으로 사표 내고 싶은 병적인 욕구로, 스트레스 상황에서 심해짐
3 님블워크: 민첩한, 날렵한이라는 뜻의 Nimble과 Work의 합성어. 한 직장에 오래 머무르지 않고 더 나은 조건을 찾아 수시로 이직하는 현상
4 파이어족Financial Independence, Retire Early: 경제적 자립으로 조기 은퇴를 목표로 하는 사람들
5 밈meme: 인터넷에서 재미있는 이미지, 영상, 문구 등이 빠르게 퍼지면서 많은 사람들에게 인기를 끌고, 이를 모방 혹은 변형한 다양한 형태의 콘텐츠 생성

하지만 성공 뒤에 숨겨진, 수치적 현실은 냉혹하다. 성공 사례로만 포장된 이야기들의 이면에는 수많은 실패와 좌절이 존재한다. 카페 창업, 유튜브 크리에이터, 주식투자 등 온갖 달콤한 대안들이 모두에게 길이 되고 답이 될 수는 없다. 인간의 약점은 강 건너 초원이 더 푸르게 보이고, 남의 떡이 더 맛있게 보인다는 것이다. 여기에 함정이 있다.

실제 통계를 보면 신규 창업의 성공률은 매우 낮다. 중소벤처기업부의 통계에 따르면, 자영업자의 5년 생존율은 27.5%에 불과하다. 10명 중 7명 이상이 5년 내에 사업을 접는다는 의미이다. 27.5%는 덥석 잡기에는 리스크가 아주 높은 수치다.

가성비를 중시하는 MZ세대의 소비 특성상 신규 창업의 경쟁력 확보는 더욱 어려워지고 있다. 소비자들의 눈높이가 높아지면 수익성은 악화되는 게 경제학의 일반적인 원리다. 유튜브 크리에이터의 경우도 마찬가지다. 한 조사에 따르면 구독자 1만 명 이상의 채널은 전체의 1% 미만이며, 수익을 창출하는 채널은 더욱 적다.

N잡러를 꿈꾸는 이들도 많지만, 현실은 한 개의 일자리도 구하지 못하는 N무러가 수두룩하다. 부업의 성공률도 생각보다 높지 않다. '부업=성공'이라는 등식은 위험한 착각일 뿐이다. 안정적인 수입 없이 부업만으로 생계를 유지하기는 매우 어렵다.

전문가들은 안정적인 주업 없이는 부업도 위험하다고 경고한다. 재무적 안정성이 확보되지 않은 상태에서의 도전은 더 큰 위험을 초래할 수 있다. 우람한 기둥에 기와를 올려야 지붕이 내려앉지 않는다.

플렉스[6]하는 일상을 보여주는 SNS 이면에는 수많은 실패 사례가 숨어 있다. 선택의 출발점은 냉혹한 현실 직시다.

1년 차부터 시작해서 흔들리는 2년 차, 불안한 3년 차를 거치며 많은 이들이 이직을 고민한다. 이직의 고민은 직장인이라면 누구나 겪는 일종의 성장통이다. 온라인 커뮤니티에는 "이직하면 인생역전?"이라는 유혹적인 질문이 끊임없이 올라온다. 하지만 현실은 이상보다 늘 차갑다.

경력직 인터뷰에서 장기 근속자들이 더 좋은 평가를 받는다는 점을 주목해야 한다. 기업들은 여전히 안정성과 충성도를 중요하게 평가한다. 잡플래닛의 분석에 따르면, 동일 직무 경력이라도 한 회사에서의 장기근속은 더 높은 가치를 인정받고 있다. 이는 경력관리에 있어 중요한 참고사항이다.

인류 역사에서 급격한 사회 변화는 늘 있어왔다. 산업혁명 시기의 기계화, 디지털 혁명으로 인한 정보화 사회로의 전환, 그리고 최근의 인공지능과 자동화까지. 급진적으로 보였던 모든 변화는 결국 새로운 균형점을 찾아갔고, 사회는 그 나름의 방식으로 안정을 되찾았다.

증기기관의 등장으로 일자리를 잃을 것이라 걱정하던 이들은 새로운 직업을 발견했고, 컴퓨터의 보급으로 인간의 역할이 축소될 것이란 예상과 달리 더 창의적인 일자리들이 생겨났다.

이러한 관점은 현재 우리가 겪고 있는 변화와 불확실성을 이해하는 데 도움을 준다. 이는 우리에게 넌지시 건네주는 희망의 메시지이기

---

6 플렉스Flex: 과시하다, 자랑하다라는 의미의 신조어로, 주로 자신의 부나 성공을 SNS에서 과시하는 행위를 지칭

도 하다. 모든 시대는 나름의 도전과 기회가 뒤엉켜 있다.

트렌드는 하나의 흐름으로 이상한 것이 아니며 호들갑을 떨 일도 아니다. 모든 변화는 자연스러운 진화의 과정이다. 세상이 흔들린다고 덩달아 나까지 흔들릴 필요는 없다. 오히려 이럴 때일수록 더욱 단단히 버티며 자신의 길을 걸어가야 한다.

저녁이 있는 삶을 위해서는 '사표'가 아닌 '성장'을 선택해야 한다. 당장의 도피보다는 장기적인 안정을 추구해야 한다. '오늘부터 열심히 안 해'라는 자조 섞인 유행어 대신, '오늘도 열심히 성장해'를 선택하라. 지금 이 순간, 당신의 직장에서 새로운 미래를 시작하라. 현재의 위치에서 최선을 다하라. 미래의 성공은 절로 따라올 것이다.

생각정리

1. SNS와 나

◎ 스마트폰을 열면 쏟아지는 성공 신화들에 대해 어떻게 생각하나요?

Ⓐ 나의 생각

2. 공감 찾기

◎ 이 글에서 공감하는 부분은 어떤 것이 있나요?

Ⓐ 나의 생각

1.2

하고 싶은 일만 할 수는 없다

'하고 싶은 일을 하면서 살면 좋겠다.'

퇴근길 지하철에서 스마트폰을 보며 한숨 쉬는 직장인들의 마음속에 늘 자리 잡고 있는 생각이다. 쳇바퀴처럼 무한 반복되는 일상의 업무에 지친 현대인에게 '하고 싶은 일'은 간절히 꿈꾸는 로망 중 하나다. 하지만 분명한 것은 직장은 회사가 원하는 일을 시키고 그 대가로 월급을 준다는 사실이다. 하고 싶은 일만 할 수 없는 게 직장인의 운명이다.

《소심한 정대리는 어떻게 1년만에 10년치 연봉을 벌었을까》의 저자 정상현은 직장인의 로망을 현실로 바꾼 대표적 인물이다. 그는 외국계 제약회사에서 7년간 직장생활을 했는데 내성적인 성격으로 조직생활에 어려움을 겪었다.

그러던 중 직장 5년 차부터 틈틈이 써온 판타지 소설이 온라인 플랫폼에서 유료 연재에 성공하자, 과감히 회사를 그만두고 1인 콘텐츠 크리에이터의 길을 선택했다. 그는 기술혁신이 마련해 준 다양한 플랫폼 덕에 누구나 1인 콘텐츠 창업이 가능하다고 강조한다.

그러나 통계가 보여주는 현실은 그리 녹록하지 않다. 인크루트[7]가 직장인 대상으로 설문 조사를 실시하였다. "퇴사한 회사에서 콜이 온다면 어떻게 할 것인가?"라고 물으니, 직장인 67.9%가 "다시 돌아간다"라고 답했다.

퇴사 후 재입사하는 것에 대해 어떻게 생각하는지 묻는 질문에는 62.3%가 긍정적인 반응을 나타냈다. 매우 긍정적 16.8%, 대체로 긍정적이 45.5%로 나타났다. 부정적이라는 답변에서는 대체로 부정적이 31.6%, 매우 부정적이 6.1%였다. 〈그림 1.2-1〉 참조

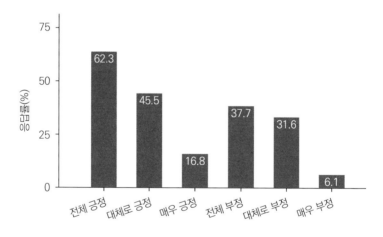

〈그림 1.2-1〉 재입사에 대한 인식조사

긍정적이라고 답변한 응답자들을 대상으로 연차별로 분석한 결과, 연차가 낮을수록 긍정적 비율이 높았다. 신입~2년 차가 63.4%

---

7 인크루트, 2024년 5월 14~29일, 1,292명을 대상으로 설문 조사, 더페어 https://www.thefairnews.co.kr

로 가장 높았다. 3~5년 차 40.9%, 12~14년 차 13.4%, 15~17년 차 14.8%로 나타났다.

직장의 울타리가 답답하다고 하소연을 하지만 그 울타리를 벗어나면, 그게 세상의 찬바람을 얼마나 막아주었는지 실감한다. 세상은 그리 호락호락하지 않다. 현실과 이상 사이에 놓인 벽은 생각보다 두텁고 높다. 자신이 좋아하는 일의 장밋빛 면만 쳐다보다간 자칫 곤혹을 치르는 게 세상사다.

"좋아하는 일도 직업으로 삼으면 더는 그 일을 좋아하지 않게 된다"라는 말처럼, 취미가 생계 수단이 되는 순간 그 의미와 무게가 달라진다. 순수한 즐거움으로 하던 일이 돈벌이 수단이 되면 스트레스로 돌변하는 경우가 허다하다.

코로나 시기에 많은 젊은이들이 즐겼던 골프를 보자. 같은 장소에서 같은 시간을 보내는데도 골프를 즐기는 사람은 돈을 지불하고도 즐거운 반면, 돈을 받는 캐디는 힘들다. 모든 직업에는 겉으로 보이는 것 외에도 많은 부분이 존재한다.

"인생은 멀리서 보면 희극이지만 가까이에서 보면 비극"이라고 했다. 멀리서 반짝반짝 유혹하는 로망도 현실이라는 망원경으로 들여다보면 생각지 못한 의외의 것들이 차갑게 눈에 들어온다.

하고 싶은 일만 하며 살 수 있을까? 《일에 관한 9가지 거짓말》의 저자 마커스Marcus와 애슐리Ashley는 이에 대해 사치라고 단언한다. 자신이 즐기는 일을 직업으로 살아간다는 것은 쉽지 않다. 좋아하는 일을 통해 성공까지 거둔다면 더없이 행복한 일이다. 하지만 이런 사례는 극소수에 불과한 것이 냉엄한 현실이다.

MZ세대는 워라밸과 소확행을 중시하지만 이들 역시 현실과 이상 사이에서 고민한다. 이상적인 삶을 추구하면서도 현실적인 제약을 무시할 수 없는 것이 모두의 현실이다. 도전은 이를 감당할 준비가 되어 있는 자에게만 진정한 자격이 있다. 흔히 '꿈꾸는 대리'보다 '현실적인 대리'가 되라고 한다.

기획팀에서 일하고 싶었지만 영업팀에 배치받았을 때, 창의적인 제안이 현실적인 이유로 받아들여지지 않을 때 직장인은 좌절감을 느낀다. 누구나 겪는 이런 좌절이 반드시 부정적인 것만은 아니다. 오히려 이러한 경험들이 우리를 더 단단하게 만들어주고, 예상치 못한 기회가 될 수도 있다.

플로우Flow 이론을 제시한 심리학자 칙센트 미하이Mihaly Csikszentmihalyi 는 행복이란 단순히 자신이 원하는 일을 하는 것에서 비롯되는 것이 아니라고 말한다. 오히려 현재 자신이 수행하고 있는 일의 가치를 발견하고, 그 일에 깊이 몰두하는 과정에서 행복이 찾아온다는 것이다.

이는 매우 중요한 통찰이다. 행복은 일의 외적인 조건보다 그것을 대하는 우리의 태도에 더 좌우된다. 어떤 일이든 그 속에서 의미를 찾을 수 있다면 그것이 곧 보람된 일이다. 실제로 성공한 많은 직장인이 처음에는 원치 않았던 업무에서 새로운 가능성을 발견했다고 증언한다. 설레며 일을 하는 사람은 우연을 기회로 바꾼다.

한 대기업 임원은 신입사원에게 이런 조언을 한다. "입사 초기에는 누구나 자신이 상상했던 것과 다른 현실에 실망한다. 하지만 주어진 업무에서 작은 성취를 만들어내고, 그것을 통해 성장하는 경험이 쌓이면 새로운 즐거움을 발견하게 된다."

진정한 프로는 하고 싶은 일과 해야 할 일 사이에서 균형을 찾아간다. 그들은 현실의 제약을 인정하면서도, 그 안에서 자신만의 의미와 가치를 발견한다. 월급루팡[8]이나 사표 폭격기[9]가 되는 대신, 현재의 위치에서 할 수 있는 최선을 다하며 성장한다.

결국 중요한 것은 '무엇을 하느냐'가 아닌 '어떻게 하느냐'이다. 어떤 일이든 그것을 대하는 우리의 태도가 핵심 변수이자 성공의 열쇠다. 하고 싶은 일만 할 수는 없지만, 하는 일을 좋아하게 될 수는 있다. 이는 직장인이라면 가슴에 새겨야 할 중요한 관점이다. 일을 대하는 태도가 바뀌면 일의 의미도 달라진다.

당장의 '좋아하는 일'이 아니더라도, 지금 하는 일을 '좋아하게 되는 법'을 배워라. 즉 덕업일치[10]도 좋지만, 업덕일치[11]가 오히려 더 현실적인 전략일 수 있다. 지금 내가 하는 일을 좋아하면 그 외 것들은 각자 알아서 잘 굴러간다. 그 노하우를 알아내는 것, 그게 직장인 최고의 지혜다.

---

8 월급루팡: 월급과 프랑스의 유명한 도둑 캐릭터 루팡의 합성어로, 적당히 일하고 월급만 받아가는 사람이라는 부정적인 뉘앙스를 담고 있음
9 사표 폭격기: 충분한 고민 없이 즉흥적으로 퇴사를 결정하는 경향이 있는 사람
10 덕업일치: 자신이 열성적으로 좋아하는 것을 업으로 삼는다는 의미로, 덕후 덕질과 업의 합성어
11 업덕일치: 자신이 하는 일을 좋아하게 되는 것

생각정리

1. 업덕일치

◎ 지금 하는 일을 좋아하기 위해 시도해 볼 수 있는 방법은 무엇인가요?

Ⓐ 나의 생각

2. 공감 찾기

◎ 이 글에서 공감하는 부분은 어떤 것이 있나요?

Ⓐ 나의 생각

💡 작성 팁: 정답은 없습니다. ① 솔직하게 적어보세요. ② 시간을 충분히 가지세요. ③ 동료나 멘토와 함께
이야기를 나누어보는 것도 좋습니다. ④ 3~6개월 후 다시 작성해 보면 변화를 볼 수 있습니다.

1.3

YOLO·워라밸·소확행·#아보하···

세상이 빠르게 변화하고 있다. 디지털 시대의 변화는 하루가 다르게 가속도가 붙는다. YOLO, 워라밸, 소확행, #아보하, 노마드, 갓생[12], 미라클모닝, 랜선라이프, N잡러와 같은 신조어들은 빛의 속도로 변하는 IT 시대의 희망과 불안을 동시에 반영한다.

뉴 트렌드를 받아들이는 방식은 세대별로 차이가 있다. MZ세대는 이러한 변화를 자연스럽게 받아들이고 적극적으로 실천하는 반면, 기성세대는 신중하게 접근하는 경향을 보인다. 이는 단순한 세대 차이를 넘어 가치관과 생활 방식에 근본적인 차이가 있음을 보여준다.

이러한 트렌드의 확산은 소셜미디어의 영향력과 밀접한 관련이 있다. 인스타그램, 유튜브 등의 플랫폼을 통해 새로운 라이프스타일이 빠르게 전파되고 있으며, 이는 우리의 일상생활에 직접적인 영향을 미치고 있다.

---

12 갓생: 신God과 인생의 합성어로, 부지런하고 생산적이며 이상적인 삶을 의미 예) 아침 6시 기상, 운동, 독서, 공부 등 자기계발에 충실한 생활

"인생은 한 번뿐이야. 지금 이 순간을 즐기자!" YOLO You Only Live Once를 외치는 젊은이들의 목소리에는 복잡한 속내가 담겨 있다. 평생 직장이 사라진 시대, 내 집 마련의 꿈이 하루하루 멀어지는 현실, 늘어만 가는 청년실업…, 이런 불확실한 미래 앞에서 그들은 현재의 행복을 선택한다.

생존 전략도 꾸준히 진화 중이다. N잡러와 사이드 허슬[13]이 새로운 표준이 되어가고 있다. N잡러는 단순한 부업의 개념을 넘어선다. 다양한 경험과 수입원을 통해 자신의 가능성을 확장하고, 경제적 안정성을 높이려는 전략적 선택으로 볼 수 있다.

디지털 기술의 발전은 이러한 N잡러 문화를 더욱 가속화시킨다. 온라인 플랫폼을 통해 누구나 콘텐츠 크리에이터가 될 수 있고, 재택근무의 보편화로 시간 활용이 유연해지면서 부업을 병행하기가 더욱 수월해졌다.

워라밸은 진화를 거듭하며 일과 삶의 통합 Work-Life Integration으로 발전하고 있다. 일과 삶을 완전히 분리하는 것이 아니라 조화롭게 통합한다. 이는 단순히 일과 삶의 균형을 맞추는 것을 넘어, 둘을 유기적으로 결합하려는 새로운 시도이다.

코로나19 이후 재택근무와 유연근무가 일상화되면서 일과 삶의 경계는 갈수록 모호해지고 있다. 하이브리드 워크[14], 디지털 노마드 2.0, 워케이션 등 새로운 근무 형태가 등장했고, 이러한 변화는 더욱 가속

---

13 사이드 허슬Side Hustle: 본업 외 추가 수입을 위한 부업 활동으로, 자신의 전문성이나 취미를 활용한 수익 창출 예) 직장인 주말 강의, 온라인 콘텐츠 제작
14 하이브리드 워크: 사무실, 재택근무를 혼합한 근무 형태 예) 주 3일 사무실 출근, 2일 재택근무

화되고 있다.

하지만 이면을 들여다보면, 진정한 워라밸은 단순히 근무 시간을 줄이는 것이 아님을 알 수 있다. 더 적은 시간에 더 효율적으로 일하고, 남은 시간을 의미 있게 보내는 것이 핵심이다. 이는 시간관리와 자기관리 능력의 중요성을 더욱 부각시킨다.

미닝아웃이라는 새로운 트렌드가 주목받는 것도 이 때문이다. 의미 있는 소비와 생활을 추구하는 이 움직임은 제로 웨이스트, 착한 소비, ESG 라이프 등으로 확장되고 있다. 이는 단순한 소비나 활동을 넘어, 사회적 가치와 개인의 신념을 실천하려는 노력으로 볼 수 있다.

MZ세대를 중심으로 윤리적 소비와 지속 가능한 라이프스타일에 대한 관심이 높아지고 있다. 환경 보호, 동물 권리, 사회 정의 등 다양한 가치를 일상생활에서 실천하려는 움직임이 확산되고 있다.

소확행은 이제 마이크로 힐링[15]으로 발전했다. 홈카페에서 즐기는 핸드드립 커피, 베란다 텃밭 가꾸기, 반려 식물 키우기 등 일상 속 작은 행복을 찾는 문화가 빠르게 퍼져나가고 있다. 이는 일상에서 소소한 기쁨의 가치를 재발견하는 현대인이 급증하고 있다는 방증이다.

《트렌드 코리아 2025》에 의하면 행복을 향한 시선이 변화하고 있다. 소확행이라는 이름으로 행복을 과시하고 증명해야 한다는 강박에서 벗어나, 이제는 '아주 보통의 하루' #아보하를 추구하는 움직임으로 바뀌고 있다.

심화되는 사회·경제적 격차와 과시적인 소셜미디어가 지배하는 현

---

15 마이크로 힐링: 일상 속 작은 순간의 휴식과 치유 예) 점심시간 10분 명상, 출근길 커피 한잔

시대에서, MZ세대는 '반드시 행복해야 한다'는 강박적 신념에서 벗어나고 있다. 극단적인 행복이나 불행 대신, 평온하고 안정적인 일상을 선택하고 있다. 그저 오늘 하루를 무탈하게 보냈다는 것만으로도 가치 있다는 생각으로 삶을 살아가고 있는 것이다.

'평범한 하루'를 받아들이는 태도는 중요하지만, 이것이 현실 안주나 강요된 긍정성으로 흘러서는 안 된다. 더 나은 미래를 향한 희망과 도전 의식, 그리고 평범함을 수용하는 균형 잡힌 태도가 필요하다.

MZ세대는 이전 세대와는 다른 방식으로 성공과 행복을 정의한다. 물질적 성취나 사회적 지위보다는 개인의 만족과 자아실현을 중시하는 경향이 강하다. 밀레니얼 피로 증후군이나 Z세대의 불안으로 불리는 현상들은 이 시대의 단면을 보여준다. 높은 취업 장벽, 치솟는 집값, 불확실한 미래 등 다양한 사회적 문제들이 젊은 세대를 심리적으로 압박한다.

실력주의를 외치면서도 흙수저를 한탄하고, 갓생을 추구하면서도 번아웃에 시달리는 모순적인 현실은, 이 시대를 살아가는 현대인의 복잡한 심리를 반영한다. 이는 개인의 노력만으로는 해결하기 어려운 구조적 문제들의 존재를 시사한다. 세상은 다층적이다. 관계도 다층적이고, '나'라는 사람도 켜켜이 이질적인 것들이 뒤엉켜 있다.

우리는 이 시대를 어떻게 살아가야 할까? 트렌드의 맹목적인 추종이나 비판보다는 각자의 상황과 여건에 맞는 균형점을 찾아야 한다. 이는 개인의 신중한 판단과 선택이 필요한 영역이다. 인간은 어느 동물보다 스스로 판단하고 선택하는 지혜의 영역이 넓다.

YOLO의 정신을 살리되 미래를 준비하고, 워라밸을 추구하되 일의 가치를 인정하며, 소확행과 #아보하를 즐기되 더 큰 꿈을 포기하지 않는 지혜가 필요하다. 이는 현대를 살아가는 우리 모두에게 주어진 과제이자 도전이다.

"어떻게 하면 이 불확실한 시대에서 의미 있는 삶을 살 수 있을까?"

모든 트렌드는 이 하나의 질문으로 수렴된다. 이는 개인의 고민이자 시대가 함께 풀어야 할 과제이다. 이 질문에 대한 답은 각자 다를 수 있지만, 중요한 것은 트렌드에 휩쓸리지 않고 자신만의 진정한 길을 찾아가는 것이다. 남이 찍어 놓은 좌표는 내가 닿아야 할 목표가 아니다. 세상에서 가장 먼 길은 내가 내게로 돌아오는 길이다. 자신의 길을 찾아가는 것, 그건 어느 시대에서든 최고의 지혜다.

생각정리

1. 삶의 가치와 방향

ⓠ 트렌드를 따르면서도 나만의 가치관을 지키기 위해 어떤 노력을 하고 있나요?

ⓐ 나의 생각

2. 공감 찾기

ⓠ 이 글에서 공감하는 부분은 어떤 것이 있나요?

ⓐ 나의 생각

💡 작성 팁: 정답은 없습니다. ① 솔직하게 적어보세요. ② 시간을 충분히 가지세요. ③ 동료나 멘토와 함께
이야기를 나누어보는 것도 좋습니다. ④ 3~6개월 후 다시 작성해 보면 변화를 볼 수 있습니다.

몸값은 내가 정한다

"엄마, 나 챔피언 먹었어!"

1974년 남아공 더반에서 울려 퍼진 홍수환 선수의 이 한마디는 대한민국 전체를 흔들어 놓았다. 지글지글거리는 라디오를 통해 전해진 승전보는 당시 1인당 국민소득 겨우 1,000달러였던 우리나라 국민에게 희망과 자부심을 안겨주었다.

위대한 도전자의 이야기는 계속된다. 1977년 11월 27일, 홍수환 선수는 또 한 번 기적을 만들어냈다. 파나마의 카라스키야Hector Carrasquilla[16]와의 경기에서 2회전에 무려 4번이나 다운되고도 3회에 극적인 KO승을 거두며 '4전 5기'의 신화를 창조한 것이다.

흑백 TV 희미한 화면을 통해 전해진 이 승리의 순간은, 한 사람의 투지가 어떻게 국민의 가슴에 희망의 불씨를 지필 수 있는지를 보여주었다. 당시 대한민국 국민은 이 경기를 통해 절대 포기하지 않는 정

---

16 카라스키야: 파나마 출신, 그는 당시 11전 11KO승이었다. 은퇴 후 정계 진출, 전 시장, 국회의원

신의 위대함을 배웠고, 우리 사회 전반에 긍정적인 영향을 미쳤다. 희망과 정신의 가치는 돈으로 환산할 수 없을 만큼 귀하다.

IMF 외환위기라는 국가적 시련의 순간, 우리에게 또 다른 영웅이 나타났다. 1998년 LPGA US오픈에서 박세리 선수는 맨발로 물에 들어가 기적 같은 샷을 날리며 우승을 차지했다. 당시 외환위기로 인해 많은 기업이 도산하고 실업률이 치솟던 상황에서 박세리 선수의 투혼은 전 국민에게 새로운 희망이 되었다. 그녀의 맨발 샷은 단순한 골프 기술을 넘어 위기 속에서도 포기하지 않는 한국인의 정신을 상징하게 되었다.

영화와 음악의 세계에서도 값을 매길 수 없는 위대한 유산들이 있다. 한 남자의 괴성이 전 세계 영화계를 뒤흔들었다. 이소룡의 특이한 괴성과 쌍절곤은 단순한 무술 동작을 넘어 하나의 문화 현상이 되었다. 그의 독특한 무술 철학과 표현방식은 전 세계 무술영화에 새로운 챕터를 썼다.

43세의 이른 나이에 세상을 떠났지만, 그의 영향력은 여전히 진행형이다. 이소룡이 보여준 육체적, 정신적 단련의 철학은 오늘날까지도 많은 사람에게 영감을 주고 있다. 할리우드에서 활약한 최초의 아시아 배우로서, 인종차별이 심하던 시대에 아시아인의 위상을 높이는 데도 크게 기여했다.

프레디 머큐리Freddie Mercury와 퀸Queen의 보헤미안 랩소디Bohemian Rhapsody는 50년이 지난 지금도 전 세계인의 마음을 울리고 있다. "나는 스타가 되지 않을 것이다. 전설이 될 것이다"라는 그의 말은 적중

했다. 그는 후세의 가슴에서 영원히 지워지지 않을 진정한 전설이 되었다. 그의 음악은 장르의 경계를 허물며 독창성과 예술성을 보여주었고, 이는 현대 음악의 발전에 큰 영향을 미쳤다.

프레디 머큐리는 4옥타브에 이르는 놀라운 음역대와 카리스마 넘치는 무대 매너로 록 음악의 새로운 지평을 열었다. 그의 작곡 능력은 클래식부터 하드 록까지 다양한 장르를 아우르는 독보적인 것이었다.

제2차 세계대전 당시 미군은 400여 명의 나바호족 암호 통신병, 코드 토커Code Talker[17]를 길러냈다. 이들은 미 해군과 해병대에 소속되어 태평양 전쟁에서 일본군이 절대 해독할 수 없는 완벽한 통신체계를 구축했고, 이는 전쟁의 승리를 앞당기는 데 결정적인 역할을 했다. 버려진 언어가 전쟁의 승패를 가르는 강력한 무기가 된 것이다.

이로써 나바호 인디언들은 그들의 독특한 언어의 중요성이 재발견되면서 새로운 삶의 기회를 찾게 되었다. 이들은 한국 전쟁에서도 혁혁한 공을 세운 바 있다. 나바호 코드 토커들의 공헌은 오랫동안 비밀로 묻혀있었다. 1968년에 기밀을 해제하면서 세상에 알려졌고, 2001년 미 의회 금메달을 수여받았다.

당신의 몸값은 얼마인가? 몸값은 전문성에 좌우된다. 단순 업무보다 창의적인 문제해결 능력과 독창적인 시각이 몸값을 올린다. 4차 산업혁명 시대에는 인공지능과 자동화로 인해 단순 반복적인 업무의 중요도는 점점 낮아지고 있으며, 창의적이고 혁신적인 사고능력의 중요성이 더욱 부각되고 있다. 단순한 스펙이나 경력이 아닌, 업무를 탁월

---

17 코드 토커: 위키백과

하게 처리하는 실질적인 능력이 핵심이다.

　남들이 쉽게 따라 할 수 없는 고도의 전문성이나 특정 분야에서의 독보적인 위치는 그 자체로 막강한 경쟁력이 된다. 전문성은 단순히 지식의 축적만을 의미하는 것이 아니라, 그 지식을 실제 상황에 적용해 새로운 가치를 창출하는 능력을 포함한다.

　"검이 짧으면 일보 전진하라"라는 한 군부대 정문에 새겨진 문구처럼, 직장인에게 필요한 것은 주어진 상황을 해결하는 창의적인 대응이다. 이는 단순한 슬로건이 아니라 실제 업무 현장에서 마주치는 다양한 도전을 해결하는 데 필요한 중요한 마인드셋이다.

　불리한 조건을 극복하고 성과를 만들어내는 능력은 경쟁력의 핵심이다. 주어진 조건이 불리하다고 포기하는 것이 아니라, 그 한계를 극복하기 위해 한 걸음 더 나아가는 돌파력과 용기가 필요하다.

　이러한 태도는 개인의 성장뿐만 아니라, 조직 전체의 발전에도 긍정적인 영향을 미친다. 이러한 도전 정신은 IT 시대에 더욱 중요한 역량으로 인정받고 있다. 특히 스타트업이나 새로운 비즈니스 모델을 구축하는 과정에서 도전 정신은 필수적인 요소가 되고 있다.

　진정한 몸값은 단순히 연봉이나 직위로 측정되지 않는다. 그것은 리스크 관리 능력, 문제해결 능력, 그리고 무엇보다 변화하는 환경에 적응하고 새로운 가치를 창출하는 능력에서 나온다. 기존의 룰을 바꿀 수 있는 혁신적인 사고방식, 끊임없는 자기계발, 그리고 도전을 두려워하지 않는 용기가 합쳐질 때 비로소 진정한 자신만의 값어치를 만들어낼 수 있다.

누구나 홍수환, 박세리, 이소룡, 프레디 머큐리처럼 세상을 뒤흔드는 큰 영향력을 가질 수는 없다. 하지만 각자의 위치에서 최선을 다하며 자신만의 특별한 가치를 만들어갈 수는 있다. 이는 개인의 성장과 발전에 매우 중요한 의미가 있다. 하루가 모여 인생이 되듯, 조약돌만한 변화와 혁신들이 모여 바위처럼 큰 변화를 만들어낸다.

나의 몸값은 내가 얼마나 독보적인 전문성을 가지고 있는지, 얼마나 창의적으로 문제를 해결하는지, 그리고 얼마나 가치 있는 변화를 만들어낼 수 있는지에 달려 있다. 이는 개인의 몸값을 결정하는 핵심적인 요소들이며, 지속적인 자기계발과 노력을 통해 발전시켜 나가야할 중요한 부분이다.

세상에 정답은 없지만 나름의 방식은 있다. 자기 안에 있는 재능의 씨앗을 움 틔우고 활짝 꽃피울 수 있는 최선의 방정식을 찾도록 노력해야 한다. 우리 모두는 특별한 가치를 내재한 특별한 존재들이다. 이를 발견하고 그 재능을 최대치로 끌어올리는 것이 성공의 열쇠다. 나로 태어났으니 내 몸값은 당연히 내가 매겨야 한다.

생각정리

1. 몸값 높이기

ⓠ 나만의 가치를 높이기 위해 오늘부터 시작할 수 있는 한 가지는 무엇인가요?

ⓐ 나의 생각

2. 공감 찾기

ⓠ 이 글에서 공감하는 부분은 어떤 것이 있나요?

ⓐ 나의 생각

💡 작성 팁: 정답은 없습니다. ① 솔직하게 적어보세요. ② 시간을 충분히 가지세요. ③ 동료나 멘토와 함께
이야기를 나누어보는 것도 좋습니다. ④ 3~6개월 후 다시 작성해 보면 변화를 볼 수 있습니다.

슬기로운 연차별 직장생활

첫 직장, 첫 출근 날.

사무실의 적막한 공기 속에서 들리는 것은 오직 나의 숨소리뿐이다. 책상에 앉아있지만 무엇을 해야 할지 모르는 막막함, 작은 움직임조차 부스럭거리는 소리로 크게 울려 퍼지는 것 같은 긴장감이 머리부터 발끝까지 온몸을 휘감는다. 키보드에 손을 얹고 PC화면을 바라보며 그럴듯한 폼은 잡았지만, 집중이 되지 않는다. 한참이 지난 것 같은데 아직도 오전 10시다.

직장생활! 출발은 같아도 성장속도는 다르다. 누구는 앞서가고 누구는 뒤에서 헐떡대며 따라온다. 그 성장속도는 경력 단계별로 갖춰야 하는 핵심 역량이 좌우한다.

첫 단계인 1~3년 차는 전체 커리어의 기초를 다지는 시기다. 이때 형성되는 이미지는 마치 첫인상처럼 오랫동안 각인된다. 첫 3년 동안의 평판은 향후 10년을 좌우한다.

이 시기에 집중해야 할 세 가지 핵심 요소가 있다.

첫째, 일에 대한 태도이다. 아직 본인의 업무가 초보적이고 보조적일지라도, 자세와 태도만큼은 진정성을 갖춰야 한다. 어떤 일이든 소홀히 하지 않고 최선을 다하는 모습은 주변 선배들에게 깊은 인상을 남기며, 이는 향후 더 중요한 업무를 맡게 되는 계기가 된다.

스님도 처음에는 땔감을 구하고 청소하는 일부터 시작한다는 점을 기억하라. 할 일이 없다고 안절부절못하지 말고, 무엇이든지 찾아서 하는 적극성을 보여주어야 한다.

둘째, 인상관리이다. 첫인상이 결정되는 데는 3초도 채 걸리지 않지만, 잘못된 인상을 바꾸기는 매우 어렵다[18]. 미국 프린스턴대 연구에 의하면 40시간이 필요했다. 하루 2시간씩 만나도 20일을 만나야 하는 것이다. 이는 첫인상의 중요성을 잘 보여주는 예시로, 직장생활에서는 첫인상이 향후 평가에 지속적인 영향을 미친다.

《폰더 씨의 위대한 하루》의 저자 앤디 앤드루스Andy Andrews는 "웃음은 열정의 발로이며, 미소는 가장 강력한 명함이다"라고 했다. 긍정적인 태도와 밝은 표정, 흐트러지지 않는 자세와 활기찬 걸음걸이가 더해지면 금상첨화다. 외적인 모습은 내적인 태도를 반영하는 거울과 같다.

셋째, 내면의 소양이다. 어떤 신사를 만났다. 지긋한 나이의 멋스러운 중년 신사의 모습이다. 근엄하면서도 깊이가 있어 보이는 첫인상이 매우 좋았다. 그런데 말투가 심한 사투리인 데다 목소리 톤도 가볍

---

18 헬스조선, 2018년 3월 21일 뉴스

게 느껴졌다. 순간 신뢰감이 급감한다.

사람의 격格은 말투와 행동, 품성이 고루 조화를 이뤄야 한다. 겸손하고 상대방을 존중하는 언행은 그 사람에게서 기분 좋은 향기가 나게 해주는 화장품과 같다. 상황에 적절한 존댓말 그리고 절제된 언어 구사는 전문가다운 이미지를 만든다.

3~5년 차에 접어들면 초급 관리자의 위치에 오르게 된다. 이제는 실력으로 승부한다는 각오로 임해야 한다. 이 시기는 단순한 실무자에서 관리자로 전환하는 중요한 시기이며, 리더십의 기초를 다지는 때이기도 하다.

실력이란 단순한 기술이나 지식이 아니다. 지금까지의 경험과 능력을 바탕으로 일을 매끄럽게 처리하는 능력을 의미한다. 이는 문제해결 능력, 의사소통 능력, 그리고 업무 조율 능력 등 다양한 역량이 총체적으로 발휘되는 것을 의미한다.

이 연차에는 상사의 마음을 헤아리는 요술사가 되어야 한다. 이는 단순히 상사의 지시를 따르라는 것이 아니다. 상사가 걱정하기 전에 미리 문제를 파악하고 해결 방안을 제시할 수 있는 능력을 갖추라는 의미다. 선제적 대응능력은 중간관리자로 성장하는 데 핵심적인 요소가 된다.

실력자의 특징은 명확하다. 실력자의 결과물은 품질에 하자가 없고 타임라인이 척척 들어맞는다. 즉, 결과가 오류 없이 정확하고 시의적절한 시간에 답을 내놓는다. 이는 전략적 사고와 효율적인 시간관리 능력이 결합된 결과이다.

실력자는 꼬인 실타래를 풀어내는 방법과 요령을 안다. 팀워크로 문제를 해결하는 방법도 잘 알고 있다. 네트워킹 능력과 자원 활용 능력을 두루 갖춰 얽히고설킨 고차원적인 문제들을 해결한다.

5~8년 차는 회사의 중추적 역할을 담당하는 시기이다. 팀장이나 부장으로서, 이제는 실력과 함께 지도력이 중요해진다. 이 시기에는 개인의 성과뿐만 아니라 팀 전체의 성과에 대한 책임을 지게 되며, 이는 새로운 차원의 도전이 된다.

조직의 성패를 가르는 것이 바로 리더의 몫이다. 리더가 어떤 리더십을 발휘하느냐에 따라 그 조직의 활력과 성과가 달라진다. 이는 단순한 관리를 넘어서 조직의 비전을 제시하고 구성원들에게 동기를 부여하는 능력이 필요함을 의미한다.

직장의 꽃이라 불리는 임원은 1% 그룹에 속하는, 직장인 대다수가 부러워하는 자리다. 물론 명예만큼 책무도 크다. 임원의 조건은 평사원과는 다르다. 전문가적 실력은 기본조건이다. 절실히 필요한 건 전문성을 뛰어넘어 조직 전체를 바라보는 거시적 시각과 전략적 사고능력이다.

거시적 능력은 어느 한순간에 생기지 않는다. 벽돌 한 장 한 장을 쌓아 올리듯 신입사원 때부터 각 단계에서의 경험과 역량을 차곡차곡 쌓아야 한다. 체계적인 경력관리와 지속적인 자기계발은 임원으로 가는 지름길이다.

천 리 길도 한 걸음부터 떼어야 한다. 어차피 긴긴 시간이 흘러가야 한다. 너무 서두르지 말자. 지금까지 살아온 성장의 시기도 어린이집과 유치원에서부터 초·중·고·대학을 거쳤다. 지나고 보니 20년이라는 시간이 흘렀다.

이제부터는 인생에서 가장 중요한 시기, 즉 '책임의 시기'이다. 30년쯤 되는 시간이다. 이 시기에는 인생 2기 '자아실현의 시기'에 해야 할 것들을 미리 하려고 너무 애쓰지 마라. 삶에도 시와 때가 있다. 성장의 시기도 그랬지만 이 시기 또한 지나고 보면 그때가 좋았다고 할지도 모른다.

대부분의 직장인에게 중요한 갈림길이 되는 것은 5~8년 차이다. 이때 자신만의 전문성이나 차별화된 강점을 보여주지 못하면, 그 이후의 성장이 제한될 수 있다. 이때는 전문가로서의 정체성을 확립하고 차별화된 경쟁력을 구축해야 하는 중요한 시기이다.

명심해야 할 것은, 이 모든 과정이 하루아침에 이루어지지 않는다는 점이다. 자기계발과 도전 정신, 긍정적인 태도는 직장의 첫날부터 마지막 날까지 꾸준히 이어져야 한다. 경력관리도 마찬가지다. 인생에 우연히 주어지는 것은 없다. 우연도 철저히 준비하고 실천하는 사람의 손을 잡고 온다. 지금의 자리에서 최선을 다하면 누구나 원하는 성공에 한 걸음 더 가까워진다.

생각정리

1. 1~3년 차: 기본 다지기

ⓠ 첫 3년 동안의 평판은 향후 10년 이상을 좌우합니다. 좋은 평판을 위해 인상

관리는 어떻게 해야 하나요?

Ⓐ 나의 생각

2. 공감 찾기

ⓠ 이 글에서 공감하는 부분은 어떤 것이 있나요?

Ⓐ 나의 생각

💡 작성 팁: 정답은 없습니다. ① 솔직하게 적어보세요. ② 시간을 충분히 가지세요. ③ 동료나 멘토와 함께
이야기를 나누어보는 것도 좋습니다. ④ 3~6개월 후 다시 작성해 보면 변화를 볼 수 있습니다.

내 직업이 사라진다면

만사가 스마트폰으로 통하는 시대다. 스마트폰 하나로 일상에 필요한 거의 모든 것을 해결한다. 스마트폰만 잘 사용하면 초행길의 해외 여행도 전혀 어려움 없이 다녀올 수 있다. 실시간 번역 앱으로 언어의 장벽이 허물어지고, 디지털 지도와 내비게이션으로 낯선 곳에서도 길 잃을 걱정이 없어졌다.

코로나19 이후 재택근무와 화상회의가 자연스러운 업무 방식으로 자리를 잡았고, 온라인 쇼핑과 배달 앱 사용이 더욱 보편화되었다. 이러한 변화는 편의성이라는 차원을 넘어 전통적인 업무 방식과 소비 패턴을 근본적으로 바꿔놓고 있다.

4차 산업혁명의 근간인 AI와 자동화는 인간의 일자리를 끊임없이 위협하고 있다. 현재의 직업들이 10년 후, 20년 후에는 어떻게 변할까 하는 불안감이 엄습해 온다. AI가 하루가 다르게 진화하면서 일자리 지형이 전문가들의 예측보다 더 빠르게 변할 거라는 분석이 쏟아지고 있다.

19세기 영국의 '붉은 깃발법'은 증기기관차 앞에 붉은 깃발을 든 사람이 걸어가게 했고, 시속 6km라는 속도 제한을 두었다. 과도한 규제는 영국 자동차 산업의 발전을 가로막았다. 15세기 구텐베르크의 인쇄술 발명은 지식 전파 방식에 혁명적인 변화를 가져왔고, 이는 필연적으로 기존 직업의 소멸을 초래했다.

과거에는 하나의 직업이 사라지고 새로운 직업이 자리 잡는 데 수십 년이 걸렸지만, 이제는 그 주기가 급격히 줄어들고 있다. 기술혁신의 속도가 가속화되면서, 직업 수명은 그만큼 짧아지고 있다. 이는 평생 직장이나 평생직업의 개념이 더 이상 유효하지 않음을 시사한다.

《세계미래보고서 2055》는 2045년까지 현존하는 직업의 상당수가 사라질 것으로 예측한다. 자율주행 기술로 택시기사, 버스기사, 트럭 운전사 등 운수업 종사자의 일자리는 대규모로 감소할 것으로 예상했다. 또 드론이 택배와 배달 서비스를 대체할 것으로 내다봤다. 이는 물류 산업의 근본적인 변화를 예고한다.

3D 프린터는 제조업 종사자의 일자리를 위협하고, AI와 빅데이터는 전문직 종사자의 영역까지 침범하고 있다. 3D 프린팅 기술은 이미 의료기기, 자동차 부품, 건축자재 등 다양한 분야에서 활용되고 있으며, 이는 전통적인 제조업 일자리 감소로 이어질 것으로 예상된다.

한때 철옹성처럼 여겨졌던 의사, 변호사, 회계사의 상당 업무도 AI로 대체될 것으로 예상된다. 의료 분야에서는 AI 진단 시스템이 인간 의사의 진단 정확도를 넘어서고 있으며, 수술 로봇의 도입도 확대되고 있다.

블록체인 기술의 발전은 더 큰 변화를 예고한다. 보험 설계사, 대출 상담사, 펀드 매니저의 역할이 크게 축소되거나 변화할 것이다. 특히 스마트 계약의 도입은 보험, 대출, 투자 등 금융 서비스 전반에 혁신적인 변화를 가져올 것으로 전망된다.

유통업계도 오프라인 매장의 무인화가 가속화되고 있으며, VR·AR 기술을 활용한 가상 쇼핑이 확산되고 있다. 하나같이 매장 직원, 계산원, 재고 관리자 등 전통적인 유통업 종사자의 일자리 감소를 예고하는 변화들이다.

미디어 산업은 AI가 기사를 작성하고, 영상을 편집하며, 음악을 작곡하는 시대가 되었다. 저널리스트, 편집자, 작곡가 등 창의적인 분야로 여겨졌던 직업들도 AI의 영향을 받고 있다.

하지만 이러한 일자리 변화가 반드시 암울한 미래를 의미하지는 않는다. 신기술은 언제나 새로운 직업을 창출했다. 인터넷의 등장으로 웹 개발자, 디지털 마케터, UX 디자이너와 같은 직업들이 생겨났듯이, AI 시대에도 예전엔 상상조차 못한 직업들이 등장할 것이다.

데이터 사이언티스트, AI 윤리학자, 드론 트래픽 관리자, 디지털 자산 관리사 등 몇십 년 전만 해도 짐작도 못 했던 직업들이 생겨나고 있다. AI 시스템의 보편화로 AI 트레이너, AI 품질 관리자, AI-인간 인터페이스 디자이너와 같은 새로운 직종도 등장할 것으로 보인다.

고무적인 것은 AI 시대에는 인간만의 고유한 능력 가치가 더 높아진다는 점이다. 창의성, 감성 지능, 비판적 사고, 문제해결 능력은 AI가 쉽게 대체할 수 없는 영역이다. 특히 공감 능력, 감정이입, 직관적 판단과 같은 인간 고유의 특성은 더욱 중요해질 것이다.

예술가, 작가, 상담사, 사회복지사와 같이 인간의 감성과 직접적으로 연결된 직업들의 가치는 오히려 상승할 수 있다. 또한 AI와 인간의 협업을 조율하는 새로운 형태의 직업도 등장할 것으로 예상된다. AI-인간 협업 매니저, 디지털 웰빙 컨설턴트 등이 그 예이다.

미래 사회에서는 전통적인 고용 형태도 크게 변화할 것이다. 정규직 개념이 약화하고, 프리랜서와 긱 워커Gig Worker[19]가 증가할 것으로 예상된다. 디지털 플랫폼을 통한 단기 프로젝트 중심의 근무 형태가 보편화되고, 이는 더 유연하고 자율적인 근무 환경을 제공할 것이다.

한 사람이 여러 직업을 동시에 가지는 포트폴리오 워커가 보편화될 수 있다. 예를 들어, 평일에는 데이터 분석가로 일하면서 주말에는 온라인 강사나 디지털 콘텐츠 크리에이터로 활동하는 등 다양한 수입원을 가진 직업인이 늘어날 것이다.

이러한 변화 속에서 우리는 어떻게 대응해야 할까? 가장 중요한 것은 지속적인 학습과 적응력이다. 한 번 배운 기술이나 지식으로 평생을 살아갈 수 있는 시대는 지났다. 평생학습은 이제 선택이 아닌 필수가 되었으며, 특히 디지털 리터러시는 모든 직종에서 기본적으로 요구되는 역량이 될 것이다.

---

19 긱 워커: 디지털 플랫폼을 통해 단기 계약이나 프로젝트 단위로 일하는 사람들이다. 근무 시간과 장소를 자유롭게 선택할 수 있지만 복리후생이 부족하거나 고용 안정성이 낮기도 하다.
예) 배달 앱의 라이더, 카풀·택시 앱의 운전기사, 프리랜서 디자이너나 개발자, 온라인 과외 선생님

또한 복합적인 능력을 갖추는 것이 중요하다. 단일 분야의 전문성보다는 여러 분야를 융합할 수 있는 능력, 즉 멀티포텐셜리티 Multipotentiality가 더욱 가치 있게 될 것이다. 기술과 인문학, 예술과 과학을 융합하는 통섭적 사고능력도 갈수록 중요해질 것이다.

기술에 대한 이해와 인문학적 소양을 겸비하고, 디지털 역량과 아날로그적 감성을 모두 갖춘 인재가 필요하다. 이러한 융합형 인재는 AI 시대에도 경쟁력을 유지할 수 있을 것이며, 새로운 가치를 창출하는 데 핵심적인 역할을 할 것이다.

무엇보다 변화를 두려워하지 않는 마인드셋이 필요하다. 직업의 변화는 위기인 동시에 기회이기도 하다. 변화를 받아들이고 적극적으로 대응하고, 내일을 준비하는 사람에게는 새로운 도약의 기회가 문을 두드린다. 미래는 어느 시대나 불확실했다. 겁먹지 말고 불확실성 속에서도 기회를 발견하고 당당히 도전하자.

생각정리

1. 직업의 변화와 나의 준비

◎ 현재 내 직업·준비 중인 직업이 10년 후에는 어떻게 변할까요?

Ⓐ 나의 생각

2. 공감 찾기

◎ 이 글에서 공감하는 부분은 어떤 것이 있나요?

Ⓐ 나의 생각

💡 작성 팁: 정답은 없습니다. ① 솔직하게 적어보세요. ② 시간을 충분히 가지세요. ③ 동료나 멘토와 함께 이야기를 나누어보는 것도 좋습니다. ④ 3~6개월 후 다시 작성해 보면 변화를 볼 수 있습니다.

디지털 전환 시대의 생존조건

변화의 속도가 그 어느 때보다 빠른 시대다. 그 중심에는 디지털 전환이 있다. 디지털 전환은 모든 산업과 직무에 걸쳐 혁명적인 변화를 가져오고 있다. 이제 디지털 역량은 IT 업계만의 전유물이 아닌 모든 직장인의 필수 역량이 되었다. 디지털 역량은 개인이든 조직이든, 성공과 실패를 가르는 핵심 요소이다.

윤정원은 저서《살아남는 것들의 비밀》에서 디지털 트랜스포메이션을 'All is Connected'로 정의한다. 즉, 모든 것은 연결된다는 것이다. 이것을 '빅블러big blur 현상'이라고 한다. 빅블러는 뚜렷했던 모든 경계가 희미해지는 현상을 의미한다. 기존 산업 간의 구분이 모호해지고, 생산자와 소비자의 역할이 융합되며, 온·오프라인의 구별과 서비스의 경계가 사라지는 것이 그 특징이다.

AI와 빅데이터 시대의 디지털 리터러시는 이제 선택이 아닌 필수이다. ChatGPT[20], Bard[21]와 같은 AI 도구들은 업무 효율을 획기적으로 높여주고 있다. 보고서 작성, 데이터 분석, 기발한 아이디어 등 다양한 업무에서 AI의 도움을 받을 수 있다.

AI 활용의 핵심은 프롬프트 엔지니어링 능력이다. AI에게 정확한 지시를 내리고, 원하는 결과를 얻어내는 능력은 직장인에게 필요한 스킬이 되었다. 특히 업무 특성에 맞는 맞춤형 프롬프트를 개발하고 최적화하는 능력이 중요하다.

데이터 분석역량은 현대 비즈니스의 핵심 경쟁력이다. 엑셀의 피벗 테이블, 파워쿼리 같은 고급 기능부터 태블로, 파워BI 같은 데이터 시각화 도구의 활용은 이제 기본 소양이 되었다. 이러한 도구들은 복잡한 데이터를 의미 있는 인사이트로 전환하는 데 적합하다.

중요한 것은 단순한 도구 활용을 넘어, 데이터를 통해 인사이트를 도출하고 의사결정에 활용하는 능력이다. 데이터 분석의 목적은 단순히 숫자를 나열하는 것이 아닌, 실제 비즈니스 가치를 창출하는 것이어야 한다.

디지털 협업 환경에서는 지라Jira, 트렐로Trello와 같은 프로젝트 관리 도구가 있다. 구글 워크스페이스Google Workspace나 마이크로소프트 365 같은 문서 공유 플랫폼, 슬랙Slack이나 팀즈Teams 같은 커뮤니케이션 도구는 직장인에게 필요 불가결한 요소가 되었다.

이러한 것들은 단순히 사용하는 것을 넘어, 팀의 생산성을 높이고

---

20 ChatGPT: OpenAI사, GPTGenerative Pre-trained Transformer 대화형 AI 챗봇
21 Bard: Google사, Google의 언어 모델로, 대화형 AI 챗봇

효과적인 협업을 이끌어내는 도구가 되어야 한다. 각각의 장단점을 이해하고, 상황에 맞는 최적의 도구를 선택하는 능력이 필요하다.

클라우드 서비스의 이해와 활용은 현대 비즈니스의 기반이 되었다. 클라우드 스토리지, 클라우드 기반 협업 도구, 사스SaaS[22] 서비스 등의 활용은 이제 일상적인 업무가 되었다. 클라우드 환경에서의 효과적인 파일관리와 공유는 업무 효율성을 좌우하는 핵심 요소다.

데이터 기반 의사결정 능력은 현대 비즈니스의 핵심이다. 기본적인 통계 개념의 이해, A/B 테스트 설계, KPI 설정과 측정, 데이터 시각화 능력은 이제 모든 직무에서 요구된다. 객관적인 데이터를 기반으로 한 의사결정은 비즈니스 성공의 핵심 요소이다.

최근 입사지원서에는 Microsoft Office나 Adobe 외에도 ChatGPT, Midjourney, Claude 같은 AI 도구 활용 능력을 묻고 있다. 마케팅, 디자인, 콘텐츠 직군에서는 프롬프트 엔지니어링과 AI 이미지 생성 도구 경험이, 개발자 직군에서는 GitHub Copilot 같은 AI 코딩 도구 숙련도가 요구되는 추세다. 이는 AI 도구가 업무 현장의 필수 실무 도구로 자리 잡았음을 보여준다.

"이것이 나의 직감"이라는 말은 더 이상 설득력을 갖지 못한다. 모든 의사결정은 데이터로 뒷받침되어야 하며, 그 결과 또한 데이터로 측정되어야 한다. 이는 단순한 트렌드가 아닌, 비즈니스의 기본 원칙이 되었다. 데이터는 거짓말을 하지 않는다.

데이터 시각화는 특히 중요한 스킬이 되었다. 복잡한 데이터를 이해

---

22 SaaSSoftware as a Service, 서비스형 소프트웨어: 클라우드를 통해 제공되는 소프트웨어 서비스 예) Google Workspace, Microsoft 365

하기 쉬운 시각적 형태로 전환하는 능력은 모든 직무가 요구하는 중요 자질이다. 효과적인 데이터 스토리텔링은 의사결정자를 설득하는 핵심 도구가 되었다.

디지털 마케팅과 커뮤니케이션 역량은 이제 마케팅 부서만의 영역이 아니다. 콘텐츠 제작과 큐레이션 능력, 디지털 캠페인 기획과 실행 능력은 많은 직무에서 요구되는 핵심 스킬이 되었다.

개인의 브랜딩부터 회사의 이미지관리까지, 디지털 커뮤니케이션은 모든 직장인이 이해해야 하는 영역이 되었다. 특히 링크드인LinkedIn[23]과 같은 프로페셔널 네트워크에서의 존재감은 경력관리의 중요한 부분이 되었다.

사이버 보안과 디지털 윤리는 재택근무의 확산으로 중요성이 더욱 커졌다. VPNVirtual Private Network[24] 사용, 이중 인증과 개인정보 보호와 데이터 프라이버시, GDPRGeneral Data Protection Regulation[25]과 같은 데이터 보호 규정의 기본 원칙 이해가 필요하다. AI 윤리, 데이터 프라이버시, 디지털 저작권과 같은 윤리적 이슈에 대한 이해도 중요하다.

더 나아가 메타버스, 블록체인, NFT와 같은 새로운 기술과 웹 3.0, 탈중앙화 기술, 암호화폐 등 새로운 디지털 패러다임에 대한 이해가 필요하다. 특히 블록체인 기술은 계약, 인증, 거래 등 다양한 비즈니스 프로세스를 혁신할 것으로 예상된다. 스마트 컨트랙트의 기본 개

---

23 LinkedIn: 비즈니스 및 전문 네트워킹 플랫폼으로, 전 세계의 전문가들이 자신의 직업적 네트워크를 확장하고, 직업 기회를 찾으며, 업계 소식을 공유할 수 있는 소셜 네트워크
24 VPN: 가상 사설망으로, 인터넷을 통해 연결된 기기들 간의 개인 네트워크를 만드는 기술. 인터넷 활동을 보호하고, 프라이버시 유지
25 GDPR: 유럽연합의 개인정보 보호 법률

념과 활용 방안에 대한 이해도 중요하다.

이러한 디지털 역량을 개발하기 위해서는 체계적인 접근이 요구된다. 무엇보다 자신의 현재 디지털 역량 수준을 객관적으로 진단하여 강점과 약점을 파악하는 것이 중요하다. 그런 다음 우선순위를 설정하고, 구체적인 학습 계획을 수립해야 한다. 온라인 교육 플랫폼, 사내 교육 프로그램, 전문가 네트워크 등 다양한 학습 리소스를 활용할 수 있다. 특히 실무에 직접 적용할 수 있는 실용적인 학습이 중요하다.

디지털 전환 시대의 새로운 직무 역량은 우리에게 도전이면서 동시에 기회이다. 이러한 변화에 적극적으로 대응하고 준비하는 사람만이 새로운 시대의 주역이 될 것이다. 끊임없는 학습과 도전을 통해, 디지털 시대의 핵심 인재로 성장하는 것은 모든 직장인에게 주어진 과제다.

이제 우리에게 주어진 과제는 명확하다. 변화를 두려워하지 말고 받아들이고, 새로운 기술을 배우고 적용하며, 끊임없이 성장하는 것이다. 변화의 파도 위에서 서핑하듯 우아하게 균형을 잡으며 앞으로 나아가는 자만이 디지털 시대의 진정한 승자가 될 것이다.

생각정리

1. AI 도구 활용능력

◎ ChatGPT와 같은 AI 도구들이 일상화되는 시대에, 본인 업무에 어떤 AI툴을
사용할 수 있나요?

Ⓐ 나의 생각

2. 공감 찾기

◎ 이 글에서 공감하는 부분은 어떤 것이 있나요?

Ⓐ 나의 생각

💡 작성 팁: 정답은 없습니다. ① 솔직하게 적어보세요. ② 시간을 충분히 가지세요. ③ 동료나 멘토와 함께
이야기를 나누어보는 것도 좋습니다. ④ 3~6개월 후 다시 작성해 보면 변화를 볼 수 있습니다.

이럴 땐 과감하게 사표를 던져라

잘못된 선택은 혹독한 대가를 치른다. 직장이 영혼을 갉아먹는 듯한 고통을 주기도 하지만 섣부른 퇴사 결정은 자칫 더 큰 후회를 부른다. 직장은 복합체다. 가족을 부양하는 수입원, 사회적 정체성, 자아실현 등의 다양한 의미를 담고 있는 게 직장이다.

특히 최근의 경제 불황과 취업난을 고려할 때, 안정적인 직장을 떠나는 결정은 더욱 신중해야 한다. 퇴사는 크게 능동적 퇴사와 수동적 퇴사로 구분된다. 능동적 퇴사는 자신의 의지로 더 나은 미래를 위해 선택하는 것이며, 수동적 퇴사는 외부 환경이나 상황에 의해 강제되는 것이다.

진정한 의미의 성공적인 퇴사는 능동적 선택에 기반을 두되, 철저한 준비와 계획이 뒷받침되어야 한다. 퇴사는 단순히 현재의 직장을 떠나는 것이 아니라, 새로운 삶의 시작점이 되어야 한다. 이를 위해서는 재정적 준비뿐만 아니라 심리적, 실무적 준비도 필요하다.

다음의 경우는 퇴사 욕구에 제동을 걸어야 한다.

첫째, 감정적으로 사표를 던지는 것은 금물이다. 인내심이 약한 사람은 어떤 상황에서든 쉽게 화를 내고 극단적인 언행을 저지른다. 상사와의 갈등이나 업무 스트레스로 인한 일시적인 감정 폭발은 퇴사의 정당한 사유가 될 수 없다. 화가 났을 때는 결정을 미루고 냉정하게 상황을 판단해야 한다. 도피성 퇴사는 문제해결의 방법이 될 수 없다. 사표는 즐거운 마음으로 써라.

둘째, 대안 없는 사표는 절대 안 된다. 막연한 희망이나 욕구만으로 퇴사를 결정하는 것은 매우 위험하다. 일단 퇴사부터 하고 생각해 보자는 안일한 태도는 자신의 커리어에 치명적인 손상을 줄 수 있다.

이직을 고려한다면 현실적으로 가능한지 철저히 검토해야 하며, 휴식이나 공부를 계획한다면 충분한 자금 확보가 선행되어야 한다. 특히 이직을 위한 준비는 현재 직장에 다니면서 병행하는 것이 안전하다. 시장 상황, 필요한 스킬, 연봉 수준 등을 꼼꼼히 조사해야 한다.

셋째, 인간관계 때문에 사표를 생각한다면 지구를 떠나라. 인간이 없는 곳은 지구 밖이다. 직장 내 인간관계의 어려움은 어느 조직이나 존재한다. 이를 피해 퇴사하는 것은 근본적인 해결책이 될 수 없다. 직장인이 받는 월급에는 조직 내 스트레스 비용도 포함된다고 생각해라. 사람에게서 도망치면 또 다른 사람이 기다린다. 회피하지 말고 부딪혀 해결하라.

넷째, 경제적으로 준비가 되지 않은 사표는 죽음이다. 생계유지라는 기본적 욕구조차 충족시키지 못한다면 그건 더욱 무책임한 선택이다.

일반적으로 최소 6개월에서 1년 정도의 생활비는 미리 확보되어야 한다. 새로운 도전을 위한 시간이 필요한 경우에는 더욱 여유 자금 확보가 중요하다. 그만두고 싶은 이유는 수십 가지지만, 대부분 경제적 이유로 마음을 다잡고 회사로 향한다.

하지만 이럴 때는 과감하게 사표를 던져도 된다.

첫째, 완벽하게 퇴직 준비를 끝내고 자신의 취향에 맞고, 비전을 달성할 수 있는 회사로 이직하는 경우이다. 새 직장의 연봉은 기존의 최소 두 배 이상은 되어야 한다. 각종 복리후생도 꼼꼼하게 따져봐야 한다. 자칫하면 연봉 두 배라는 숫자에 속는다. 퇴직금, 의료보험, 연차휴가, 교육지원 등 다양한 복리후생도 주요 고려사항이다. 연봉뿐 아니라 자신의 경력과 성장이 보장되는지 여부도 꼼꼼히 챙겨야 한다.

둘째, 부업이 있는 경우는 부업의 수익과 전망이 완전히 보장될 때다. 부업의 수입이 현재 회사의 연봉보다 최소 3배 이상 유지되어야 한다[26]. 단발성 수입이 아닌 지속 가능한 수익 모델이 확립되어 있어야 한다.

사업이 안정적이고 전망이 향후 몇십 년은 지속 가능해야 한다. 그런데 미래의 전망을 예측하기란 쉽지 않다. 사회적, 기술적 변화가 초스피드인 시대에는 아무것도 미래를 보장해 주는 것이 없다고 봐야 옳다. 따라서 시장 변화에 대한 지속적인 모니터링과 대응 전략이 필요하다.

---

26 회사 연봉보다 3배 이상: 필자의 임의 판단. 회사의 장기적 안정성과 퇴직금, 복지제도 등의 효과 고려 시 3배도 부족하다고 판단됨

셋째, 직장생활로 인해 삶이 실질적 위기에 처했을 때이다. 직장생활로 인해 건강이나 삶의 질이 심각하게 위협받는 상황이라면, 퇴사를 진지하게 고려해야 한다. 과도한 업무 스트레스나 극심한 직장 내 괴롭힘 등으로 신체적, 정신적 건강이 위협받는 경우가 여기에 해당한다.

다만 이 경우에도 감정적 판단이 아닌, 객관적 상황 분석이 선행되어야 한다. 전문가의 조언을 구하거나, 신뢰할 수 있는 지인들과 상담하면서 상황을 객관적으로 판단하는 것이 좋다.

넷째, 평생 쓸 돈과 평생 취미, 평생 친구와 가족을 모두 갖춘 사람이다. 이는 경제적 자립이 가능하고 정서적으로도 안정된 삶을 영위할 수 있는 상태를 의미한다. 사실상 직장이 더는 필요하지 않은 상태라고 할 수 있다.

다섯째, 지금 다니는 회사가 망하게 생겼거나, 비윤리적인 행위를 강요받는 상황이거나, 성장의 기회가 완전히 막힌 경우다. 자신의 가치관과 기업문화가 전혀 맞지 않을 때도 심각하게 사표를 고려해 볼 수 있겠다.

전략적인 커리어 관리와 자기계발은 퇴사 후 삶의 질을 결정하는 중요한 요소가 된다. 전문성 강화는 퇴직 전후 어디에서든 통하는 '만능카드'이다. 업무 관련 지식과 기술을 지속적으로 향상시키는 것은 훌륭한 퇴직준비가 된다. 현직에서 최대한 경험 쌓기와 필요한 자격증을 취득하는 등 꾸준한 노력도 요구된다.

직장인은 끊임없는 자기계발이 필요하다. 책 속에 길이 있고 답이 있다. 분야를 막론하고 리더들의 공통점은 '책벌레'라는 사실이다. 자기계발은 두려움의 방패이자 성공의 밑거름이다. 여유가 된다면 석박사학위 공부 준비도 권장한다. 도전해야 또 다른 세상을 만난다.

마지막으로 인생의 파이프라인, 즉 대안적 경로 준비이다. 이는 부업의 형태일 수도 있고, 새로운 직무나 업종으로 전환하기 위한 준비일 수도 있다. 중요한 것은 언제든 선택할 수 있는 대안을 가지고 있어야 한다는 점이다. 인생의 파이프라인을 준비해 놓은 사람은 퇴사가 두렵지 않다.

일이 인생의 전부는 아니다. 하지만 우리는 인생의 상당 부분을 일하는 데 쓴다. 자신이 좋아하는 일을 직업으로 가진 사람들은 행운아이다. 좋든 싫든 우리는 일을 하며 하루라는 작은 인생을 건너간다. 실제로 많은 사람이 일정한 타협을 통해 넉넉한 급여를 받는 대신 좋지 않은 근무 환경을 참아내고 있다.

퇴사는 직장인의 커리어에서 매우 중요한 전환점이다. 잘 쓰면 약이 되고 잘못 쓰면 독이 되는 게 세상 이치다. 사표 역시 약도 되고 독도 된다. 사표는 마지막을 위한 카드가 아니라 새로운 시작의 카드로 써야 한다. 자신이 없으면 한 번 더 버텨보는 것도 유효한 선택이다.

생각정리

1. 감정적 퇴사

ⓠ 감정적인 상태에서의 퇴사 결정이 위험한 이유는 무엇일까요?

ⓐ 나의 생각

2. 공감 찾기

ⓠ 이 글에서 공감하는 부분은 어떤 것이 있나요?

ⓐ 나의 생각

2장

직장인으로 산다는 것

일할 때는 책상에 머리를 박아라

"가난하게 태어난 것은 당신의 잘못이 아니지만, 가난하게 죽는 것은 당신의 잘못이다." 마이크로소프트의 창업자 빌 게이츠Bill Gates가 남긴 이 말은 오늘날 직장인들에게 더욱 묵직하게 다가온다.

가난하게 죽지 않으려면 인생 전략을 잘 세워야 한다. 밥은 뜸이 들어야 하고 고기도 숙성을 시켜야 맛이 난다. 콩나물은 익기 전에 뚜껑을 자주 열어보면 비린내가 난다. 타이밍은 전략의 핵심이고, 그 때를 아는 것이 혜안이다.

어차피 정년을 보장해 주지 않으니 '옵션 B'를 준비해야 한다. 하지만 서두르면 되레 일을 망친다. 세상을 보며 정보는 다 파악하면서도 모든 것이 완벽해질 때까지는 책상에 머리를 박고 있어라. 우리의 미래는 지금 이 순간 우리가 어떻게 일하고 있는지에 더욱 크게 좌우된다.

《스마트한 성공들》의 저자 마틴 베레가드Martin Bjergegaard는 전 세계 최고의 기업가 25명을 인터뷰하며 흥미로운 공통점을 발견했다. 그들은 모두 일과 삶, 성공과 행복, 불안과 희망 사이에서 미묘한 균형을 유지하고 있었다.

인생에서 무엇이 가장 중요한지 사람들에게 물으면 가족, 친구, 건강이라고 답한다. 하지만 현실에서 그들이 실제로 선택하는 것은 언제나 일이다. 우리 삶에서 일이 차지하는 의미를 정확히 짚어낸 말이다. 그러면서도 베레가드는 일과 휴식 그리고 원하는 일에 대한 밸런스를 강조한다.

세계 최고의 부자 중 한 명이었던 샘 월튼Sam Walton의 생애 마지막 말은 "인생을 잘못 살았어"였다고 전해진다. 이는 사업에 지나친 몰두로 삶의 균형을 잃어버린 것에 대한 후회로 들린다. 그는 젊은 시절부터 주목받던 인물도 천재도 아니었다. 끊임없는 노력과 도전 그리고 실행력을 바탕으로 말년에 세계적인 부자의 반열에 오를 수 있었다.

성공한 직장인들의 일하는 방식을 들여다보면 흥미로운 패턴이 발견된다. 그들은 '핵심 업무'에 많은 시간을 투자하며, 하루 최소 4시간은 딥 워크Deep Work에 할애한다. 이는 단순히 오래 일하는 것이 아닌, 얼마나 깊이 있게 일하느냐가 중요하다는 것을 보여준다.

칼 뉴포트Cal Newport는 《딥 워크Deep Work》에서 집중적인 작업을 통해 높은 성과를 이루는 방법을 다루면서 방해받지 않는 상태에서 심도 있고 집중적인 작업은 창의성과 생산성을 극대화하는 데 필수적이라고 강조한다.

딥 워크의 대표적 사례로는 빌 게이츠Bill Gates의 '생각 주간Think Week'을 들 수 있다. 그는 몰입 주간 동안 혼자 산속으로 떠나 책을 읽고, 새로운 아이디어를 구상하며 깊은 생각에 잠긴다. 결과적으로 이러한 몰입 상태에서 많은 혁신적인 아이디어가 탄생했다.

해리 포터Harry Potter 시리즈의 작가인 J.K. 롤링J.K. Rowling은 해리 포터와 관련된 작업에 몰입하기 위해 혼자서 조용한 카페에서 글을 썼다. 조용한 환경에서 방해받지 않고 집중하며 글의 완성도를 높였다. 해리 포터 시리즈는 전 세계적으로 큰 성공을 거두었으며, 롤링은 유명 작가로서 자리매김했다.

유니버설 스튜디오 할리우드에는 가장 핫 플레이스인 해리 포터의 마법의 세계라는 구역이 있다. 2016년 개장한 이 구역의 중심에 있는 호그와트성에 입장하려면 최소 40분 이상 줄을 서서 기다려야 한다. 몰입을 통한 수준 높은 창작물의 파급력이 얼마나 대단한지를 실증적으로 보여주는 사례다. 때로는 몇 시간을 일하느냐보다 어떻게 일을 하느냐가 훨씬 중요하다.

직장생활은 경력에 따라 일하는 자세도 달라야 한다. 처음에는 무엇이든지 배워야 하지만, 다음에는 배우면서도 회사에 돈이 되는 일 즉, 밥값을 해야 한다. 일에만 열중해야 하는 시기에는 머리를 책상에 박고 고개를 들지 말아야 한다. 딴 생각을 하지 말라는 것이다.

중간관리자가 되면 시야를 넓혀야 한다. 내부와 외부에 대한 관심의 균형을 갖춰야 한다. 팀의 업무 성과뿐만 아니라 효과적인 조직관리를 위해 팀원들의 역량을 파악하고 적재적소에 배치하는 리더십이 필요하다. 또한 조직 내 역학관계와 사내정치에 대한 이해도 필요하다.

외적으로는 시야를 조금 더 넓혀서 정보력을 강화하고 조직의 큰 흐름과 방향성을 지속적으로 파악해야 한다. 더불어 유비무환, 나만의 옵션 B를 염두에 둬 최악의 경우를 대비해야 한다. 이로써 직업적 안정성을 확보하고 변화에 유연하게 대응할 수 있는 태세를 갖추는 것이다.

임원쯤 되면 고개를 들고 내부뿐 아니라 바깥세상까지 봐야 한다. 올라갈수록 더욱 겸손해야 한다. 거만하게 비치면 올라가는 건 딱 거기까지다. 회사의 절대자는 사장 한 사람뿐이다. 월권은 절대 금물이다. 한 번 '괘씸죄'에 걸리면 빠져나오기 어렵다. 이걸 늘 명심해야 한다.

조직생활에서 정치를 완전히 피하기는 어렵다. 하지만 조직에서의 정치는 섬세한 스킬이 필요하다. 자칫 줄에서 낙오하면 다시 오르기 어렵다. 성공한 직장인들은 '실력과 정치의 컬래버레이션'을 조언한다. 능력 없이 인맥에만 의존하는 것은 모래성을 쌓는 것과 같다. 찬바람 한 번에 흔적도 없이 사라진다.

일에 희망을 품는 것과 함께, 보람 있는 일을 하는 것은 진정한 행복을 이루는 조건이다. 일은 단순한 생계 수단을 넘어 자아실현의 중요한 통로로서 행복에 기여한다. 그렇기에 경제적으로 풍요로운 사람들조차 계속해서 의미 있는 일을 찾아 나서는 것이다.

성공적인 직장생활의 핵심은 현재 주어진 위치에서 최선을 다하는 것이다. 당장의 성과가 보이지 않더라도, 더 좋아 보이는 기회가 있더라도, 지금 이 순간의 업무에 깊이 몰입하는 것이 장기적 성공의 토대가 된다.

모든 순간이 배움의 기회이며, 성장의 발판이 된다. 안정적인 직장생활은 화려한 겉모습이 아니라 착실한 내실에서 비롯된다. 꾸준한 노력으로 자신의 한계치를 한 뼘씩 넓혀가면 어느새 더 좋은 곳으로 올라 있는 스스로를 발견할 것이다. 오늘, 지금 하는 일에 집중하자.

생각정리

1. 삶의 의미

◎ 인생에서 가장 중요하다고 생각하는 것은 무엇인가요?

Ⓐ 나의 생각

2. 공감 찾기

◎ 이 글에서 공감하는 부분은 어떤 것이 있나요?

Ⓐ 나의 생각

💡 작성 팁: 정답은 없습니다. ① 솔직하게 적어보세요. ② 시간을 충분히 가지세요. ③ 동료나 멘토와 함께 이야기를 나누어보는 것도 좋습니다. ④ 3~6개월 후 다시 작성해 보면 변화를 볼 수 있습니다.

대한민국 직장인에게 보내는 박수

마음이 지옥이고 천국이다. 누구나 그 두 곳을 하루에도 몇 번씩 오간다. 천국에 있다가도 마음 조금 돌아서면 바로 지옥이다. 병원에 입원한 사람들에게는 아픔이 없는 곳이 곧 천국이다. 아프지 않은 것만으로도 행복이 충만하다.

세상사 마음먹기에 달렸다. 날씨가 덥다고 짜증을 내다가도 '여름이니 어쩌겠나' 하고 마음을 조금 물러서면 짜증도 조금은 따라서 물러선다. 살아있음에 늘 감사하면 무거운 마음도 절반쯤은 가벼워진다.

인도 여행 갔을 때 일이다. 인도의 1월은 적응이 어려웠다. 무엇보다 영상의 날씨인데도 너무 추웠다. 돌아다니는 모든 차량에 난방 시스템 자체가 없고, 호텔도 마찬가지였다.

먼지와 스모그로 쨍한 햇빛은 본 적이 없고, 동네는 온통 쓰레기 더미다. 도로변 화초나 나뭇잎은 시골 정미소의 기계나 설비 위에 쌓여있는 먼지처럼 온통 흙먼지로 덮여 있다. 시끄럽고 복잡하기는 세계

으뜸이다. 바퀴 달려서 굴러가는 것은 자전거와 인력거 빼고는 다 빵빵거린다. 오토바이, 오토릭샤[27], 승용차, SUV, 트럭, 버스 등등. 그중에서도 가장 시끄러운 것이 오토릭샤이다. 인도는 한번 다녀오면 또 가고 싶어지는 나라라는데, 고개가 갸우뚱해진다.

그런데 현지 가이드의 한마디로 짜증나고 시끄럽고 먼지투성이인 환경이 싹 정리되었다.

"인도 사람들은 그냥 그러려니 하고 삽니다. 빵빵거리는 소리는 내가 가니까 '비켜라'가 아니고, 위험하니 '조심하라'는 뜻으로 이해하면 됩니다." 아무튼 인도인들의 인내심에 감탄했다.

직장생활도 마음먹기에 달렸다. 천국이라 생각하면 천국이고 지옥이라 생각하면 지옥이다. 어려움에 맞닥뜨렸을 때 각자 나름의 위로의 말 하나쯤은 준비하는 것도 방책일 것이다. 예를 들어 군생활이 어렵고 지겨울 때 "그래도 국방부 시계는 돌아간다"라는 말로 위로가 되었다.

생기발랄하고 어디로 튈지 모르는 신입사원! 면접 볼 때나 입직 교육을 받을 때는 씩씩하고 용기백배였다. 이런 사람들이 시간이 지나 직장생활에 익숙해지면서 점점 긴장이 풀리고 활력이 떨어져 완전히 다른 사람처럼 보일 때가 있다.

마치 사회인이 넥타이에 정장 차림으로 있다가 예비군복을 입었을 때만큼이나 차이랄까. 면접관들이 어떻게 저런 사람에게 좋은 점수를

---

27 오토릭샤: 3륜 택시 '툭툭', 인도에서는 오토릭샤라고 함. 오토바이의 오토와 인력거를 뜻하는 인도어의 합성어

줬을까라는 생각이 들 정도다. 어쩌다, 왜 이렇게 되는 것일까? 이런 현상은 제조업에서 더 뚜렷하다. 제아무리 똑똑하고 명문대를 나왔을지언정 신입 때는 시키는 일만 열심히 잘 처리하면 된다.

대한민국 직장인으로 살려면 몇 가지 정도는 이해하고 들어가야 한다. 먼저 조직원은 조직의 규정과 규칙을 따라야 한다. ISO라는 국제 규정이 있어서 업무 절차 하나 바꿔도 전부 문서화해서 결제를 거쳐 시행하고 변경된 히스토리까지 깔끔하게 정리되어 있어야 한다.

이것은 국제 규정으로 정기적으로 외부 감사를 거치며 항상 업데이트해 두어야 한다. 당연히 실제 업무도 규정대로 실행하고 모든 것은 서류화해 보관해야 한다. 모든 업무가 이런 식으로 규정화되어 있으니 창의적 아이디어가 흘러 들어갈 공간이 좁아진다.

어쩔 수 없이 조직인들은 거기에 맞춰 일을 한다. 체제에 잘 적응하고 근면 성실하며 회사가 두른 사각형의 테두리를 벗어나지 않으면 적어도 평균은 된다. 조직에서 사각형 인간이 반드시 나쁜 것만도 아니다.

직장은 여럿이 함께 일하는 곳이다. 1인 기업처럼 혼자 해야 하는 일은 그리 많지 않다. 회사가 정한 규격을 맞추어야 하고 상사의 지시도 따라야 한다. 개인의 목표와 조직의 목표를 함께 고민해야 하는 곳이 바로 회사다.

또한 직장은 경쟁이 치열한 곳이다. 승진을 앞두고는 누구나 가슴을 졸인다. 인원이 제한되니 상대가 오르면 나는 제자리를 지켜야 한다. 제자리라는 것은 앞서간 사람에게 한 단계 밀린다는 이야기가 된다.

한번 밀리면 쉽게 따라가지 못하는 게 조직의 생리다.

시스템화되고 규정화되어 있는 조직 환경에 익숙해지려면 인내심이 필요하다. 대부분의 대기업에서는 시스템적이고 규정적으로 흘러간다. 회사 전체로 봤을 때 한 제품이 고객에게 전달되는 과정은 많은 부서와 직원들의 손을 거쳐야 가능하다. 나라는 사람은 전체 중에서 작은 부문을 담당하는 큰 기계의 '부품'이다. 작지만 내가 있어야 기계가 멈추지 않는다.

MZ세대가 선호하는 업무 스타일에 맞을 법한 곳은 스타트업 기업이나, 중소기업, 긱 워크, 알바, 프리랜서, 워케이션 등이다. 이런 곳들은 대부분 대기업보다는 덜 시스템적이고 덜 규정적일 가능성이 높다. 중소기업 중에서도 체제가 완벽하지 않은 곳은 한 사람이 여러 가지 업무를 해야 할 경우가 있다.

대한민국 직장이라는 조직은 어차피 다 같이 갈 수 없는 구조이니, 낙오자도 많다. 근무 시간도 길고 야근도 잦다. 오죽하면 '야근 공화국 월화수목금금금'이라는 말이 생겼을까.

고용노동부의 2024년 2월 29일 브리핑 자료에 의하면, 2023년 1인당 월평균 근로시간은 156.2시간으로 전년 대비 2.5시간 감소했다. 근로시간이 10년 새 연 200시간 줄었지만 여전히 OECD 평균보다 155시간 많다2023년 기준. 경제선진국에 걸맞게 근로시간 단축, 휴식권 강화 등의 대책이 필요해 보인다.

MZ세대 직장인은 상대적으로 높은 연봉보다 '워라밸'을 선택한다. 일과 삶의 균형을 중시하는 워라밸이 새로운 표준으로 자리 잡아가고 있으며, 야근 문화도 점차 개선되어 가고 있다. 대한민국에서 살면서 대한민국의 직장을 다닌다는 것은 나름 잘나가고 있다는 얘기다.

'경쟁의 전쟁터'에서는 자신의 무기를 녹슬게 방치해서는 안 된다. 무기를 틈틈히 꺼내 관리상태를 살펴야 필요시에 요긴하게 사용할 수 있다. 대한민국에서 직장인으로 산다는 것은 결코 쉽지 않다. 대한민국 직장인 그대들이 존경스럽고 자랑스럽다. 힘껏 응원의 박수를 쳐준다.

생각정리

1. 조직문화 적응과 개성

ⓠ 조직의 규칙과 개인의 창의성 사이에서 어떻게 균형을 맞출 수 있을까요?

Ⓐ 나의 생각

2. 공감 찾기

ⓠ 이 글에서 공감하는 부분은 어떤 것이 있나요?

Ⓐ 나의 생각

💡 작성 팁: 정답은 없습니다. ① 솔직하게 적어보세요. ② 시간을 충분히 가지세요. ③ 동료나 멘토와 함께
이야기를 나누어보는 것도 좋습니다. ④ 3~6개월 후 다시 작성해 보면 변화를 볼 수 있습니다.

2.3

직장인이 사춘기를 겪는 이유

대다수 직장인은 입사 3~4년쯤 되면 생각이 깊어진다. 마치 중고등학생 시절의 사춘기처럼, 자신의 정체성과 미래에 대한 깊은 고민에 빠지게 된다. "이 일이 정말 내가 하고 싶은 걸까?", "앞으로 어떻게 살아야 하지?", "이 회사에서 나의 미래는 어떻게 될까?" 등의 실존적인 질문들이 마음을 무겁게 한다. 이른바 '직장인 사춘기'를 겪는 것이다.

심리학자들은 직장인의 사춘기 현상을 오래전부터 주목해 왔다. 심리학자 에릭 에릭슨Erik H. Erikson은 그의 심리·사회적 발달 이론을 통해 성인기에도 여러 발달 단계가 있으며, 각 단계마다 특정한 발달 과제와 위기가 존재한다고 설명한다. 특히 25~35세 사이의 초기 성인기에는 '친밀감 대 고립감'이라는 심리적 갈등을 겪게 되는데, 이는 많은 직장인이 경험하는 사춘기와 시기적으로 맞물리는 것이다.

최근 옥스퍼드대학교 조직심리학 연구팀의 〈경력 위기와 변화Career

Crisis and Transformation〉 보고서는 이러한 현상의 보편성을 입증했다. 전 세계 12개국 직장인 15,000명을 대상으로 한 이 연구에 따르면, 입사 3~4년 차의 78%가 심각한 경력 고민을 경험하며, 이 중 45%가 이직을 한다고 한다. 이직한 사람의 65%는 1년 이내에 다시 경력 고민에 빠지는 것으로 나타났다.

최근 잡코리아가 직장인 1,294명을 대상으로 직춘기에 대한 설문 조사를 실시한 결과, 85.2%가 직장생활 사춘기를 경험한 것으로 나타났다. 직춘기는 근무 1년 차가 24.4%, 3년 차 18.9%, 2년 차 17.0%, 입사 직후 16.6% 순이었다.

직춘기를 겪는 이유로는 낮은 연봉과 인센티브 등 경제적 보상의 부족이 46.1%로 가장 큰 원인으로 지목되었다. 반복되는 업무로 인한 피로감 34.2%, 과도한 업무량으로 인한 워라밸 상실 24.8%, 직장 내 인간관계 문제 18.3% 등도 주요 원인으로 조사되었다. 〈그림 2.3-1〉 참조

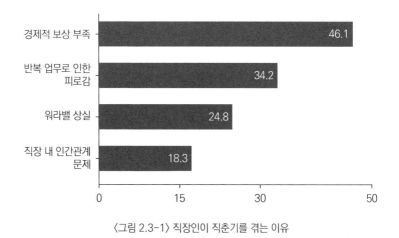

〈그림 2.3-1〉 직장인이 직춘기를 겪는 이유

직장인의 사춘기는 여러 가지 이유에서 발생한다.

첫째, 입사 초기의 열정이 식어가기 시작하는 시점이다. 처음에는 모든 것이 새롭고 배울 것이 많아 보였지만, 이제는 업무가 루틴화되고 반복되는 느낌을 받는다. 한 중견기업 인사담당자의 말에 따르면, 이 시기에 직원들의 이직 고민이 가장 많다고 한다.

둘째, 현실의 벽을 실감하게 되는 시기이다. 처음에는 열심히 하면 다 될 거라는 낙관적인 생각을 가졌다면, 이제는 조직의 한계와 현실적인 제약을 분명하게 인식하게 된다. 승진이나 보상의 구조를 이해하게 되면서, 자신의 미래 전망에 대해 더욱 현실적으로 고민하게 되는 것이다.

셋째, 개인적인 삶의 변화가 찾아오는 시기이기도 하다. 결혼, 출산, 주택 마련 등 인생의 중요한 이벤트들이 이 시기에 집중된다. 이러한 변화들은 직장생활에 대한 새로운 관점을 제시하며, 때로는 더 큰 고민거리가 되기도 한다.

하버드 비즈니스 스쿨의 한 연구에 따르면, 이 시기를 어떻게 극복하느냐가 향후 10년의 경력을 좌우한다고 한다. 이 시기를 성공적으로 극복한 직장인들의 특징을 분석해 보면 다음과 같은 공통점이 있다.

먼저, 그들은 이 시기를 자연스러운 성장 과정으로 받아들였다. 또, 이 시기를 적극적인 자기 발견의 기회로 활용했다.

자신의 강점과 약점을 파악하고 미래 경력 경로future career path를 설계하는 데 시간을 투자했다. 멘토나 동료들과의 네트워크를 활용했다. 선배들의 조언을 구하고, 동료들과 고민을 나누며 해결책을 모색했다.

특히 중요한 것은 이 시기를 잘 극복한 직장인들이 취한 구체적인 행동들이다. 그들은 자신의 업무에서 새로운 의미를 발견하려 노력했다. 단순히 주어진 일을 하는 것이 아니라, 그 일이 가진 사회적 가치나 자신의 성장에 미치는 영향을 재해석했다.

또한 자기계발에 더욱 집중했다. 업무 관련 자격증 취득, 외국어 공부, MBA 준비 등 자신의 시장가치를 높이는 활동을 병행했다. 그리고 회사 내에서 새로운 도전을 시도했다. 프로젝트 리더를 자원하거나, 새로운 업무 영역에 도전하는 등 적극적인 자세를 보였다.

직장인의 사춘기는 위기이자 기회이다. 피할 수 없으면 극복해야 한다. 성장통을 겪는 자가 통증만 호소하면 성장이 멈춰버린다. 직춘기를 이겨내기 위해서는 자신과의 진정성 있는 대화, 적극적인 자기계발, 그리고 주변과의 건강한 소통이 필요하다. 꽃은 견디고 피기에 더 아름다운 것이다.

직장인의 사춘기가 보편적 현상이라는 점은 글로벌 기업들의 최근 움직임에서 확인된다. 구글, 마이크로소프트, IBM 등은 3~4년 차 직원들을 위한 Career Pivot Program을 운영하며, 직원들이 경력을 재점검하고 새로운 도전을 할 수 있도록 지원하고 있다.

직장인의 사춘기 과정에서 나타나는 핵심 현상은 가치관의 재정립이다. 스탠퍼드 경영대학원 연구에 따르면, 이 시기 직장인들은 직장생활에 대한 고민을 넘어 인생 전반의 가치관을 재정립하는 경향을 보인다. 일과 삶의 균형, 사회적 기여, 자아실현 등에 대한 진지한 성찰이 이루어진다.

이러한 가치관의 재정립은 최근의 환경 변화로 가속화되고 있다. 코로나19 이후 재택근무가 일상화되면서 물리적 업무 공간의 변화는 일에 대한 인식을 변화시켰고, 이는 디지털 전환이라는 큰 흐름 속에서 직장인들의 정체성 고민을 심화시켰다.

디지털 전환의 정점에 있는 AI 시대의 도래는 직장인의 사춘기에 예전에 없던 질문들을 던져준다. 업무의 AI 대체 가능성에 대한 불안감, 새로운 기술 습득에 대한 부담감이 더해지면서 직업적 정체성을 고민하게 만드는 근본적인 질문들이다.

이러한 변화에 능동적으로 대응하기 위해서는 새로운 전략이 필요하다. 첫째, 디지털 전환 시대에 맞는 새로운 역량을 개발해야 한다. AI 협업, 데이터 기반 의사결정은 이 시대 생존의 기반이다. 둘째, 유연한 마인드셋이다. 변화를 두려워하지 않고 이를 성장의 기회로 활용하는 자세가 필요하다.

이 시기에 직업적 정체성을 재정립하고, 변화에 걸맞은 새로운 역량을 개발하며, 더 높은 수준의 직업적 성숙도에 도달하면 '상위 1%'로 가는 표를 미리 예매한 셈이다. 정면으로 마주하면 답이 보인다.

생각정리

1. 직장인 사춘기

◎ 나에게 직장인 사춘기 원인은 무엇이고 어떻게 극복할 건가요?

Ⓐ 나의 생각

2. 공감 찾기

◎ 이 글에서 공감하는 부분은 어떤 것이 있나요?

Ⓐ 나의 생각

💡 작성 팁: 정답은 없습니다. ① 솔직하게 적어보세요. ② 시간을 충분히 가지세요. ③ 동료나 멘토와 함께
이야기를 나누어보는 것도 좋습니다. ④ 3~6개월 후 다시 작성해 보면 변화를 볼 수 있습니다.

사소한 것에 목숨을 걸어라

"작은 일을 잘하지 못하는 사람은 큰일도 잘할 수 없고, 사소한 일이라고 무시해 버리는 사람은 큰일을 도모하지도 못한다."

오랫동안 근무했던 회사의 격변기 시절, 공장장님이 들려준 말씀은 아직도 가슴에 새겨져 있다. 작은 일, 사소한 일이란 무엇일까?

그것은 들이는 시간과 노력에 비하여 생색이 잘 나지 않거나 남들이 하기 싫어하는 일들이다. 대학까지 나와 치열한 경쟁을 뚫고 꿈의 직장 대기업에 취직한 신입사원들이 당황스러워하는 일이다. 나는 나의 일을 하러 왔지 이따위 잡다한 일을 하러 지금까지 고생한 게 아닌데 하는 생각이 든다.

그러나 이러한 일은 나도 겪고 너도 겪는다. 신입 때에 누구나 지나가야 하는 과정의 하나다. 당분간은 참고 견뎌야 한다. 처음부터 1인분 하려고 하지 마라. 시간이 지나다 보면 밥값 할 때가 온다. 그때 가서 신입 시절 못한 1인분을 더하여 2~3인분 하면 된다.

직장생활에서 흔히 보고 듣는 사소한 것들이 너무도 많다. 절약의 측면에서 보면 복사나 프린트할 때 이면지를 사용하고 흑백으로 하기, 점심시간에 사무실 전등 끄기, 개인 PC 전원 끄기, 볼펜 한 자루를 포함한 사무용품 아끼기 등이 있다.

생산현장의 청결 측면에서 보면, 현장이나 사무실, 자재 창고, 제품 창고, 기계장치를 청소하고 정리정돈 하는 것 등이 있다. 어떤 행사를 추진할 때 기획부터 실행과 후처리까지 단계별로 사소한 일들은 얼마든지 많다.

세리 CEO 강좌 중에 신화를 불러일으켰던 한 여성 임원의 이야기가 있다. 〈그녀의 승진 비결은 복사 기술?〉이라는 제목의 내용이다. 주인공은 바로 K 씨다. 그녀는 "사소한 일도 못 하면 큰일도 못 한다. 이것은 동서고금의 법칙이다"라고 했다.

지방대를 졸업하고 외국계 회사에 입사한 그녀에게 처음 맡겨진 일은 복사였다. 그녀는 복사를 정성스럽게 하였기에 누구나 서류를 보면 누가 복사했는지를 알 수 있을 정도였다.

그 회사의 사장은 "복사에 혼을 다하는 직원은 무엇을 맡겨도 잘할 것"이라고 하며, 그녀가 가고 싶은 부서로 이동하도록 기회를 주었다. 그 후부터 그녀는 승승장구하여 한국 최초의 여성 임원이 되었다. 결국 그녀의 고속 승진 비결은 정성스러운 복사였다.

흔히 사소한 것이라고 치부해 버리는 것 중의 하나가 문서작성이다. 관리직으로 근무하는 직장인은 문서작성을 많이 하게 된다. 요즘은 PC로 작성하여 간단하게 메일로 보고하는 일이 많아졌다. 검토서나 조사 보고서 같은 경우는 별도의 양식으로 작성하여 메일에 첨부 문서로 보고한다.

공문이나 보고서, 검토서, 제안서 등의 문서작성은 내용과 외관이 모두 중요하다. 포장과 디자인도 콘텐츠 못지않은 경쟁력 요소다.

앞서가는 회사나 외국계 회사 또는 관공서의 문서를 자세히 살펴보면 문체나 글자체, 글자 크기, 전체 레이아웃 등이 각각 나름의 특징이 있다. 글자체만 봐도 어느 회사, 어느 관공서의 것인지 금방 알 수 있다. 회사 전체적으로 문서작성에 대한 매뉴얼이 있기 때문이다.

필자는 군생활 중에 고참으로부터 문서작성을 배웠다. A4용지 기준으로 본다면, 위에 3cm, 좌측에 3cm, 우측에 2cm, 밑 부분에 2cm의 여백을 두고 작성하라고 했다. 작성된 문서를 철할 때 윗부분 혹은 좌측을 기준으로 철하므로 공간이 필요하다는 것이다.

우측과 밑의 부분은 꼭 2cm를 띄워야 하는 것은 아니다. 그래도 가능한 한 이 정도를 띄우는 것이 보기도 좋다. 문서가 잘못 철이 되어 끝부분이 부분적으로 손상이 생기더라도 내용 손실을 막을 수 있다.

과장 시절에 한 엔지니어가 검토서를 엑셀파일로 작성해 프린트하여 가지고 왔다. 내용은 둘째 치고, A4용지의 위쪽은 약1cm, 나머지 세 면은 0.5cm 정도로 여백이 거의 없었다. 위아래 좌우 여백을 두어 읽기 쉽게 다시 작성해 보라고 했다.

문서는 매우 중요한 의사 전달체이다. 검토서, 보고서, 제안서 등의 문서는 내용 전달이 매우 중요하다. 대부분의 내부 문서는 관련자를 통하여 상사에게까지 또는 최고 경영자에게까지 올라간다.

잘한 것을 자랑하는 문서도 있고, 잘못에 대해 용서를 빌어야 하는 문서도 있다. 더러는 고민을 듬뿍 담은 문서도 있을 것이다. 자랑은 더욱 돋보이게 하고, 용서를 구하는 내용이라면 진솔하게 사실을 보고하고 진심을 전달해야 할 것이다. 문서는 직장인이 자신의 능력을 보여주는 핵심 수단이 된다. 심혈을 기울여 작성해야 하는 이유다.

직장 상사들은 바쁜 사람이다. 인내심이 많고 느긋한 성격의 상사는 거의 없다. 대부분의 상사들은 결론부터 듣기를 원한다. 의사 전달이 잘되도록 하기 위해서는 내용도 중요하지만, 일단 외관에서부터 산뜻해야 한다. 빛깔 좋은 살구가 맛도 있어 보인다. 공을 들여 만든 문서는 언젠가 진가를 발휘한다.

문서가 내부용이 아닌 외부 영업이나 수주와 관계된 것이라면 더구나 외관에 철저해야 한다. 경쟁사는 깔끔하고 단정한 문서에 내용도 쉽고 간단한데, 우리 회사의 문서는 그렇지 못하다면 승부는 이미 결정난 것이나 마찬가지다.

멕 휘트먼Meg Whitman이 하버드대 MBA를 졸업하고 P&G에 취직했을 때 처음 맡은 일은 샴푸 뚜껑 구멍을 1로 할 것인가 0.3으로 할 것인가를 결정하는 일이었다. 처음에는 회의감이 들었다. 그때 그녀의 선배가 던진 "너에게 주어진 모든 것은 너의 능력을 입증할 수 있는 기회다!"라는 임팩트 있는 말에 감동을 받아 작은 일에도 최선을 다했다. 결국 그녀는 휴렛패커드 최고 경영자까지 올랐다.

《결국 성공하는 사람들의 사소한 차이》의 저자이자 일본 최고의 경영전문가 이와타 마쓰오는 아주 작은 일도 의미가 있다고 강조했고 어떠한 경험이든 모두 인생에서 가치가 있다고 했다.

직장생활을 하면서 우리는 가끔 호사스러운 생각을 한다. 쉬운 일만 하면서 대우는 다 받기를 원한다. 매일 칼퇴근을 꿈꾸고 본인이 필요할 때 열외를 하면서도 때가 되면 척척 승진하기를 바란다. 사소하다고 생각되는 일은 외면하고 누군가가 해주기를 바랄 뿐이다.

우리는 일상생활에서 사소한 것들에 묻혀 살고 있다. 사소한 것 때문에 속상하기도 하고 기쁘기도 하다. 티끌이 모여 태산이 되고 빗물이 모여 강물이 되듯이, 사소한 것들이 모여 삶이 된다. 직장도 사소한 것들이 모여 큰 조직이 되고 시스템이 되고 그것을 통하여 매출과 이익 창출이 된다.

아무리 능력이 있고 그들의 스펙이 다양하고 높고 깊다고 해도 사소한 것을 무시해서는 절대 성공할 수 없다. 진정한 성공은 이런 사소한 것들에 대한 진지한 태도에서 시작된다. 사소한 것에 목숨을 걸어라. 사소한 것에 목숨을 걸어야 할 가치는 충분히 있다.

생각정리

1. 능력과 성공의 관계

◎ 성공한 사례들을 보면 사소하고 작은 일에도 진지하게 임했다고 합니다. 이러한 태도가 성공으로 이어진 이유는 무엇이라고 생각하나요?

Ⓐ 나의 생각

2. 공감 찾기

◎ 이 글에서 공감하는 부분은 어떤 것이 있나요?

Ⓐ 나의 생각

작성 팁: 정답은 없습니다. ① 솔직하게 적어보세요. ② 시간을 충분히 가지세요. ③ 동료나 멘토와 함께 이야기를 나누어보는 것도 좋습니다. ④ 3~6개월 후 다시 작성해 보면 변화를 볼 수 있습니다.

불안하지만 매력적인 중년

직장인의 중년기는 불안과 기회가 겹치는 시기다. 개인의 성장과 조직에서의 위치, 그리고 가정에서의 책임이 복잡하게 얽히는 시점이다. 새로운 도전과 기회를 마주하는 시기이기도 하다. 40대 중반에서 50대 초반의 많은 직장인은 이른바 '중년의 위기'를 경험한다.

책임은 나날이 커지고, 경쟁은 더욱 치열해지지만 체력은 조금씩 떨어지기 시작한다. 조직 내에서의 역할 증가와 함께 가정에서의 책임도 더욱 무거워지는 시기다. 하지만 동시에 이 시기는 풍부한 경험이 쌓이고, 깊은 통찰력이 생기며, 인맥이 크게 넓어지는 시기이기도 하다.

한국보건사회연구원 〈연구보고서 2023-17〉에 의하면 많은 중년층 근로자가 비자발적 조기 퇴직과 고용 불안정을 경험하고 있다. 이는 지속적인 소득 감소로 이어져 노후 준비를 어렵게 만드는 중요한 사회적 문제가 되고 있다. 중년 근로자들은 노동시장 재진입 과정에서 연령차별, 기술 노후화, 건강 문제 등 다양한 장벽에 직면하고 있다.

이러한 현실은 KDI 연구 〈중장년층 고용 불안정성 극복을 위한 노동시장 기능 회복 방안〉에서도 확인된다. 보고서는 "우리나라 근로자의 삶은 높은 불안정성에 노출되어 있다. 특히 중장년층 근로자가 겪는 고용 불안정성은 세계적으로 높은 수준이다"라고 지적했다.

특히 팀장·부장 혹은 초급임원의 중간관리자 위치에 있는 이들은 위에서 오는 압박과 아래에서 치고 올라오는 도전 사이에서 이중고를 겪는다. "젊은 직원들은 새로운 기술을 더 빨리 습득하고, 윗분들은 여전히 자리를 지키고 계시죠. 우리 세대는 어떻게 해야 할지 모르겠어요"라는 고백은 디지털 전환 시대에서 더욱 뚜렷해지는 세대 간 격차와 중년 직장인들의 고민을 잘 보여준다.

김향수[28]는 중년 직장인의 위기 요인으로 '주관적 건강상태', '직업

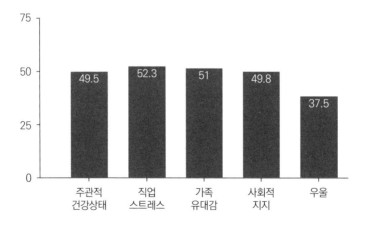

〈그림 2.5-1〉 중년 직장인의 위기 요인

28 김향수, 〈후기 중년 남성의 우울 영향 요인〉, Journal of the Korea Convergence Society, Vol. 12. No. 4, pp. 377~387, 2021

스트레스', '가족 유대감', '사회적 지지'를 꼽았다. 그의 연구 결과를 이해하기 쉽게 백분율로 표현하면, 주관적 건강상태 49.5%, 직업 스트레스 52.3%, 가족 유대감 51.0%, 사회적 지지 49.8%, 우울 37.5%로 나타낼 수 있다. 〈그림 2.5-1〉 참조

하지만 중년기가 가진 독특한 장점도 많다. 풍부한 실무 경험, 넓은 인적 네트워크, 안정된 판단력 등은 젊은 세대가 쉽게 따라올 수 없는 중년의 강점이다. 이러한 강점들은 단순히 시간이 만들어낸 것이 아니라, 수많은 시행착오와 경험을 통해 얻은 귀중한 자산이다.

복잡한 문제해결이나 위기관리 상황에서 중년 관리자들의 역량이 빛을 발한다는 것은 여러 사례에서 확인된다. 이들의 경험에서 나오는 통찰력과 판단력은 빠르게 변화하는 비즈니스 환경에서도 여전히 중요한 가치를 지닌다. 젊은 세대의 기술력과 중년 세대의 경험이 시너지를 발휘할 때 조직은 최적의 성과를 낼 수 있다.

위기를 기회로 전환하려면 먼저 위기를 인식하고, 이를 돌파할 적극적인 대응책을 세워야 한다. 주목할 만한 것은 중년 직장인들의 '멀티 페르소나 현상'이다. 멀티 페르소나는 다양한 방면에서 나타난다. 직업이나 전문성에서 대표적인 것이 N잡러다. 현재로서는 직장인 N잡러가 쉽지 않지만 가까운 미래에는 일반화될 가능성이 크다.

직장인으로서 준비해야 할 것은 전문적인 분야에서의 페르소나를 갖는 것이다. 이는 단순히 여러 가지 일을 하는 것이 아니라, 각 분야에서 전문성을 갖추고 이를 유기적으로 연결하는 것을 의미한다. 성공적인 중년 직장인들은 평균 2~3개의 전문 영역을 확보하고 있어야

하며, 이는 새로운 시대가 요구하는 생존 전략이 되고 있다.

S 전자 K 상무52세의 사례도 중년 직장인의 성공적인 변신을 잘 보여준다. 엔지니어로서의 전문성에 경영학적 식견과 디지털 역량을 더한 그의 사례는, 끊임없는 자기혁신의 중요성을 보여준다.

"예전에는 자신의 분야만 잘하면 됐지만, 이제는 다르죠. 저는 엔지니어 출신이지만, 주말마다 온라인 MBA 과정을 공부했고, 퇴근 후에는 코딩을 배웠습니다."

건강관리는 중년 직장인의 성공을 위한 필수 조건이다. 국민보험공단에서 2023년도 국회에 제출한 자료에 의하면 50대 이상 중장년층의 70%가 수면장애를 겪은 것으로 나타났다. 만성 피로를 겪는 인구가 약 12%에 달한다는 보건복지부의 〈2022 국민건강통계〉도 있다. 이는 단순한 개인의 건강 문제를 넘어 업무 생산성과 직결되는 문제이다.

직장인에게 재정적 준비의 중요성은 아무리 강조해도 지나치지 않다. 한국금융연구원의 조사에서 나타난 72%라는 수치는 대다수의 중년 직장인이 노후에 재정적인 불안감을 가지고 있음을 보여준다. 하지만 전문가들은 중년기를 재무설계의 황금기로 보고 있다. 이 시기의 적절한 자산 배분과 투자 전략은 은퇴 후의 삶을 결정짓는 핵심 요소가 된다.

중년의 위기를 성공적으로 극복한 이들의 공통점은 적극적 자기혁신이다. 그들은 현실에 안주하지 않고 끊임없이 새로운 도전을 시도했다. 디지털 역량 강화, 외국어 학습, 새로운 자격증 취득 등 자기계발에 투자를 아끼지 않은 것이다.

특히 주목할 만한 것은 부캐 전략이다. 본업 외에 추가적인 전문성을 개발하여 제2의 명함을 준비하는 것이다. 예를 들어, 엔지니어가 재무설계사 자격을 취득하거나, 영업 전문가가 코칭 자격증을 따는 식이다.

중년기는 위기이자 기회의 시기이다. 불안과 도전은 피할 수 없지만, 이를 어떻게 대처하느냐에 따라 인생의 새로운 전환점이 될 수 있다. 체계적인 건강관리, 꾸준한 자기계발, 현명한 재무설계, 그리고 긍정적인 마인드는 중년을 매력적인 시기로 만드는 핵심 요소이다.

중년은 직장인에게 매우 중요한 시기다. 도전을 회피하지 않고 당당히 마주하면 직장생활의 근력이 곱절로 단단해진다. 승자와 패자는 늘 고비에서 길이 갈린다. 불안감을 정면으로 응시하며, 이를 자기혁신의 동력으로 삼는다면 직장의 중년기는 인생에서 가장 풍요로운 시기가 될 수 있다.

생각정리

1. 멀티 페르소나 전략

ⓠ 성공적인 중년이 되기 위해 부캐나 복수의 전문성을 가지는 것이 왜 중요하며, 어떻게 준비해야 할까요?

Ⓐ 나의 생각

2. 공감 찾기

ⓠ 이 글에서 공감하는 부분은 어떤 것이 있나요?

Ⓐ 나의 생각

💡 작성 팁: 정답은 없습니다. ① 솔직하게 적어보세요. ② 시간을 충분히 가지세요. ③ 동료나 멘토와 함께 이야기를 나누어보는 것도 좋습니다. ④ 3~6개월 후 다시 작성해 보면 변화를 볼 수 있습니다.

충동적 퇴사는 100% 후회한다

직장인에게 이직이나 전직은 어떤 의미가 있을까?

미국 직장인 평균 근속연수는 과거에는 5년 정도였으나 코로나19 이후 급격하게 줄어 1.8년으로 나타났다[29]. 이는 대부분이 이직을 위한 자발적 퇴직으로 보고되고 있다. 한국의 2022년도 통계청 자료에 의하면 전체 평균 근속연수는 5.4년이다.

미국이나 서구의 직장인들에게 이직은 경력 개발과 더 나은 기회를 잡는 자연스러운 과정으로 여겨지지만 한국은 인식의 양상이 꽤 다르다. 잘 다니던 직장을 떠나 새로운 조직으로 간다는 것은 상당한 리스크를 감수해야 하는 결정이다. 특히 우리나라에서는 중간에 경력직으로 이동한 사람에 대해 '굴러온 돌'이라는 인식이 강하다.

"제조 회사에서 3~5년 차 경력자가 엔지니어링 회사로 옮기면 근무 연차는 인정받을 수 있지만, 실제 핵심 업무인 설계 분야를 맡기기는

---

29 한국경제신문, 2022년 5월 27일, https://www.hankyung.com

어렵다. 결국 시운전이나 행정 업무를 담당하게 된다"라는 D 엔지니어링 G 상무의 말은 한국 직장 문화의 단면을 실감나게 들려준다. 한마디로 '굴러들어 온 돌'은 그 회사에서 메이저Major가 되기는 어렵다는 것이다.

《마음 가는 대로 해라》의 저자 앤드류 매튜스Andrew Matthews의 '씨앗의 법칙'은 단순하다. 인생의 성공은 농사짓는 것과 같은 과정을 거친다. 먼저 씨앗을 뿌리고능력개발, 물을 주며지식확장, 인내하며 기다리는기술습득 과정이 필요하다. 이렇게 자신을 충분히 준비한 후에 그 가치를 인정받을 수 있는 적절한 곳으로 이동하는 것이 올바른 순서다.

2010년대 국내 건설 및 엔지니어링 회사들의 해외 프로젝트 붐은 이러한 원칙의 중요성을 잘 보여주는 사례이다. 당시 많은 엔지니어들이 높은 연봉을 좇아 이직했지만, 몇 년 후 경기 악화로 구조조정의 대상이 되어버렸다. 이는 준비 없이 섣불리 단기적인 이익만을 좇는 것의 위험성을 경고한다.

퇴사라는 선택의 옳고 그름을 일반화할 수는 없다. 각자의 상황과 가치관, 준비 정도에 따라 다른 답이 나올 수 있기 때문이다. 중요한 것은 충동적인 결정이 아닌, 충분한 고민과 준비를 통한 현명한 선택을 하는 것이다.

어쩌면 이것이 우리 시대가 직면한 가장 중요한 과제 중 하나일지도 모른다. 퇴사를 고민하는 직장인들의 이야기는 SNS에서도 쉽게 찾아볼 수 있다. "회사를 나와서 후회한 적 없다", "퇴사는 마음의 자유를 찾아가는 여정이었다"와 같은 해시태그가 눈길을 끌지만, "퇴사 후 백수

6개월째, 이직이 생각보다 쉽지 않네요" 등 후회의 고백도 적지 않다.

금융권에서 10년 근무 후 퇴사를 선택한 E 씨36세는 자신의 블로그에 이렇게 적었다. "연봉 7천만 원을 포기하고 나왔을 때, 주변에서는 미쳤다고 했다. 하지만 매일 아침 눈을 뜨면서 두려움에 떨며 살고 싶지 않았다. 지금은 작은 스타트업을 운영하면서 수입은 절반 이하로 줄었지만, 매일 아침이 설렌다. 다만 이런 선택을 하기까지 3년 동안 치밀하게 준비했다는 점을 꼭 말씀드리고 싶다."

실제로 준비 없는 퇴사의 위험성을 보여주는 통계도 있다. 잡코리아의 2023년 조사에 따르면, 퇴사 후 새로운 직장을 구하는 데 걸리는 평균 기간이 6.8개월에 달했다. 특히 준비 없이 퇴사한 경우, 이 기간이 평균 9.3개월로 늘어났고, 재취업 시 이전 직장보다 낮은 처우를 받는 경우가 62%에 달했다.

직장을 옮기는 이유는 다양하다. 비전이 없다는 것, 승진 가능성에 대한 불안, 상사와의 갈등, 개인적인 사정 등. 하지만 흥미로운 점은 꼭 좀 나가주면 좋겠다는 사람은 절대 나가지 않고, 쓸만한 인재들이 떠난다는 사실이다.

공장총책을 맡고 있던 시절이었다. 회사 내 최고의 생산부서에서 일하던 입사 6년 차 L 대리는 MBA 유학을 위해 사표를 냈다. 당시 금융계가 전성기를 구가하던 때였고, 영어도 잘하는 그의 선택은 합리적으로 보였다.

하지만 2008년 리먼브러더스 사태로 금융계가 휘청거렸고, 수년 후 그는 전혀 다른 분야에서 새로운 길을 찾아야 했다. 인생의 변수를 예측하기란 결코 쉽지 않은 일이다.

《나는 행복한 퇴사를 준비 중입니다》의 저자 이필주는 준비 없는 충동적인 퇴사에 대하여 강력하게 경고한다. 100% 실패한다고 단정한다. 실제로 퇴사자 중 상당수가 자신의 결정을 후회하며, 새 직장의 환경과 조건이 전 직장과 크게 다르지 않다는 사실을 깨닫게 된다.

똑똑한 것과 현명한 것은 분명히 다르다. 자신이 똑똑하다고 생각하는 가벼운 사람들은 작은 불편함도 참지 못하고 떠나지만, 대부분의 경우 승자는 현명한 사람들 편이었다. 우리 대부분은 특별한 사람이 아닌, 평범한 직장인일 뿐이다.

"못생긴 나무가 선산을 지킨다"라는 속담이 있다. 필자는 35년간 한 회사에서 못생긴 나무처럼 버티며 결국 임원이 되고 계열사 대표까지 지냈다. 비록 화려하지는 않지만 꾸준함의 가치를 보여주었다고 나름 자부한다. 이리저리 철새처럼 양지를 찾아다니는 것보다 한자리에서 버티는 것이 더 현명한 선택일 수 있다.

직장인의 이직은 모험을 안고 떠나는 도전의 길이다. 커다란 울타리를 벗어나 누구나 아는 기업 로고가 찍힌 명함 대신, 받는 사람마다 고개를 갸우뚱거리는 명함을 건네야 할 수도 있다. 때로는 예전의 부하직원에게 제안서를 들고 가야 할 수도 있다. 이러한 자존심의 문제까지도 감내할 준비가 되어 있어야 한다.

성공적인 경력 전환의 핵심은 '완벽한 사전 준비'이다. 현재 수입의 3~10배를 벌 수 있다는 확신이 없다면, 안정적인 직장을 섣불리 포기하지 않는 것이 현명하다. 일본의 전국 시대를 통일한 도쿠가와 이에

야스가 60년을 참아 265년의 지배력을 확보했듯이 때로는 인내가 최고의 전략이 된다. 기다리는 것도 능력이다.

결국 퇴사에는 정답이 없다. 다만 무작정 퇴사가 해답이 아니라는 것은 분명하다. 퇴사는 충분한 준비가 되었을 때 고려할 수 있는 선택지이며, 그마저도 신중해야 한다. 현재의 불편함을 피해 떠나는 것이 아니라, 더 나은 미래를 위한 전략적 선택이 되어야 한다.

개인의 상황에 따라 같은 선택도 다른 결과를 가져올 수 있다. 어떤 이에게는 도약의 기회가 되지만, 다른 이에게는 쓰라린 실패가 될 수 있다. 그러므로 퇴사는 충동이 아닌, 철저한 준비와 깊은 고민을 바탕으로 한 선택이어야 한다.

어둠을 견디면 아침이 밝아온다. 당장은 힘들어도 배우고 익히면 밝은 미래를 위한 큰 자산이 된다. 준비 안 된, 성급한 퇴사는 십중팔구 후회를 부른다. 퇴사는 끝이 아닌 새로운 시작이어야 하고, 그 시작은 이전의 끝보다 더 나아야 한다. 선택은 미래로 향하는 디딤돌이 되어야 하고, 뜨거운 가슴보다 냉철한 머리로 해야 한다.

생각정리

1. 미래를 위한 전략적 선택

◎ 퇴사를 고민할 때 어떤 관점에서 미래를 바라보고 판단해야 할까요?

Ⓐ 나의 생각

2. 공감 찾기

◎ 이 글에서 공감하는 부분은 어떤 것이 있나요?

Ⓐ 나의 생각

💡 작성 팁: 정답은 없습니다. ① 솔직하게 적어보세요. ② 시간을 충분히 가지세요. ③ 동료나 멘토와 함께 이야기를 나누어보는 것도 좋습니다. ④ 3~6개월 후 다시 작성해 보면 변화를 볼 수 있습니다.

2.7

아직도 천직을 찾으시나요?

'나는 내 일을 사랑하지 않는다. 이게 정말 내 길이 맞을까?'

많은 직장인이 오늘도 가슴에 품고 다니는 생각이다. 이 고민은 마치 모든 사람이 자신의 일을 열정적으로 사랑해야 한다는 압박감을 보여준다. 스티브 잡스Steve Jobs의 말은 이런 고민에 던져주는 함의가 깊다.

"당신의 일은 인생의 큰 부분을 차지할 것이다. 진정한 만족을 느끼는 유일한 길은 자신이 위대하다고 믿는 일을 하는 것이다. 위대한 일을 하는 유일한 길은 자신이 하는 일을 사랑하는 것이다."

이 말은 역설적으로 일을 사랑하는 것이 선행 조건이 아니라, 일을 통해 도달할 수 있는 결과임을 시사한다.

《생각의 힘》의 저자 이나모리 가즈오는 성공한 경영인이자 일본의 저명한 경영학자로 인정받고 있다. 평범한 도예가로 시작해서 교세라와 KDDI를 설립한 기업인이지만, 기업 경영이 그의 천직은 아니었다. 그러나 주어진 상황에서 그것을 사랑하고 최선을 다하는 자세가 결국 그를 성공으로 이끌었다.

2023년 글로벌 컨설팅 기업 맥킨지의 직업 만족도 연구에 따르면, 자신의 일을 천직이라고 여기는 사람은 전체 직장인의 15% 미만이라고 한다. 더 놀라운 것은, 자신의 일을 천직이라고 여기는 사람 중에서도 약 30%가 5년 이내에 직업을 바꾼다는 사실이다. 이는 천직이라는 개념 자체가 우리가 생각하는 것만큼 절대적이지 않을 수 있다는 것을 시사한다.

한 중견기업 임원의 이야기는 우리에게 좋은 시사점을 제공한다. "나는 원래 음악가가 되고 싶었다. 하지만 현실적인 이유로 회계사가 되었다. 처음에는 이 일이 내 천직이 아니라는 생각에 괴로웠다. 하지만 시간이 지나면서 깨달았다. 중요한 것은 그 일이 천직인가 아닌가가 아니라, 그 일을 통해 내가 어떤 가치를 만들어 내느냐는 것을."

코로나19 이후, 직업에 대한 사회의 인식은 크게 변화했다. 한 연구에 따르면, 팬데믹 이후 MZ세대의 83%가 일의 의미를 급여보다 더 중요하게 여기게 되었다고 한다. 하지만 여기서 말하는 의미는 반드시 천직일 필요는 없다. 오히려 일과 삶의 균형, 사회적 기여도, 자기 발전 가능성 등 다양한 요소들이 의미 있는 일을 구성하는 것으로 나타났다.

일본의 장인 정신을 대표하는 쇼쿠닌장인들의 이야기는 더욱 흥미롭다. 교토의 한 도자기 장인은 이렇게 말한다.

"저는 아버지의 가업을 이어받아 도자기를 만들기 시작했습니다.

처음 20년은 그저 생계를 위한 일이었습니다. 하지만 어느 순간부터 제가 만든 도자기를 사용하는 사람들의 일상에 작은 기쁨을 더할 수 있다는 사실에 의미를 느끼기 시작했습니다. 지금은 이 일이 제 천직이라고 말할 수 있지만, 그것은 처음부터가 아니라 시간이 지나면서 발견한 것입니다."

현대 사회에서 천직이라는 개념은 더욱 유동적으로 변화하고 있다. 평생직장의 개념이 사라지고, 한 사람이 생애 동안 평균 7개 이상의 직업을 가지게 되는 시대에서, 하나의 절대적인 천직을 찾는 것은 오히려 부담될 수 있다.

구글의 전 HR 책임자 라즐로 복Laszlo Bock의 조언도 주목할 만하다. 그는 "완벽한 직업을 찾으려 하지 말고, 현재 하는 일을 더 나은 것으로 만들어가라"라고 말한다. 이는 천직이란 발견되는 것이 아니라, 만들어가는 것임을 시사한다.

뉴욕의 한 직업상담사는 이렇게 조언한다. "내 천직이 아니라는 생각에 현재 하는 일에 충분한 노력을 기울이지 않는 것이 가장 큰 함정이다. 어떤 일이든 그 속에서 의미를 발견하고 성장의 기회를 찾는다면, 그 일이 새로운 기회로 이어질 수 있다." 실제로 성공한 많은 직장인이 처음에는 전혀 생각지 못했던 분야에서 자신의 진정한 열정을 발견하곤 한다.

모든 일에는 그만의 가치와 의미가 있다. 환경미화원이 도시의 위생을, 버스 운전사가 시민의 안전한 이동을, 제빵사가 사람들의 일상적 즐거움을 책임지듯이, 각각의 일은 사회를 움직이는 꼭 필요한 톱니

바퀴이다.

천직이 아니어도 괜찮다. 중요한 것은 자신의 일에 정직하게 임하고, 그 속에서 배움과 성장을 발견하며, 자신만의 가치를 만들어가는 것이다. 때로는 열정이 헌신을 만들어 내기도 하지만, 더 자주는 헌신이 열정을 만들어 낸다.

당신이 지금 하는 일이 완벽한 천직이 아니더라도, 그 속에서 의미를 발견하고 성장해 나간다면, 그것으로 충분히 가치 있는 여정이 될 수 있다.

현재 일에서 의미를 찾는 방법은 다양하다. 고객의 문제를 해결하는 과정에서 보람을 찾을 수도 있고, 동료들과의 협력을 통해 성취감을 느낄 수도 있다. 새로운 기술을 배우고 성장하는 과정 자체에서 의미를 발견할 수도 있다.

특히 주목할 만한 것은 부업이나 사이드 프로젝트를 통해 일의 의미를 보완하는 현대인이 늘어나고 있다는 사실이다. 주업이 천직이 아니더라도, 부업을 통해 자신의 열정을 표현하고 새로운 가능성을 모색하는 것이다. 이는 하나의 완벽한 천직이라는 부담스러운 개념에서 벗어나, 더 유연하고 다면적인 직업관을 가질 수 있게 해준다.

중요한 것은 우리가 하는 일에 어떤 의미를 부여하고, 어떻게 그것을 발전시켜 가느냐 하는 문제다. 모든 일에는 가치가 있고, 그 가치를 발견하고 키워나가는 과정에서 우리는 진정한 직업적 만족과 성취를 경험할 수 있다.

어쩌면 진정한 천직이란, 태어날 때부터 정해진 것이 아니라 우리가 일상적인 노력과 성찰을 통해 만들어가는 것인지도 모른다. 그리고 그 과정 속 우리는 예상치 못한 곳에서 새로운 열정과 가능성을 발견할 수 있을 것이다.

이런 관점에서 볼 때, 우리에게 필요한 것은 '완벽한 천직'을 찾는 것이 아니라, 현재 하는 일에서 의미를 발견하고 그것을 성장의 기회로 삼는 지혜일 것이다. 그리고 그 과정에서 우리는 어쩌면 진정한 의미의 천직을 만들어갈 수 있을지도 모른다.

생각정리

1. 직업 정체성의 재정의

◎ 지금 하는 일에서 어떤 새로운 가치나 의미를 발견할 수 있을까요?

Ⓐ 나의 생각

2. 공감 찾기

◎ 이 글에서 공감하는 부분은 어떤 것이 있나요?

Ⓐ 나의 생각

💡 작성 팁: 정답은 없습니다. ① 솔직하게 적어보세요. ② 시간을 충분히 가지세요. ③ 동료나 멘토와 함께
이야기를 나누어보는 것도 좋습니다. ④ 3~6개월 후 다시 작성해 보면 변화를 볼 수 있습니다.

2.8

그만두면 뭐 할 건데?

최근 직장인들의 조기 퇴사 현상이 두드러지고 있다. 2024년 4월 2일자 동아일보 기사에 따르면, 대기업 신규 입사 16%가 1년 내 퇴사하며 직장인의 66.1%가 입사 1년 내 퇴사를 경험한 것으로 나타났다.

퇴사 이유를 살펴보면, 더 좋은 직장으로의 이직을 위해서라는 응답이 34.9%로 가장 높았고, 업무량과 워라밸 문제 29.8%, 실제 처우와 입사 조건의 불일치 25.5%, 직장 내 인간관계 문제 22.7%, 기업문화가 맞지 않아서 17.6% 순으로 나타났다.

MZ세대는 일과 삶의 균형을 무엇보다 중요하게 여긴다. 단순히 높은 연봉이나 안정성만으로는 만족하지 않는다. 자아실현, 성장 가능성, 조직문화 등 다양한 요소들을 중시한다. '미래가 불확실한 시대에 한 회사에 충성하는 것보다, 나 자신에게 투자하는 것이 더 현명하다'는 것이 이들의 생각이다.

기업들도 이러한 변화에 발 빠르게 대응하고 있다. 수평적 조직문화

도입, 자율 출퇴근제, 재택근무 확대, 직무순환 프로그램 강화 등 다양한 시도를 하고 있다. 특히 주목할 만한 것은 경력 설계 지원 프로그램이다. 구글, 마이크로소프트 같은 글로벌 기업들은 이미 오래전부터 직원들의 커리어 개발을 적극적으로 지원해 왔다. 심지어 퇴사 후의 진로까지 함께 고민하고 조언해 주는 문화가 정착되어 있다.

기업 입장에서는 직원들의 조기 퇴사가 심각한 문제로 다가오고 있다. 대기업에서 한 명의 조기 퇴사자가 발생할 때마다 약 2,000만 원의 손실이 발생하는 것으로 나타났다. 이러한 현상은 젊은 세대의 가치관 변화와 함께 노동시장의 새로운 도전 과제로 대두되고 있다.

직무 환경 변화 적응에 어려움을 겪은 사례다. 금융권에서 7년간 근무하다 퇴사한 C 씨32세는 자신의 경험을 이렇게 털어놓는다. "처음에는 정말 열심히 했다. 야근도 마다하지 않았고, 주말에도 공부하면서 자격증도 땄다. 하지만 어느 순간 내가 왜 이렇게 살아야 하나, 이게 정말 내가 원하는 삶일까 하는 생각이 들었다. 결국 퇴사를 결심했고, 지금은 작은 카페를 운영하고 있다. 수입은 줄었지만 행복하다."

직장 부적응자의 사례다. 서울 강남의 한 편의점, 늦은 밤 카운터에 서 있는 청년의 표정이 무거워 보인다. 형광등 불빛 아래 그의 피곤한 눈빛이 더욱 도드라진다. 매일 밤 12시부터 아침 8시까지, 편의점 야간 근무는 그의 새로운 일상이 되었다.

전문가들은 이러한 현상이 장기적으로 국가 경쟁력 저하로 이어질 수 있다고 경고한다. 매일 아침 분당에서 서울 도심으로 향하는 지하철에서 만난 K 씨29세는 스마트폰을 들여다보며 한숨을 내쉰다. 배달

주문을 확인하는 중이었다. "S 전자 다닐 때는 이런 날이 올 거라고는 상상도 못 했죠." 그는 작년 여름, 3년간 다니던 대기업을 그만두었다.

서울 여의도의 한 연구소에서 만난 고용노동연구원의 P 연구위원은 이러한 현상을 우려의 눈으로 바라본다. "준비 없는 퇴사는 개인의 커리어에 치명적인 공백을 만들 수 있습니다. 특히 IT, 금융 등 빠르게 변화하는 산업에서는 6개월의 공백도 큰 핸디캡이 될 수 있죠."

2024년 10월 17일자 한국경제신문의 보도에 따르면, 아르바이트로만 생활하는 프리터족Freeter[30]이 늘어나고 있으며, 특히 2030세대가 85.7%로 압도적 비중을 차지하는 것으로 나타났다. 한국경제신문이 잡코리아에 의뢰한 설문조사 응답자 949명 중 60.6%가 스스로를 프리터족이라고 응답했다. 이는 2017년 56% 대비 4.6%p 증가한 수치이다. 이는 청년층에서 프리터족이 지속적으로 증가하고 있음을 보여준다.

20~30대 프리터족 중 44.8%는 자발적 선택이었으나, 나머지 55.2%는 취업난 등으로 인한 비자발적 선택인 것으로 드러났다. 프리터족은 앞으로도 지속적으로 증가할 것으로 전망된다.

프리터족이 된 이유는 생계비·용돈을 벌어야 해서 37.1%, 조직·사회생활 없이 자유롭게 살고 싶어서 36.5%, 어학연수·대학원 등 특정 목적이 있어서 14.8% 순으로 나타났다. 12.1%는 금전적 욕심이 없어서, 11.8%는 매일 출근할 수 없어서 프리터족으로 살아간다고 했다. 〈그림 2.8-1〉 참조

----

30 프리터족: 프리Free와 아르바이터Arbeiter의 합성어로, 정규직 취업 대신 아르바이트나 시간제근무 등 비정규직으로 생계를 유지하는 사람들을 지칭

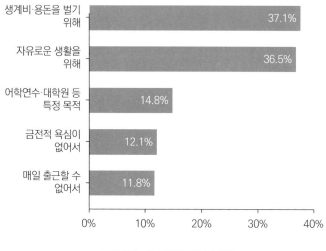

〈그림 2.8-1〉 프리터족이 된 이유

통계청과 잡코리아의 공동 조사 결과는 퇴사 후의 현실을 더욱 구체적으로 보여준다. 대기업 퇴사자들의 진로는 중소기업 재취업 31%, 자영업·창업 시도 23%, 매개 노동 18%, 프리랜서 15%, 아르바이트 8% 순으로 나타났다.

중요한 것은 퇴사가 더 나은 미래를 위한 전략적 선택이 되어야 한다는 것이다. 어쩌면 우리 사회는 준비된 퇴사만이 진정한 의미의 새로운 시작이 될 수 있다는 것을 아직도 배우는 중인지도 모른다.

4차 산업혁명 시대에는 기술 발전 속도가 매우 빠르기 때문에, 경력 단절의 위험이 더욱 커질 수 있다. 인공지능, 빅데이터, 클라우드 등 신기술이 급속도로 발전하는 상황에서는 6개월의 공백도 치명적일 수 있다는 것이 전문가들의 공통된 의견이다.

강남의 한 커리어 컨설팅 회사, 베테랑 진로 상담가 P 씨의 조언은 명확하다.

"퇴사 전 최소 1년의 준비 기간이 필요합니다. 재정적 안전망을 구축하고, 구체적인 경력 계획을 세워야 해요."

그는 특히 현재 직장에 있을 때부터 미래를 준비하는 것이 중요하다고 강조한다.

더욱 주목할 만한 점은 대기업 퇴사자의 진로가 중소기업으로 재취업한다면, 월 평균 소득이 50% 이하로 감소한다는 것이다[31]. 이는 한 번의 잘못된 선택이 장기적인 경제적 손실로 이어질 수 있음을 경고하는 수치다. 글로벌 경제의 불확실성이 커지는 상황에서 무계획적인 퇴사는 더욱 큰 위험을 동반할 수 있다.

선택은 '오늘보다 나은 내일'을 위한 것이어야 한다. 퇴사라는 선택도 현재로부터의 맹목적 도피가 아니라, 더 나은 미래를 위한 치밀한 전략이 되어야 한다. 퇴사가 개인의 성장과 발전을 위한 중요한 전환점이 되려면 철저한 준비가 선행되어야 한다. '어떻게 되겠지'라는 막연한 생각으로 퇴사를 하는 건 너무 안이한 일이다.

31 통계청, 고용노동부 2022년 기준 대기업 월 591만 원 대비 중소기업 월 286만 원

생각정리

1. 재정적 안전망

◎ 대기업 퇴사 후 중소기업 재취업의 경우 월 평균 소득이 50% 이하로 감소한다는 통계가 있습니다. 어떤 재정적 안전망을 구축하고 있나요?

Ⓐ 나의 생각

2. 공감 찾기

◎ 이 글에서 공감하는 부분은 어떤 것이 있나요?

Ⓐ 나의 생각

💡 작성 팁: 정답은 없습니다. ① 솔직하게 적어보세요. ② 시간을 충분히 가지세요. ③ 동료나 멘토와 함께 이야기를 나누어보는 것도 좋습니다. ④ 3~6개월 후 다시 작성해 보면 변화를 볼 수 있습니다.

3장

걱정만으론 해결되지 않는다

은퇴 시기를 늦춰야 하는 이유

과거에는 퇴직은 곧 은퇴였다. 요즘과 달리 수명도 짧았고 퇴직 후 활동할 수 있는 사회적 기반도 빈약했기 때문이다. 하지만 100세 시대가 빠르게 다가오는 상황에서 퇴직과 은퇴는 확연히 구분되어야 한다. 퇴직은 현재의 직장을 잠시 그만두는 것이고, 은퇴는 생계를 위한 노동을 하지 않는 상태로 봐야 한다.

통계청의 2024년 발표에 따르면, 한국인의 남녀 평균 기대수명은 83.5세에 도달했고, 2030년에는 85세를 넘어설 것으로 예측된다. 2023년에 태어난 남자의 기대수명은 80.6세, 여자는 86.4세이다. 1970년에 태어난 남자 기대수명은 58.7세, 여자는 65.8세였으니, 53년 사이에 남자는 21.9세, 여자는 20.6세 늘어난 것이다.

현대인은 잔인한 선택을 강요받고 있다. 의료기술의 발달로 평균 수명은 지속적으로 늘어나는 반면 대기업의 평균 정년은 오히려 60세에서 58세로 낮아지는 추세이며, 실질적인 퇴직 연령은 이보다 더 낮은

53세에 불과하다. 이는 많은 직장인이 퇴직 후 평균 수명 83.5세 대비 30년, 100세까지 산다면 40년 이상을 무일푼으로 살아가야 할 수도 있다는 충격적인 현실을 보여준다.

이러한 상황에서 퇴직 후 긴긴 시간을 뭐하면서 보낼 것인가? 생계를 위하여 제2의 직장생활을 할 것인가, 아니면 자유롭고 풍요롭게 살면서 그토록 갈망하던 자아실현을 위하여 인생 2막을 살 것인가? 어느 쪽을 택하든 현명한 판단으로 새로운 각오를 해야 한다.

인생은 현재도 중요하지만 미래도 중요하다. 미래를 생각하지 않는다는 것은 희망을 포기하는 것과 같다. 희망 없는 삶은 가치가 없는 삶이다. 오늘이 중요하다고 젊은 때 할 것 다 해버리면 나이 들어 할 것이 없어진다.

은퇴 시기를 늦춰야 하는 필요성은 경제적 측면에서 가장 분명하게 드러난다. 보험개발원의 분석에 따르면, 60세에 은퇴하는 직장인이 85세까지 퇴직 시의 생활 수준을 유지하기 위해서는 최소 10억 원의 자금이 필요하지만, 50대 직장인의 평균 순자산은 3.2억 원에 불과하다.

KB금융연구소는 2023년 1월에 전국의 20~79세 남녀 3,000명을 대상으로 실시한 〈노후 준비 진단과 거주지 선택 조건〉이라는 보고서를 공개했다[32]. 보고서에 따르면, 노후의 기본적인 의식주 해결을 위한 최소생활비는 월평균 251만 원으로 나타났으며 여행과 여가 활동, 손자녀 용돈 등의 지출까지 고려한 적정생활비는 월 369만 원으로 조사되었다.

---

32 조선일보, 2023년 11월 27일 기사

이는 2018년 조사와 비교했을 때 상당한 증가폭을 보인 것으로, 최소생활비는 184만 원에서 67만 원이 증가했고, 적정생활비는 263만 원에서 106만 원이 늘어난 수치이다. 대다수 은퇴자가 감당하기 힘든 금액이다. 설문 대상자들이 조달할 수 있는 노후생활비는 월평균 212만 원이었다. 〈그림 3.1-1〉 참조

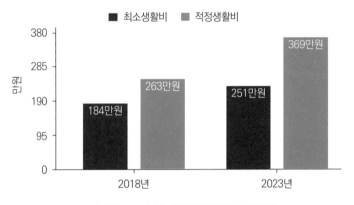

〈그림 3.1-1〉 최소생활비와 적정생활비 변화

은퇴 후의 현실이 얼마나 냉혹한지는 다양한 사례에서 확인할 수 있다. C 씨63세의 경우가 대표적이다. "퇴직금으로 시작한 치킨집은 1년 만에 문을 닫았고, 택시 운전도 체력적으로 힘들어 6개월 만에 그만뒀어요. 지금은 아파트 경비로 일하고 있지만, 월급이 예전의 4분의 1 수준이에요."

한국노동연구원의 최신 보고서는 이러한 현실을 통계로 뒷받침한다. 50대 직장인의 82%가 퇴직 후 재취업을 희망하지만, 실제로 원하는 일자리를 구한 비율은 27%에 불과했다. 더 우려되는 것은 재취업

시 임금이 이전 직장의 절반 수준으로 떨어진다는 점이다.

이러한 상황에서 최선의 전략은 현재 직장에서 최대한 오래 버티는 것이다. 여의도의 한 증권사에서 근무하는 P 씨56세는 "급여가 조금 줄더라도 현재 직장에서 최대한 오래 버티는 게 낫다고 판단했다. 그 동안 쌓은 업계 인맥도 있고, 전문성도 인정받고 있어서 정년 후에도 자문역할로 계속 일할 수 있을 것 같다"라고 했다.

일의 의미는 단순한 소득 창출을 넘어선다. 국민연금연구원의 연구 결과에 따르면, 55세 이후에도 계속 일하는 것이 신체적, 정신적 건강에 매우 긍정적인 영향을 미친다. 규칙적인 생활과 사회적 관계 유지가 노화를 늦추고 치매 예방에도 효과가 있다는 것이다.

일본의 사례는 우리에게 중요한 시사점을 제공한다. 이미 2013년부터 '고령자 고용안정법'을 통해 65세까지의 고용을 의무화했고, 많은 기업이 70세까지 일할 수 있는 제도를 도입했다. 토요타의 경우, 정년 퇴직자의 80%가 촉탁직이나 자문역으로 재고용되어 일하고 있다.

"한번 밀려나면 돌아올 수 없다"라는 말은 특히 전문 직종에서 절실히 와닿는다. L 변호사67세는 "60세에 은퇴하려 했지만, 법률 지식은 계속 업데이트가 필요한 분야이다. 한번 현장을 떠나면 빠르게 변화하는 법률 환경을 따라잡기 힘들다"라고 했다.

금융연구원의 분석에 따르면, 은퇴를 5년 미룰 경우 노후 필요 자금이 약 30% 감소하는 효과가 있다. 이는 소득 창출 기간 연장, 자산 소진 기간 단축, 연금 수령액 증가 등의 복합적 효과 때문이다.

나이가 들수록 더욱 치열하게 자기 가치를 증명해야 한다. 끊임없는 자기계발과 업계 동향 파악, 새로운 기술 습득으로 몸값을 높여야 한다. 현재 직장에서 살아남기 위해서는 어떤 수단과 방법이라도 동원해야 한다.

100세 시대에 성공적인 인생 후반전을 위해서는 은퇴 시기를 최대한 늦추는 것이 가장 확실한 전략이다. 현재 직장에서 최대한 오래 버티며 전문성을 유지하고, 경제적 안정성을 확보하는 것이 대다수 직장인의 최선의 선택이다.

만약 어쩔 수 없이 회사를 나와야 한다면, 재취업에 목숨을 걸어야 한다. 자존심은 접어두고, 할 수 있는 모든 것을 시도해야 한다. 밖으로 나가면 춥고 배고픈 현실이 기다리고 있다. 지금 당장 급여가 줄더라도 현재 직장에서 최대한 오래 버티며 전문성을 쌓는 것이 현명한 선택이다. 버티는 힘이 이기는 힘이다.

생각정리

1. 수명과 은퇴의 불균형

◎ 평균 수명 83.5세, 실질 퇴직 연령 53세라는 30년의 간극을 어떻게 하면 좋을까요?

Ⓐ 나의 생각

2. 공감 찾기

◎ 이 글에서 공감하는 부분은 어떤 것이 있나요?

Ⓐ 나의 생각

💡 작성 팁: 정답은 없습니다. ① 솔직하게 적어보세요. ② 시간을 충분히 가지세요. ③ 동료나 멘토와 함께 이야기를 나누어보는 것도 좋습니다. ④ 3~6개월 후 다시 작성해 보면 변화를 볼 수 있습니다.

3.2

말보다 기수가 되어라

말이 될 것인가, 기수가 될 것인가?

이 질문은 우리에게 인생을 살아가는 방법을 묻는다.

나폴레온 힐Napoleon Hill은 그의 저서 《생각하라 그러면 부자가 되리라》에서 인생을 사는 방법 두 가지를 소개한다. 하나는 인생을 끌고 가도록 맡기는 말이 되는 것이다. 또 다른 하나는 인생을 말처럼 부리는 기수가 되는 것이다. 둘 중에서 무엇이 될지 본인의 선택이다.

말은 기수가 모는 대로 끌려다녀야 한다. 자기 인생은 주인인 기수에게 달려 있는 것이다. 기수는 말을 몰고 자기가 가고 싶은 곳으로 마음대로 갈 수 있다. 즉, 자기주도의 삶을 살 수 있는 것이다.

전문가들은 말과 기수의 차이를 다음과 같이 설명한다. 말은 주어진 길을 달리기만 하지만, 기수는 방향을 결정하고 속도를 조절한다. 말은 다른 이의 지시를 기다리지만, 기수는 스스로 판단하고 결정한다. 말은 대체 가능하지만, 기수는 고유한 가치를 지닌다.

4차 산업혁명 시대에는 이 차이가 더욱 극명해진다. AI와 자동화로 인해 단순 반복적인 업무는 급속도로 사라질 것이기 때문이다. 맥킨지의 보고서에 따르면, 2030년까지 현재 직업의 60%가 자동화될 것으로 예측된다. 살아남을 40%는 바로 기수의 역할을 하는 사람들이다.

기업가이자 경영 컨설턴트인 리처드 코치Richard Koch는 그의 저서 《80/20 세계를 지배하는 자연 법칙》에서 80/20 법칙이라는 것을 소개하고 있다. 파레토 법칙은 이탈리아의 경제학자 빌프레도 파레토 Wilfried Fritz Pareto에 의하여 1897년에 개발되었다. 소수 인구가 총수입의 거의 대부분을 벌어들이거나, 혹은 대부분의 부를 향유한다는 것이 골자다.

파레토의 법칙은 사회 모든 분야에서 상위 20%가 약 80%의 힘과 영향력을 나타낸다는 80/20 법칙으로 알려지게 되었다. 예를 들면, 사업의 측면에서 가장 인기 있는 제품의 상위 20%가 80%의 판매액을 나타내고, 핵심 고객의 20%가 매출의 80%를 차지하는 식이다. 여기에 대입하면 회사원의 상위 20% 인재는 기수로, 나머지 80%는 말로 볼 수 있을 것이다. 기수인 20%가 회사 발전 80% 기여를 하고 있는 셈이다.

말이 되고 싶지 않다면, 기수가 될 수 있는 조건을 스스로 만들어 가야 한다. 그 으뜸의 조건은 실력을 갖추는 것이다. 바로 자기가 맡은 분야에서 자타가 인정하는 실력자, 권위자가 되는 것이다.

석유화학 제조기술 분야에서 오랜 경력을 쌓은 필자가 생각하는 기수가 되기 위한 세 가지 핵심 역량은 전문적 기술력 확보, 관리자적 역량 개발, 그리고 리스크 관리 능력이다.

첫째, 전문적 기술력의 확보이다. 석유화학 제조업은 고도의 전문성을 요구하는 분야로, 생산설비에 대한 깊이 있는 이해가 필요하다. 단순히 설비 운용뿐만 아니라, 생산설비의 구성요소에 대한 이해, 효율적인 운전 및 유지관리 능력, 생산성 향상을 위한 기술적 노하우, 에너지 절약 기법, 설비 설계 및 시운전 기술을 포함한다.

더불어 관련 법규의 이해, 최신 기술 동향 파악, 공정 최적화, 품질관리, 환경관리, 안전관리 등 광범위한 분야에 대한 전문성이 요구된다. 경험적으로 이러한 종합적인 기술력은 신입사원부터 생산과장까지 약 10년의 현장 경험을 통해 축적된다.

둘째, 관리자로서의 역량 개발이다. 기업의 근본적인 존재 이유는 이윤 창출에 있으며, 이는 사회적 책임 수행과 인재 확보의 토대가 된다. 따라서 관리자는 회사의 경영 수지를 건전하게 유지하는 것이 핵심 과제이다.

이를 위해서는 정보 수집과 분석 능력을 갖춰야 한다. 국내외 경기 동향, 국제 유가와 환율 변동, 동종 업계 현황, 제품 가격 트렌드, 글로벌 생산시설의 신증설 현황 등을 실시간으로 모니터링하고 분석하여 신속한 의사결정에 반영해야 한다.

마지막으로, 리스크 관리 능력이다. 각종 규제가 국내외적으로 끊임없이 강화되고 있으며, 이는 산업의 진입 장벽을 높이는 동시에 기업 운영의 리스크 요인이 된다. 잠재적 위험요소를 사전에 파악하고, 문제 발생 시 신속하고 적절한 대응 방안을 수립하여 실행할 수 있는 능력이 필요하다.

이러한 세 가지 핵심 역량은 서로 긴밀히 연관되어 있으며, 각각의 역량을 균형 있게 갖추는 게 전문가의 자질이다. 급변하는 글로벌 환경에서는 이러한 역량의 지속적인 개발과 업데이트가 더욱 중요해지고 있다.

회사가 꼭 필요로 하는 상위 20%의 인재, 즉 기수가 되기로 결정하였다면 목표를 정해야 한다. 많은 자기계발서에서 본인이 하고자 하는 목표를 종이에 적으라고 한다. 본인이 직장생활을 하면서 되고자 하는 전문가의 모습을 구체적으로 써보라는 말이다. 이와 함께 무엇을 어떻게 하여 전문가가 될 것인지 구체적으로 적어보는 것도 도움이 된다.

실행이 따르지 않는 계획은 공허한 담론일 뿐이다. 계획을 세우면 필히 그 목표에 도달하기 위한 노력을 쏟아부어야 한다. 직장의 전문가라면 한 직장에서 또는 한 분야에서 수십 년 일을 하면서 풍부한 실무지식과 경험을 쌓은 사람들이다. 경험과 이론이 결합하면 진짜 지식이 된다.

전문가가 되는 길은 부지런함과 꾸준함에 있다. 매일 아침 남들보다 일찍 출근해 업계 동향을 파악하고, 퇴근 후에도 관련 서적을 읽으며 공부하는 시간을 가져야 한다. 주말에도 전문성 향상을 위한 시간을 투자해야 한다. 단순히 시간을 흘려보내기보다, 목표를 향한 집중된 노력을 기울여야 한다.

디지털 시대에는 더욱 치열한 자기계발이 필요하다. 인공지능, 빅데이터 등 새로운 기술을 이해하고 활용할 줄 알아야 한다. 단순히 기존 업무 방식만을 고수하다가는 순식간에 도태된다. 끊임없이 새로운 것을 배우고 적용하려는 자세가 필요하다.

기수가 되기 위한 또 다른 핵심은 네트워크 구축이다. 같은 분야의 전문가들과 교류하며 시야를 넓히고, 새로운 정보와 인사이트를 얻어야 한다. 업계 세미나나 포럼에 참석하고, 전문가 모임에서 활동하는 것도 중요하다.

미래학자들은 앞으로의 세상이 천지개벽할 것이라고 예측한다. 그러나 이런 변화의 시대에도 변하지 않는 한 가지 진리가 있다. 바로 전문성과 창의성을 갖춘 기수들이 세상을 이끌어간다는 사실이다.

말이 될 것인가, 기수가 될 것인가? 이 선택은 오직 당신의 몫이다. 지금이라도 늦지 않았다. 실력을 쌓고, 전문성을 키우며, 끊임없이 새로운 것을 배우겠다는 결심만 있다면 누구나 기수가 될 수 있다. 전문성을 키우기 위한 당신의 여정은 바로 지금, 이 순간부터 시작되어야 한다. 미래는 준비하는 자의 몫이다. 기수로 살기 위한 당신의 선택은 무엇인가?

생각정리

1. 말과 기수

◎ 기수가 되기 위한 목표를 구체적으로 종이에 적어봅시다. 지금 당장 할 것은
무엇인가요?

Ⓐ 나의 생각

2. 공감 찾기

◎ 이 글에서 공감하는 부분은 어떤 것이 있나요?

Ⓐ 나의 생각

💡 작성 팁: 정답은 없습니다. ① 솔직하게 적어보세요. ② 시간을 충분히 가지세요. ③ 동료나 멘토와 함께
이야기를 나누어보는 것도 좋습니다. ④ 3~6개월 후 다시 작성해 보면 변화를 볼 수 있습니다.

3.3

상사와의 '밀당' 기술

세상의 직장 상사는 모두 불편하다. 멀리할 수도 없고, 가까이하기에도 어려운 관계다. 상사와 부하직원은 마치 시어머니와 며느리처럼 한 가족이면서도 자주 겹도는 관계다.

마인드클리닉 대표 임상심리학자 노주선은 상사가 불편한 이유를 3가지로 명쾌하게 설명하고 있다[33]. 첫째, 나를 통제할 수 있는 힘과 권한이 있다. 둘째, 나를 관찰하며 수시로 잔소리를 한다. 셋째, 상사는 나를 평가한다.

그러니 상사는 불편할 수밖에 없는 존재다. 상사는 멀리할 수도 없고 그렇다고 너무 가까이하기도 어려운 관계다. 평상시 형, 동생처럼 가까운 듯하다가도 어느 순간 돌변하는 게 상사와 부하직원의 관계다. 한번 찍히면 회복하기도 힘들다.

《포기하는 용기》의 저자이자 정신분석가인 이승욱은 미국의 한 연

---

33 브런치 스토리, 노박사레오, 2019, https://brunch.co.kr/@mindclinic/41

구소에서 미국 내 CEO들을 대상으로 성격과 관련된 연구를 소개했다. 연구 결과 대상자의 3분의 2가 넘는 CEO들이 자기애적 성격장애 성향을 보였다고 한다.

자기애적 성격성향을 가진 사람들의 특징은 세상에서 자기가 가장 올바르고 똑똑하다고 믿는다. 그래서 자기 말을 듣지 않는 사람을 매우 싫어한다. 문제는 이런 사람들이 사회적으로 성공할 확률이 상당히 높다는 것이다. 권력관계에도 매우 감각적이다. 자기가 가장 잘났기 때문에 다른 사람의 의견은 무시하거나 폄하하기 일쑤다.

또한 굉장히 꼼꼼하여 일반 말단직원이 챙겨야 할 일에도 일일이 관여한다. 언제나 몇 명씩 몰고 다니며 시중을 들거나 찬양하게 하고, 절대로 혼자 있지 못하는 것 등이 특징인 이들의 주 관심사는 자기 확장이다. 자기 확장이란 자기 말을 잘 듣는 사람, 즉 자기 분신인 것처럼 일하는 사람을 많이 만들려 하는 것이다.

한 직장에서 오랜기간 근무하다 보니 직장인의 꽃이라고 하는 임원이 되었다. 임원이 되어서도 맡겨진 일만 열심히 하면 되는 줄 알았다. 실적을 보면 인정해 주리라 굳게 믿고 있었다. 현장 총책임자로서 공장을 안정적으로 운영하여 생산성을 높이며, 직원화합과 능력향상에만 전력투구했다.

돌이켜보니 삽질만 열심히 하고 있었다. 상사와의 관계나 소통에 너무 소홀했던 것이 가장 큰 실수였다. 아무리 능력 있는 상사라도 표현을 하지 않으면 알지 못한다는 것을 간과했다. 상사와 가까이할 기회는 많았으나, 좋은 기회를 활용하지 못하고 흘려버렸다. 실적으로만 승부를 거는 것의 한계를 깨닫지 못한 것이다.

직장생활에서 상사와의 소통은 업무적이든 비업무적이든 매우 중요하다. 업무적 소통은 우선 불필요한 오해의 소지를 줄일 수 있다. 상사의 기대와 방향성은 무엇인지 이해의 폭이 넓어지고 어떤 사안의 대안까지도 제시해 줄 수 있으므로 상사의 생각과 일치시킬 수 있다. 그뿐만 아니라 열심히 하며 고생하고 있다는 사실을 각인시켜 신뢰감을 높일 수도 있다.

직장생활에서 상사와의 소통은 업무적인 것이 대부분이겠지만, 한 발 더 나아가 비업무적인 소통도 잘해야 한다. 왜냐하면 사장도 상사도 인간이고 생활인이기 때문이다. 아무리 직장이 일하는 곳이라지만 그곳도 사람들이 부대끼며 살아가는 공간이다.

신현만은《회사가 붙잡는 사람들의 1% 비밀》에서 흥미로운 관찰을 공유한다. 상사들은 업무 능력이나 성실함보다 빈번한 만남과 원활한 소통을 하는 직원에게 먼저 승진 기회를 주는 게 현실이라는 것이다. 이러한 현상은 인간의 기본 심리에서 비롯되지만, 대부분의 직장인은 이 사실을 제대로 인식하지 못하거나 간과하는 경향이 있다.

《나는 직장인으로 살기로 했다》의 저자 샤오란은 상사와는 조건 없는 좋은 관계 유지가 필수라 강조한다. 성공적인 관계를 위한 핵심 요소로는 적절한 순간에 비위 맞추는 센스, 속내를 파악하는 눈치, 업무 처리 능력, 상사의 리더십을 지원하는 태도를 꼽았다. 또한 사장은 직원의 운명을 결정하는 권한을 가지고 있으므로, 상사에게 도전하거나 반기를 드는 행동은 삼가야 한다고 조언한다.

대기업 출신 전 부사장 K 씨58세는 대표이사를 바라보는 유능한 경력자였다. 한 직장에서 생산부터 영업은 물론이고 기획 인사 노무 등 거치지 않은 부서가 없었는데 상사와의 대립으로 허망하게 직장생활이 끝났다. 상사와 대립하면 십중팔구 아랫사람이 피를 보는 게 조직이다.

그는 퇴임 후 상황을 받아들이기 힘들어 바로 지방의 한 절에 들어가 몇 개월 동안 세상과 연락을 끊었다. 그 후 반년 동안 미국과 캐나다 전역을 돌아다니며 마음을 다스려야 했다. 멋지게 펼쳐보이고 싶었던 그의 마지막 꿈은 조직이라는 벽에 부딪혀 산산조각이 났다. 높이 오를수록 상사와의 관계는 더 중요해진다. 그 갈등을 잘 관리하는 것 또한 직장인의 능력이다.

최근에는 세대 차이로 인한 새로운 갈등도 등장하고 있다. S 전자의 H 부장52세은 이렇게 말한다. "요즘 MZ세대 직원들을 이해하기 힘듭니다. 업무 지시를 하면 '왜 그렇게 해야 하나요?'라고 되묻고, 야근이 필요한 상황에서도 정시에 퇴근합니다. 내 세대에서는 상상도 할 수 없었던 일입니다."

반면 같은 회사 A 대리28세의 시각은 다르다. "상사 세대는 무조건적인 복종과 희생을 요구하지만, 저희는 다릅니다. 일의 의미를 이해하고 싶고, 개인의 삶도 중요하게 생각합니다. 이것이 단순한 반항이 아닌, 더 나은 업무 방식을 찾기 위한 노력이라는 걸 이해해 주셨으면 합니다."

상사와의 관계관리는 하나의 기술이며, 전략적 접근이 필요하다. 상사와의 관계는 너무 가까워도, 너무 멀어도 문제가 될 수 있다. 이른바 '고슴도치의 딜레마'이다. 적절한 거리 유지가 중요하지만 그 적절한 거리가 어느 정도인지는 개인마다 상황마다 다르다.

상사와 가까우면 좋은 점도 많지만 리스크도 있다. 직속 상사와는 골프를 피하라는 말이 있다. 골프는 시간이 많이 걸리고 또 가까이에서 알게 모르게 영향을 주고받는다. 오래 함께하다 보면 뭔가 트집이 보이기 마련이다. 조금만 소홀하거나 자칫 사소한 실수라도 하면 감점 카운트가 시작된다.

상사와의 관계를 잘 관리하기 위해서는 몇 가지 원칙이 필요하다. 바로 적절한 거리 유지, 정기적인 소통, 상사의 성향 파악이다. 모든 상사가 다른 성격과 스타일을 가지고 있다는 것을 이해하고, 그에 맞게 대응해야 한다.

직장생활에서 상사와의 관계는 피할 수 없는 현실이다. 피할 수 없으면 현명하게 대처하는 게 지혜다. 상사를 부정적으로만 바라볼 것이 아니라, 서로 생산성이라는 시너지를 만들어내는 관계를 형성하는 게 중요하다. 시어머니와 며느리 관계처럼, 때로는 불편하고 힘들더라도 이를 잘 관리하는 것이 성공적인 직장생활의 핵심이라는 것을 명심하자.

생각정리

1. 업무적·비업무적 소통

◎ 어떻게 상사와 효과적으로 소통할 수 있을까요?

Ⓐ 나의 생각

2. 공감 찾기

◎ 이 글에서 공감하는 부분은 어떤 것이 있나요?

Ⓐ 나의 생각

🔆 작성 팁: 정답은 없습니다. ① 솔직하게 적어보세요. ② 시간을 충분히 가지세요. ③ 동료나 멘토와 함께
이야기를 나누어보는 것도 좋습니다. ④ 3~6개월 후 다시 작성해 보면 변화를 볼 수 있습니다.

회사는 최고의 사회학교다

회사는 단순히 일하는 공간이 아닌, 우리 인생 최고의 배움터다. 직장인들은 회사에서 매일 새로운 것을 배우며 성장한다. 직장은 최고의 사회학교다.

대학을 갓 졸업하고 대기업에 입사했을 때의 설렘이 아직도 생생하다. '드디어 공부에서 해방됐다! 시험과 과제에서 벗어났다'는 안도감에 한동안 들떠 있었지만, 그것은 착각이었다. 회사는 더 큰 배움의 장이었고, 학교에서 배운 지식은 빙산의 일각에 불과했다는 것을 곧 깨닫게 되었다.

필자가 지방대를 졸업하고 대기업 그룹 공채로 입사해 지방 공장에 배치받았을 때의 이야기다. 서울에 연고가 없던 나로선 지방 발령이 오히려 감사했다. 사택이 제공되었기 때문이다.

회사의 교육은 입사와 동시에 시작되었다. 수도권 연수원에서의 집체 교육을 시작으로, 공장에서의 기본 교육, 그리고 생산현장 배치 후의 실무 교육까지 교육의 연속이었다. 처음 6개월간은 낮근무를 하며 공장 프로세스와 업무를 배웠고, 매주 2~3회 과장님과 선배들 앞에서 준비한 내용을 발표해야 했다.

현장근무 시스템은 24시간 가동되는 교대근무 체제[34]로 운영되었다. 8명이 한 조를 이루어 8시간씩 3교대로 돌아가며 일했다. 심야근무는 큰 도전이었다. 잠을 자지 못하는 것은 물론이고, 끊임없는 주의력이 요구되었기 때문이다. 사고의 위험성이 늘 잠복되어 있는 곳이 바로 현장이다.

2시간마다 현장을 순찰하며 각종 계기를 점검 기록하고, 오감을 동원한 점검을 하기도 한다. 처음에는 한번 점검 나가면 두 시간 가까이 걸렸다. 각종 계기가 어디에 붙어 있는지 희미한 불빛 아래서 공정도를 펼쳐가며 일일이 확인해야 했다. 한두 달 지나니까 나름의 점검 루트가 파악되고 요령이 생겨 점검하는 데 20분 정도면 가능했다.

교대조 트레이닝은 먼저 4개월은 각 2개월씩 2개의 공정라인에 대한 교육을 받았다. 각각의 베테랑 고참사원으로부터 지식을 전수받으며 현장 점검도 직접 수행하면서 배워 나갔다. 마지막 2개월은 조정실에서 분산제어시스템DCS을 통해 공정을 모니터링해야 했다.

교대조 교육을 받았던 그 조의 교대조장Shift Foreman B 계장님은 교육을 몸소 실천으로 보여주었다. 심야근무 시간에 두꺼운 운전 매뉴얼을 처음부터 끝까지 정성스럽게 베껴 썼다. 단순 암기가 아닌 깊이

---

34 교대근무 체제: Morning아침근무 07:00~15:00, Evening낮근무 15:00~23:00, Midnight 심야근무 23:00~07:00

있는 이해를 위한 노력이었다. 이런 꾸준한 학습 덕분에 그는 후에 생산과장으로 승진했고, 정년퇴직 후에는 국내 최고의 엔지니어링 회사에서 해외 프로젝트를 담당하는 전문가가 되었다. 배움은 결코 배신하지 않는다.

《백만불짜리 습관》의 저자 브라이언 트레이시Brian Tracy는 평생학습의 중요성을 강조한다. 그는 직장에서도 적용 가능한 세 가지 핵심 학습 습관을 제안했다. 매일 아침 30~60분 동안 업무 관련 독서하기, 세미나와 다양한 학습 기회에 적극적으로 참여하기, 그리고 이동 시간을 활용해 오디오 프로그램으로 공부하기다.

실무 경험은 어떤 교육으로도 대체할 수 없는 소중한 자산이다. 책으로 배울 수 없는 실질적인 지식과 노하우를 쌓을 수 있다. 예를 들어, 영업 분야에서 일하는 사람은 고객을 대하는 방법, 협상 기술, 시장 분석 능력 등을 실전에서 배운다. 제조 현장의 엔지니어는 설계 도면만으로는 알 수 없는 다양한 현장 경험을 축적한다.

특히 주목할 만한 것은 회사가 제공하는 암묵지 학습의 기회다. 암묵지란 문서나 매뉴얼로 전달하기 어려운 경험적 지식을 말한다. 베테랑 영업사원이 고객을 대하는 요령, 숙련된 엔지니어가 가진 문제 해결 노하우 등이 이에 해당한다. 이러한 암묵지는 오직 현장에서의 경험과 선배들과의 교류를 통해서만 습득할 수 있다.

회사는 또한 다양한 인간관계를 배울 수 있는 최적의 장소다. 상사, 동료, 부하직원과의 관계를 통해 리더십, 팀워크, 의사소통 능력을 키울 수 있다. 때로는 갈등과 어려움을 겪기도 하지만, 이 역시 소중한 학습의 기회가 된다. 특히 갈등 해결 과정에서 배우는 교훈은 어떤 교과서로도 얻을 수 없는 귀중한 것들이다.

실제로 회사는 이러한 학습 기회를 다양하게 제공한다. 기본적인 업무 교육은 물론 각종 법규, 안전 교육, 직급별 교육, 승진자 교육, 출장 교육, 교양강좌 등이 있다. 세미나와 연수 프로그램도 있고, 자기계발을 위한 어학 교육과 자격증 취득도 지원한다. 심지어 일상적인 업무 수행 과정에서도 컨설팅이나 프로젝트를 통해 새로운 지식을 습득할 수 있다.

더욱 중요한 것은 이러한 교육이 단순한 기술 습득을 넘어선다는 점이다. 동료들과의 관계, 조직문화의 이해, 리더십 발휘, 위기관리 능력 등 삶의 전반적인 지혜를 배우게 된다. 마치 종합대학교처럼 말이다. 회사는 우리 인생의 포괄적인 교육기관인 셈이다.

회사에서의 학습은 체계적이고 단계적으로 이루어진다. 신입사원 시절에는 기본적인 업무 스킬과 회사의 문화를 배운다. 중간관리자가 되면 팀 운영과 리더십을 익힌다. 임원이 되면 전략적 사고와 의사결정 능력을 키운다. 각 단계는 그 자체로 하나의 완성된 교육과정이며, 다음 단계로 나아가기 위한 준비과정이기도 하다.

중요한 것은 각 단계별 학습이 단순한 이론이 아닌 실전 경험을 통해 이루어진다는 점이다. 예를 들어, 중간관리자가 되면 실제 팀을 운영하면서 리더십을 배우게 된다. 때로는 실수하고, 때로는 성공을 경험하면서 진정한 리더십이 무엇인지 깨닫게 되는 것이다.

글로벌 시대의 회사는 더욱 다양한 학습 기회를 제공한다. 해외 파견이나 국제 프로젝트 참여는 물론이고, 화상회의나 이메일을 통한 일상적인 국제 협업도 중요한 학습 기회가 된다. 여기서 주목할 점은 단순히 어학 실력을 향상시키는 것을 넘어, 다른 문화권에 대한 이해와 존중, 효과적인 커뮤니케이션 방법 등을 배울 수 있다는 것이다.

디지털 전환 시대에 회사는 새로운 형태의 학습 기회도 제공한다. 온라인 학습 플랫폼, 가상현실기반 교육, 인공지능을 활용한 맞춤형 학습 프로그램 등이 그것이다. 이러한 새로운 학습 방식은 시간과 공간의 제약을 뛰어넘어 더 효과적인 학습을 가능하게 한다.

이처럼 회사는 우리에게 끊임없는 배움의 기회를 제공한다. 때로는 힘들고 지치더라도, 이를 소중한 학습의 기회로 받아들이는 자세가 필요하다. 평생학습이 강조되는 오늘날, 회사는 단순한 일터가 아닌 최고의 사회학교로서 그 역할을 다하고 있는 것이다.

회사라는 최고의 배움터에서 얼마나 배우고 성장하느냐는 결국 각자의 자세에 달려 있다. 지식과 경험을 쌓아가는 과정이 때로는 힘들고 지루할 수 있지만 이 모든 것이 자신의 미래를 결정짓는 소중한 자산이 된다는 것을 잊지 말아야 한다. 회사가 돈을 주면서 가르쳐 주기까지 한다고 생각하면 더더욱 고마운 일이다.

생각정리

1. 회사는 평생학습장

◎ 회사에서 어떤 배움의 기회를 찾고 있나요?

Ⓐ 나의 생각

2. 공감 찾기

◎ 이 글에서 공감하는 부분은 어떤 것이 있나요?

Ⓐ 나의 생각

인생 2막은 주연으로

100세 시대에 퇴직 후의 삶은 더 이상 여생이 아니다. 진정한 자아 실현과 행복을 위한 인생 2막이다. 인생 1막이 생존을 위한 무대였다면 2막은 여유 있게 즐기며 살아가는 황금기가 되어야 한다.

평균 수명의 연장으로 퇴직 후 40년 이상이라는 긴 세월을 얻게 되었다. 길어진 세월은 우리에게 새로운 도전이자 기회가 되는 시간이다. 인생 2막을 충분히 즐기면서 주연으로 살아가려면 지금부터라도 체계적인 준비를 시작해야 한다.

미국을 위시하여 일본, 그리고 우리나라까지 베이비붐 세대들의 퇴직 시기가 도래하면서 퇴직자 문제가 사회적 이슈가 되고 있다. 미국, 일본, 한국의 베이비붐 세대를 비교 분석해 보면 다음과 같다.

미국의 경우는 제2차 세계대전 후인 1946부터 1964년 사이의 출생자가 총 7,600만 명으로 미국 전체 인구의 약 25%에 해당한다[35]. 이들

---

35 미국의 경우: 미국 인구조사국(2020), 〈미국의 베이비 붐 코호트: 2016~2060〉; 퓨 리서치 센터Pew Research Center(2019), 〈베이비 붐 세대의 접근 방식 65 − 우울함〉; 사회 보장국

은 경제적 풍요 속에서 성장하였으며, 2011년부터 시작하여 2029년까지 매일 약 10,000명이 은퇴 연령에 도달하고 있다.

이들은 은퇴 후에도 계속 일하는 '반퇴직'이 증가하고, 연금 의존이 높고, 의료비 부담 증가로 인한 경제적 어려움을 겪고 있다. 이들은 액티브 시니어로서 새로운 소비문화를 주도하고 있다.

일본의 단카이 세대 인구는 1947부터 1949년까지 총 806만 명이며 일본 전체 인구의 약 6.3%를 차지한다[36]. 이들은 고도 경제성장의 주역이었으며, 퇴직 시기는 2007년부터 2009년까지이다.

일본에서 2007년부터 시작된 대량 퇴직은 사회적 이슈로 부각하였고 기술 전수 등 심각한 문제들이 제기되었다. 결국 연금 재정 악화로 수급 연령이 상향 조정되고 계속 고용제도 도입으로 65세까지 고용 보장이 연장되었다. '젖은 낙엽 증후군' 등 다양한 사회문제도 발생하였다.

한국 베이비붐 세대의 출생 시기는 1955부터 1963년까지다[37]. 한국전쟁 후 출산율이 급증하여 이 기간에 총 715만 명이 태어났다. 한국 전체 인구의 약 14.3%를 차지한다. 이들은 산업화와 민주화의 주역으로, 퇴직 시기는 2010부터 2018년까지이며 평균 퇴직 연령은 53세다.

기타 노후 준비, 사회적 대응, 정책적 대응, 학술적 연구, 사회적 관

연례 통계 보충 자료(2022)

36 일본의 경우: 総務省統計局 〈国勢調査報告, 2020〉; 内閣府 〈高齢社会白書, 2021〉; 厚生労働省 〈労働力調査, 2022〉

37 한국의 경우: 통계청 〈2020 인구주택총조사보고서〉; 한국보건사회연구원 〈베이비부머의 생활실태와 복지욕구, 2020〉; 국민연금연구원 〈베이비부머 은퇴 실태조사, 2021〉

심도 등은 표로 정리했다. 〈표 3.5-1〉 참조

구분	미국	일본	한국
출생연도(년)	1946~1964	1947~1949	1955~1963
출생 기간(년)	9	9	9
대상인원(명,%)	7,600(25)	806(6.3)	715(14.3)
퇴직 연령(세)	65~67	60~65	53~55
노후 준비	개인연금 중심	공적연금 중심	부동산 자산 중심
사회적 대응	점진적 은퇴 제도화	계속 고용제도 도입	재취업 지원 정책 중
정책적 대응	사회보장제도 개혁 논의, 연령차별 금지법 강화, 의료보험 제도 개선	정년 연장 및 재고용 제도화, 실버 데모크라시 대비, 지역포괄 케어시스템 구축	노인 일자리 사업 확대, 퇴직연금제도 강화, 신중년 재취업 지원 확대
학술적 연구	1970~, 심리학적 접근, 은퇴 적응, 은퇴 결정 과정 재무설계, 건강한 노화	1980년대 중반~, 사회보장제도, 기업의 인력 관리, 독거노인 문제	1990년대 중반~, 경제적 노후 준비, 재취업·창업, 노인 빈곤 문제
사회적 관심도	H, 언론은퇴 섹션 운영, 은퇴 관련 TV 프로그램 대학 노년학 과정 활성화		H, 은퇴 관련 TV 프로그램 신문·잡지의 은퇴 특집

〈표 3.5-1〉 3국의 베이비붐 세대 비교

우리나라 대부분 퇴직자들은 준비되지 않은 상태로 익숙했던 직장의 울타리를 벗어나 차가운 현실에 당황하고 절망한다. 노후 준비 부족, 자녀 교육비 부담으로 인한 저축 부족, 높은 부동산 자산 의존은 대부분 퇴직자가 안고 있는 문제점이다. 재취업이나 창업 의지는 높지만 성공률은 저조한 것이 냉혹한 현실이다. 퇴직 후 적응 과정에서 많은 사람들이 가정 불화를 겪고 심지어 황혼이혼에 이르기까지 한다.

성공적인 인생 2막을 위한 준비는 크게 다섯 가지 영역으로 나눌 수 있다.

첫째, 재정적 준비다. 로버트 크룰Robert Curl 교수는 "은퇴 후 삶의 질을 결정하는 것은 단순한 저축액이 아니라 현금 흐름 관리 능력"이라고 강조한다. 그는 3층 연금 체계, 국민연금 1층, 퇴직연금 2층, 개인연금 및 저축 3층을 균형 있게 준비해야 한다고 했다.

자금의 지출 플랜도 매우 중요하다. 계획적이고 효율적인 자금운용을 위해서 먼저 자금의 용도별 분배원칙을 결정한다. 그 다음은 용도별로 통장 쪼개기를 하면 계획적이고 효율적인 자금운용이 가능하다. 즉, 수입통장마스터, 기본생활비, 비상예비금 및 투자, 여가 및 자기계발, 경조비 등 각각의 통장을 만들어 필요한 만큼의 자금을 배분하여 철저하게 용도별로 지출하는 습관을 부부가 함께하는 것이 좋다.

둘째, 건강관리이다. 건강관리는 더욱 체계적으로 접근해야 한다. 단순한 운동이 아닌, 노년기에 적합한 운동 프로그램이 필요하다. 유산소 운동과 근력 운동의 적절한 조화, 특히 근감소증 예방을 위한 근력 운동이 중요하다. 정기적인 건강검진과 식단관리는 필수다.

셋째, 제2의 전문성 개발이다. 제2의 전문성 개발은 자신의 강점과 흥미를 분석하는 것에서 시작한다. 시장성 있는 분야를 탐색하고, 단계적인 학습과 자격증 취득, 실전 경험 축적, 네트워크 구축으로 이어져야 한다. 이 시대에 디지털 역량 강화는 빼놓을 수 없다.

넷째, 관계망 구축이다. 하버드대학교의 행복 연구는 "은퇴 후의 행복을 결정하는 가장 중요한 요소는 인간관계"라고 밝히고 있다. 다양한 연령층, 다양한 배경을 가진 사람들과의 교류가 중요하다. 한 가지

관계에만 의존하면 그 관계가 깨졌을 때 고립될 위험이 있다. 특히 은퇴자 동호회나 봉사 활동 단체 등 새로운 모임에 적극적으로 참여하는 것이 좋다.

다섯째, 심리적 준비이다. 낸시 슈로스버그Nancy Schlossberg 교수는 "성공적인 은퇴를 위해서는 정체성의 전환이 필요하다"라고 말한다. 직장인에서 새로운 정체성으로의 전환을 미리 준비해야 한다는 것이다.

퇴직 후 살아가는 모습들은 각양각색이다. 만족스럽고 행복하거나, 불안하고 고통스럽거나, 그저 그렇거나 중 하나이다. 성공적인 적응으로 제2의 인생을 활기차고 행복하게 살아가는 사람들의 공통점은 버킷 리스트를 만들어 하나씩 실천해 나간다는 것이다.

인생 2막의 성공적 사례들은 우리에게 희망을 준다. 은퇴 후 여행 작가로 변신한 K 씨68세는 "직장생활 때는 상상도 못했던 일이지만, 지금은 매년 3~4개국을 다니며 글을 쓰고 있다"라고 말한다. 그는 50대 초반부터 퇴직 후를 준비했다. 주말마다 여행 관련 강좌를 듣고, 블로그를 운영하며 글쓰기 실력을 키웠다.

성공적인 인생 2막의 열쇠는 현재가 쥐고 있다. 지금 구체적으로 계획하고 지금 미리 준비하며 지금 미루지 않고 실천하는 것, 이것이 바로 인생 2막의 승자가 되는 길이다. 지금 준비하고 실천하면 누구나 당당한 인생 2막의 주연이 될 수 있다.

생각정리

1. 제2인생 준비

◎ 당신은 퇴직 후 40년을 위해 무엇을 준비하고 있나요?

Ⓐ 나의 생각

2. 공감 찾기

◎ 이 글에서 공감하는 부분은 어떤 것이 있나요?

Ⓐ 나의 생각

💡 작성 팁: 정답은 없습니다. ① 솔직하게 적어보세요. ② 시간을 충분히 가지세요. ③ 동료나 멘토와 함께 이야기를 나누어보는 것도 좋습니다. ④ 3~6개월 후 다시 작성해 보면 변화를 볼 수 있습니다.

3.6

기본기는 탄탄한가

진정한 성공은 탄탄한 기본기에서 시작된다. 직장인이나 운동선수, 모두에게 공통적으로 적용되는 이치다. 직장생활에서 화려한 스킬과 혁신적인 아이디어도 중요하지만, 기본기가 부실하면 오래 버티지 못한다. 기본기가 부족한 운동선수가 실전에서 좋은 성과를 낼 수 없듯이, 직장인도 탄탄한 기본기가 없으면 뛰어난 아이디어만으로 제대로 된 성과를 내기 어렵다.

〈김영학의 직장에서 살아남기-기본기를 다지자〉[38]라는 기사에서는 직장인의 기본기는 생각, 태도, 기술에 있다고 강조한다. 노래와 춤이 가수의 기본기이고, 드리블과 패스가 축구선수의 기본기인 이치와 같다는 것이다. 특히 지식근로자들은 지속적인 자기계발을 통해 직무에 필요한 기본 역량을 계발해야 한다는 점을 강조하는데, 이는 빠르게 변화하는 현대 비즈니스 환경에서 더욱 중요한 조언이라 할 수 있다.

---

38 이코노믹 리뷰 2018년 1월 2일 기사

《하는 일마다 인정받는 사람들의 비밀》의 저자 이은재는 직장생활에서 필수적인 10가지 기본기를 실용적 관점에서 제안하고 있다. 이 기본기는 시간 엄수, 철저한 기록관리, 업무 역량 개발, 지속적인 성장, 회사 언어 사용, 긍정적인 표정 유지, 핑계 대지 않기, 올바른 태도, 적극적인 업무 자세, 그리고 겸손을 포함한다.

직장인이 갖춰야 할 기본기는 많지만 업무실행력, 전략적 사고, 변화 대응력 세 가지로 나누어 보고자 한다. 업무실행력은 시간관리, 문서작성 능력, 프레젠테이션으로 전략적 사고는 문제해결, 통합적 사고, 직관적 판단으로 변화 대응력은 디지털 기본기, ESG와 글로벌 감각, 세대 간 소통으로 구성하였다.

업무실행력의 첫 번째 요소는 시간관리 능력이다. 정시 출근과 일정 준수, 업무 우선순위 설정, 마감 시간 엄수는 모든 업무의 기본이다. 오늘은 정확하게 출근 시간을 맞추었지만, 내일은 5분 늦어지고 다음 날도 간신히 출근하는 버릇을 바꾸지 않으면 당신은 항상 커트라인에서 헐떡대는 자로 낙인찍히기 쉽다.

두 번째 요소인 문서작성 능력은 현대 비즈니스에서 그 중요성이 더욱 커지고 있다. 간결하고 명확한 보고서 작성, 효과적인 이메일 커뮤니케이션, 체계적인 업무 기록은 직장인의 필수 역량이다. 비대면 업무 환경이 확대되면서 문서를 통한 의사소통의 비중이 급격히 증가하고 있다.

보고서 작성에서는 '한눈에 보기'가 중요하다. 아무리 좋은 내용이라도 한눈에 핵심을 파악하기 어렵다면 좋은 보고서라 할 수 없다. 이를 위해서는 문서의 구조화, 시각적 요소의 활용, 핵심 메시지의 강조 등 다양한 기법을 활용해야 한다. 또한 수신자의 관점과 필요를 고려한 맞춤형 구성도 중요하다.

세 번째 요소인 프레젠테이션은 현대 비즈니스에서 핵심적인 설득과 소통의 도구가 되었다. 이는 단순한 발표 기술을 넘어 종합적인 커뮤니케이션 능력을 의미한다. 메시지 구조화는 프레젠테이션의 근간이다. 도입부에서 청중의 관심을 사로잡고, 본론에서 핵심 메시지를 명확히 전달하며, 결론에서 실행 가능한 제안을 제시해야 한다.

다음으로 전략적 사고다. 첫 번째 요소인 문제해결 능력은 모든 직무에서 가장 기본이 되는 역량이다. 한 글로벌 기업의 CEO는 "어려운 결정을 내려야 할 때마다 항상 기본으로 돌아간다"라고 말했다. 복잡한 상황일수록 기본에 충실해야 한다는 것이다.

문제해결은 정확한 상황 분석이다. 표면적인 현상이 아닌 근본 원인을 파악해야 한다. 이를 위해서는 데이터 기반의 분석이 필수다. 문제해결 과정에서 얻은 교훈을 체계적으로 정리하고, 이를 다음 문제해결에 활용해야 한다. 피드백 노트를 통해 성공과 실패의 원인을 분석하고, 개선점을 도출하는 습관이 필요하다.

두 번째 요소로 통합적 사고는 재무, 마케팅, 인사, 운영 등 다양한 분야를 아우르는 통찰력을 의미한다. 한 컨설팅 기업 대표는 "진정한 리더는 조직 전체를 하나의 유기체로 보는 안목이 있어야 한다"라고 강조한다. 그는 매월 마지막 주 금요일을 통합적 사고 점검의 날로 정해 자신의 관점을 점검한다고 했다.

세 번째 요소로 직관적 판단은 경험과 지식이 만나 순간적인 통찰을 가능하게 하는 능력이다. 수많은 데이터와 분석 속에서도 핵심을 파악하고 신속한 의사결정을 내릴 수 있어야 한다. 맥킨지의 한 파트너는 "고도화된 분석 도구가 발달했지만, 결정적 순간의 판단은 결국 경험에서 나온다"라고 말한다.

마지막으로 변화 대응력의 첫 번째 요소로서 디지털 기본기는 필수 역량이다. AI와 빅데이터의 기본 개념은 반드시 알아야 한다. 클라우드 컴퓨팅, 블록체인, 메타버스 등 새로운 기술이 비즈니스 모델과 조직문화에 미치는 영향도 이해해야 한다. 디지털 기술을 활용한 업무 혁신은 생산성 향상의 핵심이다.

화상회의 플랫폼, 프로젝트 관리 도구 등 협업 도구의 효과적 활용도 중요하다. 변화 대응력의 두 번째 요소로 ESG와 글로벌 감각은 현대 기업 경영의 핵심이 되었다. 환경Environment, 사회Social, 지배구조 Governance에 관한 이해는 반드시 필요하다. 탄소중립, 순환경제, 친환경 기술 등에 관한 이해도 중요하다.

글로벌 감각은 다양한 문화권의 비즈니스 관행, 협상 스타일, 의사소통 방식을 이해하고 존중해야 한다. 다국적 팀 운영이 일상화되면서 그 중요성은 더욱 커지고 있다.

세 번째 요소로 세대 간 효과적인 소통이 중요해졌다. MZ세대는 수평적 소통과 삶의 균형을 중시한다.

이들은 일방적인 지시보다 이유와 맥락을 공유하는 것을 선호하며, 워라밸을 기본권으로 인식한다. 즉각적이고 구체적인 피드백을 선호하며 메신저, 협업 툴 등 다양한 소통 채널을 활용한다.

이러한 기본기 향상을 위해서는 체계적인 실천 방안이 필요하다. 매일 30분 독서는 가장 기본적이면서도 효과적인 방법이다. 업계 동향, 새로운 기술 트렌드, 리더십 관련 서적을 체계적으로 선택하여 읽고, 핵심 내용을 정리하여 실제 업무에 적용해야 한다.

피드백 노트 작성은 성장을 가속화하는 도구다. 받은 피드백의 맥락, 구체적인 개선 방안, 실행 계획, 실행 결과까지 체계적으로 기록하고 관리해야 한다. 이는 자신의 성장 과정을 객관적으로 볼 수 있게 해주는 중요한 도구가 된다.

롤모델 학습법은 실천적 학습의 좋은 예다. 단순한 모방이 아닌 창의적 학습이 되어야 한다. 롤모델의 업무 방식, 의사결정 과정, 리더십 스타일을 분석하고 자신의 상황에 맞게 재해석하고 적용하는 것이 중요하다.

기본기는 평생 갈고 닦아야 할 자산이다. 이는 어느 회사에 다니든, 산업구조가 어떻게 변하든, 기술이 어떻게 발전하든지에 관계없이 적용되는 만고의 진리다. 직급이 올라갈수록 더 높은 수준의 기본기가 요구되고, 기술이 진화할수록 더 디테일한 기본기가 필요하다. 무엇을 하든 기본기를 먼저 갖춰라. 그게 성공으로 가는 순서다. 기본기는 성공의 문을 여는 열쇠다.

생각정리

1. 업무실행력

◎ 당신의 시간관리, 문서작성, 프레젠테이션 능력은 어느 정도인가요?

Ⓐ 나의 생각

2. 공감 찾기

◎ 이 글에서 공감하는 부분은 어떤 것이 있나요?

Ⓐ 나의 생각

💡 작성 팁: 정답은 없습니다. ① 솔직하게 적어보세요. ② 시간을 충분히 가지세요. ③ 동료나 멘토와 함께 이야기를 나누어보는 것도 좋습니다. ④ 3~6개월 후 다시 작성해 보면 변화를 볼 수 있습니다.

자기관리와 자아실현

자기관리와 자아실현은 한 끗 차이다. 서로 원인과 결과, 결과와 원인처럼 동전의 앞뒤로 붙어 있다. 철저한 자기관리로 자아실현이 되고, 자아실현이라는 목표가 있기에 자기관리를 하게 된다.

조직심리학자 대니얼 골먼Daniel Goleman은 자신의 저서《감성지능 EQEmotional Intelligence》에서 자기관리의 중요성을 강조했다. 자기관리는 개인이 자신의 감정을 인지하고 효과적으로 조절하는 능력이며, 이는 목표 달성 과정에서 충동을 제어하고 긍정적 정서 상태를 유지하는 것을 포함한다. 그는 자기관리가 감성지능의 핵심 구성요소라고 주장하며, 이를 위해서는 감정적 자기 인식과 객관적인 자기 평가, 자신감 있는 자기 통제가 필수적이라고 한다.

셸링T. C. Schelling은 그의 논문 〈자기관리의 기술〉[39]에서 "자기관리 Self-Management는 개인이 자신의 삶을 통제하고 목표를 달성하는 데

---

39 T. C. Schelling, 〈Egonomics, or the Art of Self-Management〉 The American Economic Review, Vol. 68, No. 2, 1978

도움이 되는 중요한 기술"이라고 하였다. 그는 자기관리의 주요소로 목표 설정, 시간관리, 자기동기부여, 자기규율, 스트레스관리, 감정조절, 적응력, 자기성찰 등 8가지를 제시하였다.

토니 로빈스Tony Robbins은 《네 안에 잠든 거인을 깨워라》에서 자기관리에 대한 정의를 내리지는 않았지만, 의식적인 통제와 변화를 통해서 자신의 잠재력을 극대화하는 것으로 요약할 수 있다. 자기관리 요소는 자기인식, 목표 설정, 신념과 가치관리, 시간관리, 감정관리, 스트레스관리, 관계관리, 자기계발 등 삶의 전반적인 것을 다루고 있다.

이들의 주장을 참고하여 자기관리를 자기성찰, 목표 설정, 감정관리, 시간관리, 건강관리로 요약하였다. 먼저 자기성찰은 자신의 강점과 약점을 철저하게 파악하고 가치관과 정체성을 확인하는 것이 출발점이다. 그리고 개선이 필요한 영역을 정기적으로 평가한다. 목표 설정은 명확하고 달성 가능한 목표를 설정하여 방향과 동기를 제공한다.

감정관리는 자신의 감정 상태를 정확히 파악하고 이해하는 것에서 시작한다. 문제 상황에서도 해결책을 찾으려는 긍정적 태도를 유지하며, 순간적인 감정에 휘둘리지 않고 합리적인 판단을 하도록 노력해야 한다.

시간관리는 중요도와 긴급성을 기준으로 업무의 우선순위를 설정하고, 하루와 주간, 월간 단위로 계획적인 시간 배분을 하는 것이 중요하다. 특히 자신의 집중력이 가장 높은 시간대를 파악하여 중요 업무에 활용하고, 잦은 스마트폰 사용 같은 시간 낭비 요소를 줄이는 것이 효과적이다.

건강관리는 일정한 수면 시간과 식사 시간을 지키는 규칙적인 생활이 기본이다. 자신에게 맞는 운동을 찾아 꾸준히 실천하고, 균형 잡힌 영양 섭취와 규칙적인 식사를 하며, 질병 예방을 위해 정기적으로 건강상태를 점검하는 것이 필요하다. 운동, 취미 활동, 명상 등 자신만의 스트레스 해소 방법을 개발해야 한다.

이러한 다섯 가지 영역은 서로 긴밀하게 연결되어 있어 하나의 영역이 개선되면 다른 영역에도 긍정적인 영향을 미친다. 각 영역의 균형 있는 관리가 성공적인 삶을 위한 토대가 되며, 지속적인 실천과 개선을 통해 더 나은 결과를 얻을 수 있다.

성공한 사람들은 자기관리를 인생의 핵심 요소로 여기며, 이는 신체와 정신 건강, 시간, 감정 등을 효과적으로 관리하는 것을 포함한다. 이들은 구체적인 목표를 설정하고, 건강을 위해 운동과 영양가 있는 식사를 하며, 시간을 효율적으로 활용하고, 스트레스를 적절히 관리하면서 자신의 삶에 대한 책임감을 가진다.

자아실현은 매슬로우A. H. Maslow의 인간의 기본 욕구 중 최상위에 위치한다. 이는 자신의 잠재력을 최대한 발휘하고 발전시키고자 하는 단계이다. 다소 비약일지는 모르겠지만, 직장인의 대부분이 회사에 입사하고 퇴사하는 이유가 모두 이 자아실현과 관련되어 있다는 것이다. 입사 시 하고 싶은 일이라며 시작했다가, 퇴사 시에는 안 맞는 일이라며 떠나는 경우가 많다.

현대인들은 높은 연봉이나 회사의 규모보다 자아실현이 가능한 환경을 더 중요시하며, 이는 많은 사람들이 스타트업을 선호하는 이유이기도 하다. 이는 우리가 왜 일하는지, 무엇을 하고 싶은지에 대해 깊이 고민하게 만드는 중요한 관점이다[40].

매슬로우의 1단계는 생리적 욕구로서 인간의 삶에서 최하위 욕구이다. 먹고 싸고 자는 욕구이다. 1단계가 충족되면 2단계 안전의 욕구로서, 신체적으로나 정신적으로 또는 경제적으로 안전한가에 대한 욕구이다. 3단계는 소속과 애정 욕구로서, 어떤 단체나 직장 또는 써클 동아리 등의 소속과 관계 욕구다.

4단계는 인정과 존중 욕구이다. 이 단계에서 많은 사람들이 '나'라는 존재나 능력 등에 대하여 인정받기를 바란다. 이는 특히 MZ세대 직장인에게서 강하게 나타난다. 모든 사람은 자신의 업무에 대한 긍정적인 피드백을 원하며, 적절한 칭찬과 보상은 강력한 동기부여가 된다.

자아실현을 추구하는 방식은 세대와 직군에 따라 다양하게 나타난다. H 중공업의 조선 기술자55세는 이렇게 말한다. "30년간 배를 만들어 왔습니다. 처음에는 그저 직장이었지만, 이제는 제가 설계한 배가 전 세계 바다를 누비는 것을 볼 때 큰 자부심을 느낍니다. 이것이 제가 경험한 자아실현입니다."

반면 IT 스타트업에서 일하는 젊은 개발자32세는 다른 관점을 보여준다. "저에게 자아실현이란 사회문제를 기술로 해결하는 것입니다. 우리가 만든 앱이 장애인들의 이동을 돕는다는 사실에서 큰 보람을

---

40 〈[칼럼] 자아실현욕구, 직장생활에서 충족하려면 '이것'에 집중하라〉, 가치소비뉴스 컨슈머 와이드, 2023년 3월 31일

느낍니다. 단순히 코드를 작성하는 것이 아닌, 세상을 조금씩 바꾸는 일이라고 생각합니다."

BCG 〈Year 2035〉[41] 보고서에 따르면 MZ세대는 직장에 다니든 창업을 하든 자신의 관심사와 열망을 충족하는 것이 곧 자아실현이라고 생각한다. 그들은 새로운 플랫폼에서 자기의 가치를 창출하거나 새로운 곳에서 돌파구를 마련하고자 한다.

최근의 조직심리학 연구들은 자기관리와 자아실현의 시너지 효과에 주목한다. 체계적인 자기관리는 자신감과 자기효능감을 높이고, 이는 다시 더 높은 수준의 자아실현 목표를 설정하고 추구하게 만든다. 반대로, 명확한 자아실현의 목표는 일상적인 자기관리의 동기부여가 되어 지속 가능한 습관 형성을 촉진한다.

자기관리와 자아실현은 서로를 강화하는 상보적 관계에 있다. 체계적인 자기관리는 자아실현의 견고한 토대가 되며, 명확한 자아실현의 목표는 지속적인 자기관리의 동력이 된다. 이 두 가지 요소의 유기적 발전이야말로 성공적인 직장생활의 핵심 열쇠라 할 수 있다.

누구나 각자의 위치에서 성장을 꿈꾼다. 그 여정에서 자기관리는 기초체력이고, 자아실현은 나침반이다. 이 둘의 조화로운 결합은 진정한 프로페셔널로 성장하는 핵심이다. 직장인의 도전은 바로 여기에서 시작되어야 할 것이다.

---

41 〈Year 2035〉, Talent War in the Digital Age, 2017

생각정리

1. 매슬로우의 욕구단계

◎ 현재 하는 업무에서 자아실현을 달성할 수 있을까요?

Ⓐ 나의 생각

2. 공감 찾기

◎ 이 글에서 공감하는 부분은 어떤 것이 있나요?

Ⓐ 나의 생각

💡 작성 팁: 정답은 없습니다. ① 솔직하게 적어보세요. ② 시간을 충분히 가지세요. ③ 동료나 멘토와 함께 이야기를 나누어보는 것도 좋습니다. ④ 3~6개월 후 다시 작성해 보면 변화를 볼 수 있습니다.

플랫폼·N잡러 시대 커리어 관리

디지털 혁신은 일과 커리어에 근본적인 변화를 가져왔다. 전통적인 평생직장 개념은 사라지고, 유연하고 다각화된 커리어 관리가 새로운 표준으로 자리 잡고 있다.

특히 코로나19 팬데믹 이후 재택근무와 원격 협업이 일상화되면서 물리적 공간의 제약 없이 다양한 직무를 수행할 수 있는 환경이 조성되었다. 이는 N잡러 증가의 주요 배경이 되고 있다.

글로벌 트렌드를 살펴보면, 미국의 밀레니얼 세대 65%가 부업을 가지고 있으며, Z세대의 73%가 향후 부업을 계획하고 있다. 유럽연합의 2023년 디지털 플랫폼 노동자는 2019년 대비 2배 증가했으며, 아시아 주요국의 프리랜서 플랫폼 시장 규모는 연평균 25% 성장세를 보이고 있다. 일의 방식과 직업 문화가 빠르게 변하면서 뉴트렌드가 뉴노멀이 되고 있다.

디지털 네이티브인 MZ세대는 이전 세대와는 완전히 다른 방식으로 커리어를 설계하고 관리한다. 한국고용정보원의 2023년 조사에 따르면, MZ세대의 72%가 소셜미디어를 통한 커리어 관리를 하고 있으며, 링크드인 사용자 중 이들의 비중이 65%를 차지한다. 이들 중 83%가 플랫폼을 통해 실제적인 커리어 기회를 얻은 경험이 있다고 응답했다.

주목할 만한 것은 MZ세대의 자기주도적 학습 경향이다. 한국직업능력연구원의 최신 보고서에 따르면, 이들의 85%가 공식적인 학위나 자격증보다 실무 경험과 프로젝트 포트폴리오를 더 중요하게 여기는 것으로 나타났다.

이들은 온라인 교육 플랫폼을 통한 자기주도적 학습, 실무 중심의 부트캠프, 커뮤니티 기반의 피어러닝 등 새로운 형태의 학습 방식을 적극적으로 활용하고 있다. 이러한 학습 방식은 빠르게 변화하는 직무 환경에 적응하고, 새로운 기술과 트렌드를 습득하는 데 효과적인 것으로 평가받고 있다.

디지털 플랫폼의 진화는 단순한 정보 공유에서 네트워킹과 수익 창출 플랫폼으로 발전했다. IT, 디자인, 마케팅 등 산업별 특화 플랫폼이 등장하면서 글로벌 협업 기회도 확대되고 있다.

이러한 플랫폼들은 단순한 구인구직을 넘어 전문가 네트워크, 지식 공유, 프로젝트 협업 등 다양한 기능을 제공하며 진화하고 있다. 성공적인 플랫폼 활용을 위해서는 콘텐츠 기반의 전문성 구축, 네트워크 확장과 협업 기회 창출, 수익모델 다각화가 핵심 요소다.

글로벌 플랫폼의 경우, 언어와 시차의 장벽을 넘어 전 세계 전문가들과의 협업이 가능해지면서, 새로운 기회의 창이 열리고 있다. 글로벌 플랫폼의 확산으로 업무 방식도 크게 변화했다. 클라우드 기반 협업 도구의 발달로 시간과 장소에 구애받지 않는 유연한 근무가 가능해졌으며, 이는 N잡러들의 효율적인 시간관리를 가능하게 했다.

코로나19 이후 원격근무가 일상화되면서, 본업과 부업의 경계가 더욱 유연해졌다. 글로벌 기업들의 경우, 이미 전 세계 프리랜서 네트워크를 활용한 프로젝트 기반 협업이 일반화되어 있다.

N잡러 현상의 글로벌 확산은 주목할 만하다. 미국의 경우 2023년 긱 이코노미Gig Economy[42] 종사자가 2019년 대비 36% 증가했으며, 영국은 프리랜서 플랫폼 사용자가 45% 증가했다. 일본에서는 부업을 허용하는 기업이 58%에 달한다. 특히 실리콘밸리를 중심으로 한 테크 기업들은 직원들의 사이드 프로젝트를 장려하는 문화를 형성하고 있다.

국내도 상황은 다르지 않다.

K 사 전산 시스템 관리자인 L 과장은 전문성을 바탕으로 코딩 교육 플랫폼을 운영하며, IT 관련 서적 출판과 강연을 통해 부수입을 올리고 있다. 그의 성공 비결은 본업과 부업 간의 시너지 창출이다. 실무 경험을 교육 콘텐츠로 전환하고, 이를 통해 얻은 새로운 인사이트를 다시 본업에 적용하는 선순환 구조를 만들어냈다.

프리랜서 번역가 H 씨는 언어 전문성을 다각도로 활용한 사례다. 영한 전문 번역을 주업으로 하면서, 번역 유튜브 채널 운영과 온라인 강의를 통해 수익원을 다각화하는 데 성공했다. 주목할 만한 점은 유

---

42 긱 이코노미: 노동자들이 단기간의 계약이나 프리랜서로 일하는 형태의 경제

튜브 채널을 통해 형성된 커뮤니티가 새로운 번역 프로젝트의 발주처로 이어지는 등 플랫폼 간 시너지를 효과적으로 창출했다는 것이다.

직장인 P 과장의 사례는 취미를 수익으로 연결한 대표적 사례다. 반려동물 사진 촬영이라는 취미를 전문화하여 주말 촬영 서비스를 제공하고, 이를 반려동물 용품 온라인 쇼핑몰 운영으로 확장했다. 소셜미디어를 통한 포트폴리오 구축과 타깃 마케팅이 성공의 핵심 요인이었다. 인스타그램을 통한 고객 커뮤니티 형성이 지속적인 수요 창출로 이어졌다.

이러한 성공 사례들의 공통점은 본업의 전문성을 기반으로 한 확장이라는 점이다. 단순히 여러 가지 일을 병행하는 것이 아니라, 핵심 역량을 중심으로 다양한 수익 모델을 구축했다는 특징을 보인다. 또한 디지털 플랫폼을 효과적으로 활용하여 고객과의 접점을 확대하고, 커뮤니티를 통한 지속적인 성장 기반을 마련했다.

성공적인 N잡러가 되기 위해서는 철저한 시간관리와 업무 우선순위 설정이 필요하다. 본업의 성과를 저해하지 않으면서 부업을 병행하기 위해서는 체계적인 계획과 실행이 뒷받침되어야 한다. 이는 디지털 도구를 활용한 업무 자동화와 효율화가 요구된다.

장기적인 관점에서는 자신만의 브랜드 구축이 중요하다. 이는 단순히 수익 창출을 넘어 미래의 커리어 기회를 확장하는 기반이 된다. 디지털 시대에는 개인의 전문성과 경험이 온라인상에서 어떻게 표현되고 공유되는지가 중요하다. 블로그, 유튜브, 포트폴리오 사이트 등 다양한 채널을 통해 자신의 전문성을 체계적으로 구축하고 공유하는 것이 필요하다.

균형을 잡는 것도 중요한 과제다. 새로운 도전과 기회 추구는 필요하지만, 이로 인한 번아웃이나 본업 성과 저하는 경계해야 한다. 정기적인 자기 점검과 피드백을 통해 각 활동의 균형을 맞추고, 필요한 경우 전략적 조정을 해나가야 한다. 특히 체력관리와 스트레스관리는 지속 가능한 N잡러 생활의 핵심이다.

법적·윤리적 고려사항도 놓치지 말아야 한다. 본업과의 이해 상충 여부, 겸업 금지 조항 확인, 세금 신고 등 법적 의무사항을 철저히 준수해야 한다. 또한 각 활동에서의 윤리적 기준과 프로페셔널리즘을 유지하는 것도 중요하다. 이는 장기적인 신뢰와 평판 구축의 기반이 된다.

디지털 시대의 N잡러는 단순한 부업이 아닌, 새로운 형태의 커리어 개발 모델로 자리 잡고 있다. 성공적인 N잡러가 되기 위해서는 본업에서의 전문성 강화, 효과적인 디지털 플랫폼 활용, 시간관리와 균형 유지, 그리고 장기적 관점의 브랜드 구축이 필요하다.

N잡러는 불확실성의 시대에 개인의 경쟁력을 높이고, 지속 가능한 성장을 이루는 전략적 카드다. 카드의 효과가 나타나려면 본업의 전문성을 더 강화해야 한다. 뿌리가 단단하고 깊어야 잎과 가지가 무성하다.

생각정리

1. N잡러의 성공 전략

◎ N잡러가 되기 위해 가장 중요하게 준비해야 하는 요소는 무엇일까요?

Ⓐ 나의 생각

2. 공감 찾기

◎ 이 글에서 공감하는 부분은 어떤 것이 있나요?

Ⓐ 나의 생각

💡 작성 팁: 정답은 없습니다. ① 솔직하게 적어보세요. ② 시간을 충분히 가지세요. ③ 동료나 멘토와 함께
이야기를 나누어보는 것도 좋습니다. ④ 3~6개월 후 다시 작성해 보면 변화를 볼 수 있습니다.

4장

직장생활의 성공 노하우

이른 기상이 주는 선물

잠을 잘 관리하는 사람이 성공한다.

오늘날 수면과 기상에 관한 문제는 많은 사람들의 관심사이며, 이에 대한 과학적 연구도 활발히 이루어지고 있다. 잠을 어떻게 자고 몇 시간을 자야 하고 언제 잠을 청하는 것이 효율적인지 등에 대하여 많은 전문가들의 연구 결과와 다양한 책이 출간되어 있다.

인간은 살아가면서 끊임없는 잠과의 전쟁을 치르는 듯하다. 학생 시절 수업시간부터 직장생활에서의 주간회의 시간, 운전 중이나 대중교통 이용 시에도 어김없이 찾아오는 졸음과 싸운다. 이러한 졸음과의 싸움은 현대인의 일상이 되어버렸다.

어릴 적에는 대책 없는 늦잠꾸러기였다. 아침이면 일어나기 싫어 깨워도 깨워도 이불을 끌어안고 끝까지 버텨보자는 식이었다. 이런 습관은 학창 시절 내내 지속되었고, 많은 사람들이 비슷한 경험을 했을 것이다.

대학 시절에는 6시간 자는 것으로 목표를 정하고 아침에 일어나는 시간 기준 6시간 전에 잠자리에 드는 습관을 만들고자 2년간 노력했다. 결론적으로 6시간 잠자기 프로젝트는 실패로 끝났다. 이는 개인의 생체리듬과 수면패턴을 무시한 채 무리한 목표를 설정했기 때문일 것이다.

사이쇼 히로시는 《아침형 인간》에서 아침을 지배하는 사람이 하루를 지배할 수 있고, 나아가 자신의 인생을 다스리고 경영할 수 있다는 생활 철학을 제시했다. 이러한 관점은 단순히 일찍 일어나는 습관을 넘어서, 아침 시간의 활용이 인생 전체의 성공과 직결된다는 통찰을 담고 있다. '아침형 인간' 개념은 빠르게 퍼져나가 직장인들 사이에서 큰 화제가 되었다. 이른 기상은 넓은 인생의 성취와 연결시키는 중요한 패러다임이 되었다.

예로부터 일찍 일어나는 사람은 부지런하고 늦게 일어나는 사람은 게으름뱅이라는 인식이 일반화되어 있다. 아침형 인간은 누구나 되고 싶어 한다. 이는 전 세계적으로 공통된 인식이며, 문화적 차이를 넘어서는 보편적 가치관이라고 할 수 있다.

아침형 인간의 장점은 시간 활용이다. 자연의 생리를 따른다는 점에서도 긍정적이다. 오전 6시부터 8시까지는 두뇌가 가장 명석해지는 시간으로, 집중력과 판단력이 낮 시간의 3배에 달한다고 한다. 역사적으로도 많은 성공한 리더들이 아침형 인간이었다. 이들은 진정한 건강과 행복을 누리는 사람이다.

세계적인 기업의 리더들은 이미 이른 기상의 힘을 실천하고 있다.

이들의 사례는 이른 기상이 성공의 필수 요소임을 보여준다. 애플의 팀 쿡Tim Cook CEO, 스타벅스의 하워드 슐츠Howard Schultz 전 CEO, 월트 디즈니의 로버트 아이거Robert Iger 회장 등은 모두 타고난 얼리 버드다. 그들은 매일 새벽 4시경 일어나 이메일을 확인하고 운동을 하거나, 신문 읽기, 반려견 산책시키기 등으로 아침을 연다. 이들의 공통점은 새벽 시간을 자기계발과 업무 준비에 활용한다는 것이다.

얼리 버드들이 새벽을 선택하는 이유는 무엇일까? 가장 큰 이유는 이 시간이 온전히 자신만을 위한 시간이기 때문이다. 이 시간대의 특별함은 방해받지 않는 고요함에 있다. 아침 일찍 일어나면 그 누구의 방해도 받지 않는 고요한 시간을 가질 수 있다.

이메일이나 전화로 인한 업무 방해도 없고, 가족들의 요구사항도 없는, 순수하게 자신을 위한 시간을 확보할 수 있다. 이 고요한 시간은 자기성찰과 계획수립에 최적의 환경을 제공한다.

매일 아침 알람이 울릴 때 이불을 박차고 일어나는 작은 승리가 하루의 다른 도전들을 이겨내는 원동력이 된다. 이러한 작은 성공의 경험이 쌓여 더 큰 목표를 향한 동기부여가 되는 것이다.

뇌과학자인 모기 겐이치로는 《아침의 재발견》에서 과학적 근거를 바탕으로 아침 활동의 중요성을 강조했다. 그는 아침에 일찍 일어나는 방법과 효율적인 아침 시간 활용법, 그리고 뇌 활동을 활성화하는 방법을 상세히 설명했다.

아침 시간을 효과적으로 활용하기 위한 가장 중요한 전제는 즐거움으로 접근하는 마음가짐이다. 연구 결과 기상 후 3시간, 특히 아침 식사 전이 두뇌가 최상의 능력을 발휘하는 '골든 타임'이라고 밝혔다. 이러한 아침 시간을 효율적으로 활용하는 것이 삶의 질적 변화를 가져올 수 있는 기회의 시간이라고 강조했다.

이른 기상은 계획적인 하루를 가능하게 한다. 이는 시간관리의 핵심 요소이다. 아침 시간에 그날의 일정을 검토하고 우선순위를 정립함으로써, 더 효율적으로 시간을 활용할 수 있다. 성공한 많은 CEO가 이른 아침 시간을 이메일 확인과 일정 조정에 활용하는 것도 이 때문이다. 계획적인 하루는 불필요한 시간 낭비를 줄이고 목표 달성의 확률을 높인다.

업무 생산성 측면에서도 이른 기상은 큰 장점을 가진다. 이른 아침은 두뇌가 가장 명석한 시간대이다. 이 시간대의 효율적 활용은 업무 성과 향상에 직접적인 영향을 미친다.

이른 기상을 중요한 의사결정이나 창의적인 작업에 활용하면 더 높은 성과를 낼 수 있다. 많은 작가들이 새벽에 글을 쓰는 것도 이러한 이유 때문이다. 새벽의 고요함과 맑은 정신은 창의적 작업에 최적의 조건을 제공한다.

하지만 이른 기상이 모든 사람에게 쉬운 것은 아니다. 특히 처음에는 상당한 의지력이 필요하다. 생체리듬의 변화는 점진적으로 이루어져야 한다.

성공적인 이른 기상을 위해서는 취침 시간을 일정하게 유지하고, 점진적으로 기상 시간을 앞당기며, 기상 직후의 루틴을 만드는 것이 중요하다. 이는 장기적인 관점에서 접근해야 할 생활습관의 변화이다.

할 엘로드Hal Elrod는 《미라클모닝》에서 아침 루틴으로 매일 새벽에 일어나서 해야 할 '6가지 활동 라이프 세이버SAVERS'를 제시했다. 이는 침묵Silence, 자기 다짐Affirmations, 시각화Visualization, 운동Exercise, 독서Reading, 기록Scribing이다. 이들 각각의 활동은 신체적, 정신적 건강과 성장에 기여한다.

미라클모닝의 효과는 광범위하고 깊다. 매일 더 활기차게 일어나고, 가능성을 극대화할 수 있는 체계와 전략을 갖춘다. 스트레스가 감소하고, 제한적 사고를 신속히 극복하며, 생산성이 증가하고, 최우선 과제들에 집중하는 능력이 강화되며, 삶의 목적을 발견하고 삶의 비전대로 살아갈 수 있게 된다.

이른 기상은 단순한 기상습관의 변화를 넘어서는 전인적 성장프로그램이라고 할 수 있다. 그것은 자신의 삶을 주도적으로 이끌어가겠다는 실천적 의지의 표현이며, 성공을 향한 첫걸음이다.

새벽을 제압하는 사람이 하루를 제압하고, 하루를 제압하는 사람이 인생을 제압한다고 했다. 이른 기상은 우리 삶에 질적 변화를 가져오는 강력한 도구가 될 수 있다. 이는 개인의 성공과 성장을 위한 필수적인 요소이며, 지속적인 실천을 통해 달성할 수 있는 목표이다.

미라클모닝이 미라클라이프를 가져온다.

생각정리

1. 이른 기상의 선물

◎ 최근의 아침 루틴은 무엇인가요?

Ⓐ 나의 생각

2. 공감 찾기

◎ 이 글에서 공감하는 부분은 어떤 것이 있나요?

Ⓐ 나의 생각

💡 작성 팁: 정답은 없습니다. ① 솔직하게 적어보세요. ② 시간을 충분히 가지세요. ③ 동료나 멘토와 함께 이야기를 나누어보는 것도 좋습니다. ④ 3~6개월 후 다시 작성해 보면 변화를 볼 수 있습니다.

발톱을 숨기는 지혜

누구나 행복을 바라며 살아간다. 행복은 각자가 느끼는 주관적 감정이다. 그러니 행복이 뭐라고 단정 짓기는 어렵다. 돈과 권력, 명예도 행복에 영향을 주지만 사람은 사람에 의해 행복해지고 불행해지기도 한다.

가깝게는 가족관계부터 직장에서의 상하 동료관계, 친구와의 관계, 이웃들과의 관계까지, 우리 삶은 수많은 관계의 그물망 속에 존재한다. 무수한 관계의 그물망은 우리를 행복하게도, 불행하게도 한다. 좋은 관계로 부대끼며 살아가면 서로 수명을 늘리는 효과가 있다고 한다. 사람과의 관계가 행복은 물론 장수에까지 영향을 미친다는 것이다.

인간관계는 어렵고도 매우 중요한 문제다. 성공적인 삶을 위해서는 인간관계를 잘 관리하고 더불어 살아가는 방법을 터득해야 한다. 특히 개인주의적 원심력이 강해지는 이 시대에는 관계관리 능력이 더욱 중요해지고 있다.

사회심리학자들의 연구에 따르면, 인간관계의 질은 개인의 성공과 행복에 직접적인 영향을 미친다. 이들은 좋은 인간관계는 스트레스 호르몬인 코티솔의 분비를 감소시키고, 행복 호르몬인 세로토닌과 옥시토신의 분비를 증가시킨다고 설명한다. 이는 과학적으로도 인간관계의 중요성을 입증하는 것이다.

《IQ 최고들의 일머리 법칙》의 저자 김무귀는 다른 사람들과 따뜻한 관계를 형성하는 능력이 학벌이나 IQ보다 우위라고 한다. 더러는 성격이 너무 좋아 미워할 수 없는 것이 최고의 강점인 사람들이 있다.

업무 능력은 뛰어나지 않은 것 같은데도 의외로 승승장구한다. 이런 사람들은 남들과 의견 대립을 피하고 자기 생각을 강하게 주장하지도 않는다. 결과적으로 누구와도 경쟁관계에 놓이지 않고 어느 누구에게도 적대감을 사지 않는다.

직장에서의 경쟁 구도를 살펴보면 흥미로운 점을 발견할 수 있다. 가장 치열한 경쟁은 서로 비슷한 위치에 있는 사람들 사이에서 일어난다. 이는 마치 생태계에서 같은 자원을 두고 경쟁하는 동물들과 유사하다.

특히 같은 직급, 같은 부서에서 일하는 동료들 간의 경쟁이 가장 치열하다. 이는 승진이나 인정을 위한 제한된 기회를 놓고 경쟁하기 때문이다. 이러한 현상은 조직심리학에서 잘 연구되어 있다. 사람들은 자신과 비슷한 위치에 있는 사람들과 자신을 비교하는 경향이 있으며, 이는 자연스러운 심리적 메커니즘이다.

그러나 이러한 비교와 경쟁이 항상 생산적인 것은 아니다. 오히려 과도한 경쟁은 스트레스와 불안을 야기하며, 장기적으로는 성과를 저하시킬 수 있다.

반면에 직급이나 경력 차이가 많이 나는 경우에는 오히려 경쟁이 덜하다. 입사 3년 차 대리급이 15년이나 20년 차 팀장급과 경쟁이 될 수 없는 이치다. 이는 자연스러운 현상이며, 경쟁보다는 오히려 멘토링이나 협력관계가 형성되기 쉽다.

자기 성장에 집중하는 사람들은 스트레스도 덜 받고, 더 안정적인 성과를 낸다는 연구 결과도 있다. 이들은 타인의 성공에 위축되지 않으며, 자신의 페이스를 유지할 수 있다. 그들은 경쟁자를 의식하기보다는 자신만의 독특한 가치를 만드는 데 집중했고, 결과적으로 더 큰 성공을 거두었다.

옛 신하의 금기사항에는 "너무 큰 공을 세워서 임금을 불안하게 하지 말 것, 권세가 너무 커진 나머지 주인을 업신여기지 말 것, 재능이 탁월하여 주인을 압도하지 말 것" 등이 있었다. 상사와 함께 걸을 때는 앞지르지 말고 그림자도 밟지 말라는 옛말도 같은 맥락이다.

이러한 금기사항들은 단순히 복종을 요구하는 것이 아니라, 조직생활의 깊은 지혜를 담고 있다. 능력을 과시하는 것보다 조화를 이루는 것이 더 중요하다는 교훈이다. 아무리 뛰어난 성과를 내더라도, 조직의 화합을 깨뜨리면 그것은 진정한 성공이라 할 수 없다.

자신의 능력을 과시하지 않고도 성과를 인정받을 수 있는 방법이 있다. 그것은 바로 일의 결과로 말하게 하는 것이다. 말보다 행동이, 과시보다 실력이 중요하다. 너무 두각을 나타내려 하지 말고, 적절한 거리를 유지하며, 상대방의 자존심을 지켜주는 것이 중요하다.

경쟁하지 않고 아무에게도 미움받지 않는 비결은 간단하다. 항상 흐트러짐 없는 자세로, 나서지 말고 좀 덜떨어진 것처럼 가만있으면 된다. 이는 갈등을 회피하라는 말이 아니다. 원칙을 지키되 전략적 겸손으로 불필요한 적을 만들지 말라는 의미다.

실제로 성공한 사람들은 대부분 자신만의 핵심 역량으로 무장하고 있다. 강철왕 카네기Andrew Carnegie의 핵심 역량은 단순한 사업 수완이 아닌 넓고도 깊은 지식이었다. 카네기는 철강 산업에 대한 깊은 이해와 지식을 바탕으로 혁신적인 생산 방식을 도입했다. 그는 항상 새로운 기술과 방법을 연구했고, 이를 실제 사업에 적용했다.

카네기는 생을 마감하기 전, 젊은 저널리스트 나폴레온 힐과 중요한 통찰을 나눴다. 그는 자신의 삶에서 가장 가치 있는 것은 유무형의 재산을 축적할 수 있게 해준 지식이라고 강조했다. 카네기는 이 지식을 바탕으로 산업 동향을 예측하고, 생산 방식에 혁신을 가져왔으며, 뛰어난 인재를 발굴하고 육성했다.

그의 철학은 성공의 열매를 사회에 환원하는 것의 중요성도 포함했다. 이러한 믿음을 실천하기 위해 그는 많은 도서관과 교육기관을 설립함으로써 많은 사람들과 함께 지식을 통해 성장하고 발전할 수 있는 기회를 제공했다.

이처럼 진정한 핵심 역량으로 무장하면 남과 비교할 필요도 없고 미움을 살 일도 없어진다. 오히려 자유로워질 수 있다. '재는 원래 그래'라고 인정해 주기 때문이다. 자신만의 독특한 가치를 가진 사람은 다른 사람과의 비교가 무의미해진다. 그들은 자신만의 길을 가며, 그 과정에서 자연스럽게 존중과 인정을 받게 된다.

직장에서 진정으로 성공하는 방법은 불필요한 경쟁을 피하고 자신만의 고유한 가치를 만들어가는 것이다. 말을 적게 하고, 불필요한 의견을 자제하며, 결정된 사항에 대해 시비를 걸지 않는 것이 중요하다.

특히 회의나 토론에서는 자신의 의견을 관철시키려 하기보다는 경청하고 이해하려 노력하는 것이 중요하다. 이는 더 나은 해결책을 찾는 것뿐 아니라, 좋은 인간관계를 유지하는 데도 도움이 된다.

때로는 발톱을 숨기는 지혜도 필요하다. 너무 똑똑해 보이려 하거나, 너무 빨리 가려고 하면 오히려 멀리 가지 못할 수 있다. 진정한 성공은 천천히, 하지만 꾸준히 자신만의 길을 걸어가는 사람들의 몫이다.

속이 깊으면 드러내지 않아도 남이 알아준다. 스스로 뛰어나면 남들도 시기하지 않고 되레 박수를 쳐준다.

생각정리

1. 핵심 역량

◎ 어제의 나와 비교하여 성장해 나가는 오늘의 나를 위한 전략은 무엇인가요?

Ⓐ 나의 생각

2. 공감 찾기

◎ 이 글에서 공감하는 부분은 어떤 것이 있나요?

Ⓐ 나의 생각

💡 작성 팁: 정답은 없습니다. ① 솔직하게 적어보세요. ② 시간을 충분히 가지세요. ③ 동료나 멘토와 함께 이야기를 나누어보는 것도 좋습니다. ④ 3~6개월 후 다시 작성해 보면 변화를 볼 수 있습니다.

공평하면서 가장 불공평한 시간

인생은 불공평하다. 타고난 재능, 가정 환경, 교육 기회 등 태어날 때부터 주어지는 조건들이 모두 다르다. 하지만 한 가지, 모든 사람에게 절대적으로 공평하게 주어지는 것이 있다. 바로 '시간'이다. 하루 24시간, 누구에게나 똑같이 주어지는 이 시간을 어떻게 활용하느냐에 따라 인생의 결과는 천차만별이 된다.

근무 형태와 업무 환경이 변화하면서, 직장인들의 시간 활용 방식도 크게 달라지고 있다. 특히 코로나19 이후 확산된 유연근무제와 재택근무는 시간 활용의 새로운 패러다임을 가져왔다. 회사 내 업무 시간이 줄어들고 출퇴근이 유연해지면서, 많은 직장인이 자기계발과 취미 활동에 더 많은 시간을 투자하고 있다.

인크루트에서 직장인의 자기계발 현황을 알아보기 위한 설문조사에서 직장인 10명 중 8명이 자기계발을 한다고 답했다[43]. 항목별

---

43 매일일보, 2023년 11월 2일

로는 운동 60.3%, 외국어 공부 48.8%, 자격증 공부 48%, 취미생활 36.8% 순으로 나타났다. 응답자 10명 중 6명이 주로 퇴근 후에, 19.7%는 주말에, 11.7%는 아침 시간을 이용하는 것으로 나타났다. 〈그림 4.3-1〉 참조

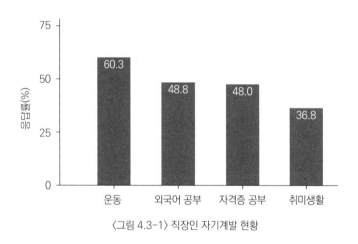

〈그림 4.3-1〉 직장인 자기계발 현황

갓생에 진심인 MZ, 이제 욜로는 끝났다?! 2017년 욜로가 직장인의 최대 화두로 떠올랐지만 최근에는 부지런하고 생산적인 갓생을 살고자 하는 사람들이 늘고 있다[44]. 자기계발이 이전에는 자격증 취득이나 어학공부 등 스펙 쌓기식의 개념이었다면, 갓생은 스스로를 돌아보고 가꾸는 자기 돌봄으로 운동이나 체력관리, 다이어트 등이 강조되고 있다.

시간의 가치는 어떻게 활용하느냐에 따라 달라진다. 시간의 개념에 인생부가가치를 더하여 '인생가치시간'으로 계산해 보자. 하루는 24

44 알파리뷰, 2024년 7월 5일

시간이다. 24시간이 지나면 하루가 갔다고 한다. 그리고 일주일, 한 달, 열두 달이면 1년이다. 새로운 한해가 시작되고 또 지나간다. 10년, 20년, 50년, 100년이 된다[45].

모든 사람이 100세에 죽는다고 가정하자. 여기서 살아온 인생에 대하여 가치를 대입시켜 보자. 평생을 가장 평범하게 산 삶의 가치를 '1'이라 가정하자. 가장 평범한 삶의 정의는 상식적으로 일반적인 삶 즉, 크게 부족하지도 넘치지도 않는 삶이다.

태어나서 결혼하고 자식 낳아 가정을 이루고 돈을 벌어 가족을 부양한다. 자식들 결혼시키고 사람들과 어울려 건강하게 살면서 죄짓지 않고 때가 되어 조용히 여한이 없는 100년의 생을 마감한다.

평범함을 넘어 부가적으로 가치 있는 20%의 삶을 산 경우는 1.2, 40% 가치 있는 삶이라면 1.4를 부여해 보자. 여기서 가치의 산출은 평범한 삶의 가치를 기준으로 하여 그것보다 우월하게 가치가 있는 일, 업적, 선의, 봉사 등으로 볼 수 있겠다. 단, 범죄자, 사기꾼 등은 가치를 마이너스로 매긴다. 그래서 0.8, 0.6, 0.4 등으로 나타낼 수 있다.

이제 어떤 삶을 살았느냐에 따라 계산해 보자. 기준이 되는 평범 씨는 100세를 살았다. 그 다음 우월A 씨는 성공적인 직장인으로 정년퇴직하였다. 가치 0.2를 더하여 $1.2 \times 100 = 120$년, 즉 평범한 삶에 비하여 20년을 더 산 것으로 인식할 수 있다. 우월B 씨는 개인적, 사회적으로 기여한 업적의 소유자로서 가치 0.4를 더하여 $1.4 \times 100 = 140$년으로, 평범 씨에 비하여 40년을 더 산 것으로 보면 될 것이다.

---

45 인생가치시간: 필자의 아이디어임. 어떤 한 인생에 대입할 때 물리적으로는 같은 시간을 살았어도 그 인생의 업적에 따라 다른 '가치의 시간'으로 환산

역사적으로 많은 업적을 남긴 사람들이 부지기수다. 이런 위인들에 대하여 '인생가치시간'을 적용해 보면 어떨까?

미국 100달러 지폐에 초상으로 그려진 벤자민 프랭클린Benjamin Franklin은 그의 저서 《부자가 되는 길》에서 시간이 인생을 만든다면서 시간의 중요성을 강조했다. 그러니 시간을 함부로 허비하지 말라고 했다.

발명품은 열효율이 높은 난로, 사다리 의자, 다초점 안경, 피뢰침 등이 있다. 질병, 곤충, 해류, 인구, 전기, 태양의 흑점 등 많은 연구를 하였다. 또한 주의회 의원, 대사관, 사업가, 정치가, 과학자, 철학자, 발명가, 문필가 등으로 불리어지며, 미국 독립선언문의 초안을 작성하였고, 헌법제정에도 참여했다.

정약용은 강진에서 18년간 유배생활을 하면서 저술 활동으로 정체성을 찾았다. 정민의 저서 《다산선생 지식경영법》에 따르면 한 사람이 필사하는 데만도 10여 년은 걸릴 정도로 방대한 경집 232권과 문집 260여 권을 남겼다.

정약용은 경집을 펴낸 경학자, 목민관의 행동지침을 정리한 《목민심서》를 펴낸 행정가, 교육학자, 사학자 등등 통합적 인문학자이다. 화성축성을 설계하고 거중기와 배다리와 유형거를 제작한 토목공학자, 기계공학자이다. 《아방강역고》와 《대동수경》을 펴낸 지리학자, 《마과회통》과 《촌병흑치》 등 의서를 펴낸 의학자이기도 하다.

이들의 삶이 시사하는 바는 명확하다. 시간은 모든 이에게 공평하게 주어지지만, 그 활용도에 따라 만들어내는 가치는 천차만별이라는 것이다. 그러니 세상에서 가장 공평하면서도 불공평한 게 바로 시간인 셈이다.

우리에게 정말 필요한 것은 시간관리가 아닌 시간 투자의 관점이다. 하루하루를 어떻게 보낼 것인가가 아니라, 주어진 시간을 통해 어떤 가치를 만들어낼 것인가를 고민해야 한다. 시간 투자의 관점에서 보면, 자기계발, 건강관리, 관계 형성, 취미 활동 등은 모두 미래를 위한 중요한 투자가 된다.

이제는 일과 삶의 경계가 점점 모호해지고 있다. 이런 환경에서는 시간을 효율적으로 활용하는 능력이 더욱 중요해진다. 업무 시간과 자기 시간을 명확히 구분하고, 각각의 시간을 최대한 가치 있게 사용하는 것이 핵심이다.

시간이라는 자산의 진정한 가치는 그것을 어떻게 투자하느냐에 달려 있다. 단순히 바쁘게 사는 것이 아니라, 정말 중요한 것에 시간을 투자하고, 그를 통해 의미 있는 성장을 이루어내는 것, 그것이 바로 시간이라는 공평한 자산을 현명하게 활용하는 방법일 것이다. 시간을 다룰 줄 아는 사람이 시대를 앞서간다.

생각정리

1. 시간의 가치와 투자

◎ 평범 씨의 시간으로 살지 않겠다면 지금부터 무엇을 해볼 것인가요?

Ⓐ 나의 생각

2. 공감 찾기

◎ 이 글에서 공감하는 부분은 어떤 것이 있나요?

Ⓐ 나의 생각

💡 작성 팁: 정답은 없습니다. ① 솔직하게 적어보세요. ② 시간을 충분히 가지세요. ③ 동료나 멘토와 함께 이야기를 나누어보는 것도 좋습니다. ④ 3~6개월 후 다시 작성해 보면 변화를 볼 수 있습니다.

4.4

매너가 사람을 만든다

"옷이 날개라면 매너는 사람의 근간이다."

한 글로벌 기업 CEO의 말은 비즈니스 세계에서 매너의 중요성을 잘 보여준다. 비즈니스 매너는 단순한 예의범절이나 형식적인 규칙이 아니다. 그것은 프로페셔널리즘의 표현이며, 상대방에 대한 존중의 표시이다. 더 나아가 자신의 가치를 높이는 중요한 수단이기도 하다.

박한표는 그의 논문 〈매너의 역사, 세련화인가? 아니면 본능적 충동의 억압인가?〉에서 매너는 그 사람의 사회적인 위치를 굳이 말로 표현하지 않아도 몸으로 보여 줄 수 있는 중요한 도구라고 했다[46].

매너는 중세 봉건 시대에 인간의 야만성을 순화시켜 사회적 안정을 가져오기 위해 시작된 것이다. 이러한 매너는 오늘날까지 이어져 중요한 가치가 되었다. 특히 비즈니스 환경에서는 매너가 개인의 전문성을 보여주는 핵심 지표로 자리 잡았다.

---

46 세계 역사와 문화 연구 11, 2004

17세기에는 베르사유 궁전이 매너의 중심이 되었고, 귀족들은 파리 시내 부르주아들이 흉내 낼 수 없도록 더욱 까다롭게 발전시켰다고 한다. 이러한 매너의 역사적 발전 과정은 오늘날 우리가 직면하는 비즈니스 매너의 중요성을 더욱 잘 이해할 수 있게 해준다.

매너는 단순한 예절을 넘어 사회적 지위와 개인의 가치를 나타내는 중요한 지표가 되었다. 매너는 시대에 따라 그 형태와 내용이 변화해 왔지만, 그 본질적 가치는 변함없이 이어져 오고 있다.

오늘날의 비즈니스 환경에서는 능력만큼이나 매너가 중요하다. 실제로 많은 기업이 인재를 채용할 때 전문성과 함께 비즈니스 매너를 주요 평가 요소로 삼고 있다. 이는 매너가 개인의 전문성과 함께 조직 적응력을 보여주는 중요한 지표로 인식되기 때문이다. 글로벌 기업들은 매너를 통해 지원자의 문화적 감수성과 적응력을 평가하고 있다.

글로벌 컨설팅펌 맥킨지의 한 파트너는 "뛰어난 실력을 가진 사람이라도 기본적인 비즈니스 매너가 부족하면 고객과의 신뢰 관계를 형성하기 어렵다"라고 말한다. 이는 현대 비즈니스 세계에서 매너가 단순한 예의범절을 넘어 비즈니스 성공의 핵심 요소로 자리 잡았음을 보여준다.

고객과의 관계에서 매너는 신뢰를 형성하는 첫 번째 단계가 된다. 전문성은 시간이 지나야 증명될 수 있지만, 매너는 첫 만남에서부터 상대방에게 강한 인상을 남길 수 있기 때문이다.

비즈니스 매너는 크게 세 가지 영역으로 나눌 수 있다. 첫째, 커뮤니케이션 매너이다. 이메일, 메신저, 전화 등 다양한 소통 채널에서의 예절이 여기에 포함된다. 특히 이메일은 현대 비즈니스의 핵심 소통 수단으로, 적절한 에티켓은 필수이다. 제목은 명확하고 간단하게, 본문은 핵심을 먼저 전달하고, 답장은 가능한 한 빨리 하는 것이 기본이다.

둘째, 대면 매너이다. 회의실에서의 태도, 상사나 동료와의 대화 방식, 고객 응대 방법 등이 이에 해당한다. 회의 시간을 엄수하고, 발언 순서를 지키며, 상대의 말에 경청하는 자세가 중요하다. 회의 자료는 미리 준비하고, 회의록 작성과 공유도 신속하게 이루어져야 한다.

대면 매너에서는 비언어적 커뮤니케이션도 중요하다. 적절한 눈 맞춤, 밝은 표정, 바른 자세 등은 상대방에 대한 존중과 관심을 보여주는 중요한 요소이다. 특히 처음 만나는 사람과의 대화에서는 이러한 비언어적 요소가 더욱 중요할 수 있다. 첫인상은 이후의 관계 형성에 큰 영향을 미치기 때문이다.

셋째, 비즈니스 에티켓이다. 명함 교환, 식사 예절, 복장 규범 등이 여기에 속한다. 명함은 두 손으로 주고받으며, 받은 명함은 소중히 다루어야 한다. 식사 자리에서는 상대방이 편하게 식사할 수 있도록 배려하는 것이 중요하다. 공식적인 식사 자리에서는 알코올 섭취에 주의해야 하며, 업무 이야기는 적절한 선에서 제한하는 것이 좋다.

복장은 상황과 장소에 맞게 적절히 갖추어야 한다. 비즈니스 정장이 기본이지만, 최근에는 상황에 따라 스마트 캐주얼도 허용되는 추세이다. 중요한 것은 단정함과 청결함을 유지하는 것이다. 특히 고객을 만나는 자리나 공식 행사에서는 더욱 신경 써야 한다. 액세서리나 향수도 과하지 않게 사용하는 것이 좋다.

직장에서의 매너는 업무 효율성과도 직결된다. 적절한 매너는 원활한 의사소통을 가능하게 하고, 팀워크를 향상시키며, 불필요한 갈등을 예방한다. 반대로 매너가 부족하면 업무 진행이 지연되고, 인간관계가 악화되며, 결과적으로 조직 전체의 생산성이 저하될 수 있다.

내부 구성원과의 관계에서 매너는 크게 두 가지 방향성을 가진다. 첫째, 상사를 대할 때의 매너이다. 많은 직장인이 상사와의 관계에서 어려움을 겪는다. 하지만 적절한 매너만 갖추어도 대부분의 문제는 예방할 수 있다. 보고는 간단명료하게 하고, 지시받은 일은 메모하는 습관을 들이고, 퇴근 시 상사의 추가 지시사항이 있는지 확인하는 것 등이 기본이다.

상사와의 관계에서는 시간관리가 특히 중요하다. 약속 시간은 반드시 지켜야 하며, 불가피한 경우 미리 연락하여 양해를 구해야 한다. 업무 보고도 정해진 시간에 맞춰 진행하는 것이 좋다. 또한 상사의 일정을 고려하여 보고나 문의 시간을 조절하는 것도 중요한 매너이다.

둘째, 동료를 대할 때의 매너이다. 동료는 경쟁자이면서도 협력자이다. 서로 견제하면서도 함께 일해야 하는 미묘한 관계이다. 이럴 때 필요한 것이 바로 매너이다. 업무는 투명하게 공유하기, 공적인 자리에서는 존댓말 사용하기, 없는 팀원에 대한 험담 삼가기 등이 중요하다.

직장 내에서의 매너는 일관성이 중요하다. 상황에 따라 매너가 달라지면 오히려 신뢰를 잃을 수 있다. 예를 들어, 상사 앞에서만 공손하고 후배들에게는 무례한 사람은 결국 모든 사람에게 신뢰를 잃게 된다. 진정한 매너는 상대방의 직위나 상황에 관계없이 일관되게 보여주는 태도에서 나온다.

매너는 단순한 규칙이 아닌, 상대방을 배려하는 마음에서 시작된다. 예를 들어, 회의 시간을 지키는 것은 단순히 시간 엄수의 문제가 아니다. 그것은 다른 참석자들의 시간을 존중한다는 의미이며, 회의의 효율성을 높이는 방법이기도 하다. 이러한 기본적인 매너는 업무 효율성 향상에도 큰 도움이 된다.

매너는 타고나는 것이 아니라 배우고 익히는 것이다. 성공한 비즈니스 리더들의 공통점 중 하나는 뛰어난 매너이다. 그들은 매너를 통해 신뢰를 쌓고, 존경을 받으며, 더 큰 성공을 이루어 냈다. 매너는 지속적인 학습과 실천을 통해 발전시켜 나가야 하는 중요한 역량이다.

직장에서의 매너는 생존과 직결된 문제이다. 실력도 중요하지만, 매너 있는 태도야말로 장기적으로 조직에서 살아남을 수 있는 핵심 요소이다. "매너가 사람을 만든다"라는 말은 직장에서 더욱 진실이다. 매너는 우리가 조직에서 신뢰받고, 인정받으며, 오래 살아남을 수 있게 하는 가장 기본적이면서도 강력한 무기다.

생각정리

1. 나의 가치 표현

◎ 언어적, 비언어적 커뮤니케이션 매너 향상 방안은 무엇인가요?

Ⓐ 나의 생각

2. 공감 찾기

◎ 이 글에서 공감하는 부분은 어떤 것이 있나요?

Ⓐ 나의 생각

💡 작성 팁: 정답은 없습니다. ① 솔직하게 적어보세요. ② 시간을 충분히 가지세요. ③ 동료나 멘토와 함께
이야기를 나누어보는 것도 좋습니다. ④ 3~6개월 후 다시 작성해 보면 변화를 볼 수 있습니다.

4.5

절대 불행의 씨앗을 심지 마라

"30년 직장생활에서 배운 가장 큰 교훈은 작은 실수 하나가 평생의 발목을 잡을 수 있다는 것이다."

한 대기업 임원이 퇴임 인터뷰에서 한 말이다. 그는 수천 명의 직원을 평가하고 관리하면서, 승진에서 누락되거나 조기 퇴직하게 되는 직원들 대부분이 하나의 공통점을 가지고 있다고 말한다. 바로 작은 실수들이 쌓여 결정적인 순간에 약점으로 작용했다는 것이다.

직장생활에서 우리는 자주 사소한 선택의 순간을 마주한다. 작은 거짓말을 하거나, 책임을 회피하거나, 동료의 험담을 하는 등 어찌 보면 소소한 것들이다. 그러나 이런 작은 선택들이 모여 우리의 미래를 결정짓는다. 이는 작은 씨앗이 자라나 거대한 나무가 되는 것처럼, 사소한 실수나 부정적인 행동들은 시간이 지나면서 거대한 불행의 나무로 자라날 수 있기 때문이다.

직장생활은 단순히 생계 수단을 넘어 자아실현의 중요한 통로다. 따라서 직장에서의 성공과 실패는 개인의 삶 전체에 지대한 영향을 미친다. 글로벌화된 경쟁 사회에서는 작은 실수 하나가 전체 커리어에 치명적인 결과로 이어질 수 있다. 직장인은 이를 항상 유념해야 한다.

직장이라는 공간에서는 당신의 실수를 즉각적으로 지적하는 사람이 없을 수 있다는 점을 유의해야 한다. 상사들과 동료들은 겉으로는 너그러워 보일지 모르지만, 그들은 당신의 모든 행동을 세세하게 기억하고 있다. 이러한 기억들은 결정적인 순간, 예를 들어 승진이나 중요 프로젝트 배정 시에 치명적인 약점으로 작용할 수 있다.

직장에서는 개인의 평판이 매우 중요한 자산이다. 한번 형성된 부정적 평판은 쉽게 바뀌지 않으며, 다른 회사로 이직을 하더라도 따라다닌다. 따라서 평판관리는 전문성 개발만큼이나 중요한 과제다.

불행의 씨앗은 다양한 형태로 나타나는데, 그 첫 번째가 바로 거짓말이다. 보고서가 거의 다 됐다며 진행 상황을 속이는 등 작은 거짓말이 여기에 해당한다. 이러한 거짓말은 당장의 위기를 모면할 수는 있을지 모르나, 결국에는 신뢰를 무너뜨리는 치명적인 독이 된다는 점을 깊이 인식해야 한다.

직장에서 정직성은 그 어느 때보다 중요한 가치가 되었다. 투명성과 윤리경영이 강조되면서, 작은 거짓말이라도 발각될 경우 그 파장은 과거와는 비교할 수 없을 정도로 커졌다. SNS와 같은 소통 채널의 발달로 인해 개인의 부정직한 행위가 순식간에 공론화될 수 있다는 점도 주의해야 한다.

두 번째로 주목해야 할 것은 책임 회피이다. 그건 내 담당이 아니다,

누가 이렇게 하라고 했다는 등의 변명은 직장생활에서 매우 위험한 태도다. 책임을 회피하는 순간 당신은 더 이상 신뢰할 수 있는 팀원이 아니라는 부정적 낙인이 찍힐 수 있으며, 이는 향후 커리어에 심각한 장애물이 된다.

요즘 직장에서는 협업이 강조되면서 책임의 경계가 모호해지는 경우가 많다. 이럴 때일수록 적극적으로 책임을 수용하는 자세가 필요하다. 문제가 발생했을 때 책임을 회피하기보다는, 해결책을 찾는 데 집중하는 것이 바람직하다.

세 번째로 경계해야 할 것은 험담이다. 사무실에서 흔히 발생하는 뒷담화는 일시적으로는 스트레스 해소가 될 수 있을지 모른다. 하지만 이는 결국 부메랑이 되어 자신에게 돌아온다. "말하는 사람은 잠시 후 잊어도 듣는 사람은 오래 기억한다"라는 말을 직장인라면 가슴에 새겨야 한다.

디지털 시대에는 모든 대화가 기록될 수 있다는 점을 명심해야 한다. 메신저나 이메일을 통한 대화도 영구적으로 보관될 수 있으며, 이는 나중에 예기치 않은 문제를 일으킬 수 있다. 따라서 온라인상의 대화에서도 신중한 태도가 필요하다.

네 번째로는 기본을 잊지 마라. 회의 시간에 자주 지각하거나, 마감을 자주 어기거나, 업무 보고를 소홀히 하는 것 등이 여기에 해당한다. 직장생활에서는 시간관리 능력이 핵심 역량으로 인식된다. 약속시간을 지키지 못하거나 마감을 준수하지 못하는 것은 단순한 실수가 아닌, 기본적인 직무 수행 능력의 부족으로 평가될 수 있다. 이는 승진이나 보상에서 불이익을 받을 수 있는 중요한 결점이 된다.

다섯 번째로 경계해야 할 것은 감정적인 대응이다. 순간적인 화를 참지 못하거나, 스트레스를 부적절하게 표출하는 것은 매우 치명적인 약점이 될 수 있다. 한 번의 감정적인 폭발은 그동안 쌓아온 신뢰와 평판을 한순간에 무너뜨릴 수 있으며, 이는 회복하기 어려운 상처를 남길 수 있다.

스트레스가 쌓이는 요즘 직장에서 감정 조절은 더욱 중요해졌다. 업무 강도가 높아지고 경쟁이 치열해질수록 스트레스 상황은 더 자주 발생한다. 이럴 때일수록 감정을 통제하고 전문가다운 태도를 유지하는 것이 중요하다.

직장생활에서는 "묘수를 두기보다는 악수를 두지 말라"라는 격언을 항상 기억할 필요가 있다. 완벽히 합리적이고 논리적인 사람은 거의 없다. 대부분은 편견을 갖고 있거나 생각이 한쪽으로 치우쳐 있기 마련이다. 질투와 선입견, 부러움, 의심, 두려움과 자만심 등으로 우리의 판단은 대부분 흐려져 있다. 불행의 씨앗들을 피하기 위해서는 철저한 자기관리가 필수적이다. 무엇보다 정직을 최우선 가치로 삼아야 한다. 아무리 작은 것이라도 거짓말은 절대 해서는 안 된다.

책임감 있는 행동과 말조심, 기본에 충실하고 감정 조절에 모든 것을 아끼지 말아라. 어떠한 경우라도 실수를 했다면, 이를 솔직히 인정하고 구체적인 해결 방안을 제시하는 것이 장기적으로 더 큰 신뢰를 얻을 수 있다.

실수는 한 번이면 족하다고 했다. 같은 실수를 반복하지 않는 것도 중요하지만, 더욱 중요한 것은 애초에 실수 자체를 하지 않도록 철저히 주의를 기울이는 것이다. 특히 성격이나 태도와 관련된 실수는 돌이킬 수 없는 치명적인 결과를 초래한다는 점을 명심해야 한다.

불행의 씨앗을 절대 심지 말아라. 이는 직장에서 오래 살아남기 위한 첫 번째 계명이다. 당장은 사소해 보이는 행동들이 나중에는 예상치 못한 커다란 불행으로 돌아올 수 있다는 사실을 항상 기억하고 모든 언행에 신중을 기해야 한다. 이는 성공적인 직장생활을 위한 가장 기본적이면서도 핵심이 되는 원칙이다. 세상 만사 심은 대로 뿌린 대로 거둔다.

생각정리

1. 신뢰의 자산 구축

◎ 직장에서 장기적인 신뢰를 쌓기 위해 일상에서 핵심적으로 실천해야 할 것은
무엇일까요?

Ⓐ 나의 생각

2. 공감 찾기

◎ 이 글에서 공감하는 부분은 어떤 것이 있나요?

Ⓐ 나의 생각

💡 작성 팁: 정답은 없습니다. ① 솔직하게 적어보세요. ② 시간을 충분히 가지세요. ③ 동료나 멘토와 함께
이야기를 나누어보는 것도 좋습니다. ④ 3~6개월 후 다시 작성해 보면 변화를 볼 수 있습니다.

변화할 것인가 도태될 것인가

아인슈타인은 "똑같은 일을 비슷한 방법으로 계속하면서 나아지기를 기대하는 것만큼 어리석은 일은 없다"라고 했다. "위험을 전혀 감수하지 않으려는 것이 세상에서 가장 위험한 일"이라고도 했다. 변화하는 세상에서 일하는 자세의 핵심을 짚은 말이다.

한성철·김진영의 《인테러뱅》에 소개된 길들여진 코끼리 이야기는 우리에게 많은 것을 시사한다. 거대한 코끼리가 작은 말뚝과 밧줄에 묶여 있는 이유는 과거의 학습된 무력감 때문이다. 한때는 강력했던 속박이 이제는 단순한 밧줄에 불과하지만, 코끼리는 여전히 그 한계를 넘어서려 하지 않는다. 많은 직장인도 이와 같은 함정에 빠져 있지는 않은지 돌아볼 필요가 있다.

변화를 통하여 기술의 향상과 인력절감을 도모한 사례다. 일개 생산 과장이었던 내가 어떻게 이런 무지막지한 일을 저질렀는지 지금 생각해도 참 신기할 뿐이다. 석유화학의 꽃으로 불리는 나프타 분해설비 및 정제공정까지 전체 공장의 ESD[47] 시스템 완전 자동화를 기획하고 추진했다.

세계 최고의 공장으로 탈바꿈하기 위한 첫걸음으로 세계에서 몇 안 되는 꿈의 공장을 만드는 것이 목표였다.

긴급 가동정지 자동화 시스템 구축의 의미는 공장 가동 중 긴급상황이 발생하는 경우 운전원들은 통제센터Control Room로 들어와서 담배 한 대 피우면서 상황 파악 후 천천히 걸어 나가서 1차적인 주요 부분만 조치하면 되도록 하겠다는 것이었다.

당시 국내 석유화학 업계에서는 생소한 개념이었고, 내부적으로 많은 반대에 부딪혔다. 하지만 끈질긴 설득과 강한 신념, 그리고 부장님의 지지로 끝을 볼 수 있었다. 시스템 설계는 내부 프로세스 엔지니어와 계장Instrument 엔지니어들의 열정과 일본 업체의 벤치마킹을 통해서 완성했다. 투자비는 패널과 타이머 등 잡자재 5천만 원, 설치공사는 자체인력으로 대정비[48] 기간에 마무리 했다. 그 결과 국내 십여 개 대형 공장 중에서 최초로 긴급 가동정지 자동화 시스템을 갖추게 되었다.

일련의 변화 과정을 통해서 얻은 것은 첫째로 자체 엔지니어들의 기술력이 향상되었다. 둘째는 자동화라는 변화에 대한 기술적인 면에서의 자신감, 즉 ESD라는 무시무시한 심적 압박에 대한 자신감이 생겼다. 셋째는 자동화 시스템 도입으로 공장 운영 인력을 획기적으로 줄

47 ESD: Emergency ShutDown, 긴급 가동정지
48 대정비: 2~4년마다 30~40일간 공장가동을 멈추고 정비작업을 실시하는 것

였다. 석유화학공장은 24시간 가동됨으로써 근무체제가 4조 3교대 형태다. 한 개 조에 18명씩 총 72명의 운전원으로 운영되던 공장을 조당 12명으로 운영함으로써 24명의 인원을 감축할 수 있었다. 무려 33%의 인력 절감이 이루어진 것이다.

당시 일본 석유화학공장의 운영 시스템에 대한 벤치마킹을 통해 얻은 많은 정보를 그냥 흘려 보내지 않고 우리 공장에 적용할 수 있는 것은 차례로 하나씩 도입해 나갔다. 대형 밸브의 자동화 또는 리모트화, 촉매나 건조제 등의 재생 시스템 자동화에 투자를 감행한 용기는 변화에 적응한 하나의 사례로 후배들에게도 큰 영향을 주었다.

앨런 웨이스Alan Weiss & 마셜 골드스미스Marshall Goldsmith는 《라이프 스토밍》에서 단순한 행동 변화를 넘어 삶의 변화lifestorming를 추구해야 한다고 주장한다. 같은 강물에 두 번 발을 담글 수 없다는 그리스 철학자 헤라클레이토스의 말을 빌려 하나의 목표를 달성하면 또 다른 목표가 나타나는 것이 인생의 본질이라고 설명한다. 변화는 흐르는 물과 같아서 쉬지 않고 지속적으로 일어나며, 우리는 그 변화에 끊임없이 적응해야 한다.

변화는 우리의 성장과 발전을 이끄는 원동력이다. 변화가 없다면 발전도 없고 성장도 없다. 아프고 나서야 건강의 소중함을 알게 되고, 없어 보고 나서야 그 가치를 깨닫게 되는 것처럼, 변화는 때로 불편하고 고통스럽지만 우리를 성장시키는 엔진이 된다.

성공적인 직장생활을 위해서는 변화에 능동적으로 대응하는 전략이 필요하다. 첫째, 끊임없이 배우는 자세가 필요하다. 새로운 기술,

트렌드, 업무 방식에 대한 관심과 학습이 필요하다. 둘째, 작은 변화부터 시도해야 한다. 큰 변화는 작은 변화들의 축적에서 시작된다. 셋째, 두려움을 극복해야 한다. 변화는 필연적으로 불확실성과 위험을 동반하지만, 그것을 피하는 것이 더 큰 위험이 될 수 있다.

직장인은 늘 깨어 있어야 한다. 변화의 흐름을 읽고, 올바른 방향을 설정하며, 끊임없이 도전하는 자세가 필요하다. 조선후기 다산 정약용은 당시 사신들이 중국에 드나들면서 사치스러운 물건들에나 신경쓰고 정작 필요한 농기구나 기타 선진 기술에 관한 정보에는 관심이 없다고 한탄했다. 이러한 현실 인식이 다산을 위대한 실학자로 만들었듯, 우리도 변화의 본질을 꿰뚫어 보아야 한다.

우리에게는 두 가지 선택이 있다. 변화를 읽고 그것을 주도할 것인가, 아니면 변화를 비켜서서 도태될 것인가. 그 결과는 확연히 다르게 나타날 것이다. 성공적인 직장생활을 위해서는 변화를 두려워하지 말고, 오히려 그것을 기회로 삼아야 한다. 변화에의 대응은 마치 서핑을 하는 것과 같다. 파도를 피하기보다는 파도를 타고 나아가는 법을 배워야 한다.

변화는 때로 실패를 동반한다. 하지만 실패가 두려워 변화를 거부하는 것은 더 큰 실패를 자초하는 것이다. 토마스 에디슨이 전구를 발명하기까지 수천 번의 실패를 겪었듯이, 변화의 과정에서 겪는 실패는 성공을 향한 디딤돌이 된다.

변화관리에서 중요한 것은 속도와 방향이다. 너무 빠른 변화는 조직의 피로도를 높이고, 너무 느린 변화는 시장 경쟁력을 잃게 만든다.

올바른 방향이 없는 변화는 조직을 되레 혼란에 빠뜨릴 수 있다.

미래학자 앨빈 토플러Alvin Toffler는 "21세기의 문맹은 읽고 쓸 줄 모르는 사람이 아니라, 배우고 수용하고 다시 배우는 것을 모르는 사람이 될 것"이라고 말했다. 이는 변화하는 시대에 적응하지 못하는 것이 새로운 형태의 문맹이 될 수 있다는 경고이다.

변화는 위기이자 기회이다. 코로나19 팬데믹은 전 세계적으로 큰 혼란을 가져왔지만, 동시에 디지털 전환을 가속화하고 새로운 비즈니스 모델을 창출하는 계기가 되었다. 이처럼 위기 상황은 새로운 기회를 발견하고 혁신을 이루는 촉매제가 된다.

변화관리의 핵심은 사람이다. 아무리 좋은 시스템과 프로세스를 도입하더라도, 이를 운영하는 것은 결국 사람이다. 따라서 구성원들의 마인드셋 변화와 역량 개발이 변화관리의 성공을 좌우한다.

변화는 성장과 도태의 갈림길이다. 승자와 패자를 가르는 중심에는 늘 변화가 있다. 피할 수 없는 시대의 흐름인 변화를 두려워하고 거부하기보다는, 적극적으로 대응하고 주도해야 한다. 변화는 성장의 원동력이자 새로운 기회를 창출하는 원천이다. 변화에 적극 대응해 더 나은 미래를 만들어 가는 것은 모든 직장인의 과제다.

생각정리

1. 변화 대응의 필요성

◎ 길들여진 코끼리가 되지 않기 위해서 당장 할 수 있는 것은 무엇이 있나요?

Ⓐ 나의 생각

2. 공감 찾기

◎ 이 글에서 공감하는 부분은 어떤 것이 있나요?

Ⓐ 나의 생각

💡 작성 팁: 정답은 없습니다. ① 솔직하게 적어보세요. ② 시간을 충분히 가지세요. ③ 동료나 멘토와 함께
이야기를 나누어보는 것도 좋습니다. ④ 3~6개월 후 다시 작성해 보면 변화를 볼 수 있습니다.

4.7

부드러움이 단단함을 이긴다

"강한 사람이 살아남는 것이 아니라 살아남는 자가 강하다."

흔히 인용되는 이 말은 직장생활의 본질을 정확히 꿰뚫는다.

최효진은 《유능제강》이라는 저서에서 직장에서 생명력이 강한 사람들의 비밀을 탐구했다. 평범해 보이는 인물이 뛰어난 인재들이 제거되는 와중에도 살아남아 임원까지 오르는 비결에 의문을 품었다. 해답은 '유능제강'이었다. 이는 노자의 도덕경에서 유래한 말로, '부드러움이 강함을 이긴다'는 의미를 담고 있다.

조직에서는 종종 새로운 변화나 정책이 도입될 때 날카롭게 따지고 비판하기를 좋아하는 사람들이 있다. 하지만 이런 사람들은 대개 환영받지 못한다. 설령 지적이 옳다 하더라도, 방식이 너무 강경하면 오히려 역효과를 낳는다. 부서원들의 단합대회를 예로 들어보면, 장소나 식사 메뉴 같은 세부사항보다 구성원들 간의 소통과 이해라는 본질적 목적이 더 중요하다.

고위 임원이나 CEO까지 오른 사람들의 특징을 살펴보면 흥미로운 점을 발견할 수 있다. 그건 실력만으로 그 자리에 오른 것은 아니라는 사실이다. 스펙이나 학벌은 입사 시점에서는 중요할 수 있지만, 그 이후에는 큰 의미가 없다. 오히려 너무 똑똑하고 유능한 사람들 중 상당수가 중간에 탈락하는 경우가 많다. 그들은 대개 자기주장이 강하고 타인을 배려하는 따뜻함이 부족하기 때문이다.

고대 병서 군참은 이렇게 말한다. "부드러움은 강함을 제어하고, 약함이 강함을 제어한다. 부드러움은 덕이고 강함은 적이다. 약함은 사람들의 도움을 받고 강함은 사람들의 공격을 받는다." 조직생활에서도 그대로 적용되는 말이다.

최효진은 직장생활에서 가장 큰 어려움은 연봉이나 승진이 아닌 '사람과의 갈등'이라고 지적한다. 그는 조직에서 발생하는 갈등의 유형을 다섯 가지로 분류했다. 나잘난형, 속사포형, 완전무결형, 권위주의형, 나몰라형이 그것이다. 각각의 유형에 대처하는 방법은 다르지만, 공통적으로 중요한 것은 부드러운 접근 방식이다.

직장생활을 하면서 많은 사람들이 독설가에 시달린 경험이 있을 것이다. 과거나 현재나 지위를 이용하여 아래 직원들의 자존심을 깡그리 뭉개버리는 상사들이 더러 있다. 업무와 관련된 것으로 꾸지람을 듣거나 조금 심하게 욕을 먹더라도 이해는 간다. 그러나 일과 전혀 관계없이 개인적인 것을 거론하는 것은 참기 힘들다.

이쯤 되면 싸한 분위기에 김 대리는 말도 못하고 위축되지만 속으로는 불만이 눈덩이처럼 쌓이고 쌓인다. 모든 것을 부정적으로만 바라보고 입만 열면 비난과 질책만 일삼는 것을 스기모토는 독설가의 습성 탓이라고 했다.

커뮤니케이션 전문가 스기모토 요시아키는 《싸우지 않고 이기는 대화법》에서 독설가를 다루는 방법을 제시한다. 그의 핵심 조언은 인정이다. 마치 개가 본능적으로 낯선 이에게 짖는 것처럼, 독설가의 행동도 하나의 습성으로 이해하고 받아들이라는 것이다. 맞서 싸우는 것이 아니라, 부드럽게 수용하고 인정하는 것이 오히려 더 강력한 대응이 될 수 있다.

노자는 물의 속성을 예로 들어 이를 설명한다. "이 세상에서 물보다 더 부드럽고 약한 것은 없다. 그렇지만 굳고 강한 것을 치는 데 물보다 나은 것은 없다." 물은 형체가 없지만 어떤 그릇에도 자신을 맞출 수 있고, 부드럽지만 바위도 깎아낼 수 있는 힘을 가지고 있다. 그러니 노자는 상선약수上善若水, 즉 최고의 선은 물과 같다고 했다.

직장생활에서 성공하고 오래 살아남기 위해서는 유능제강의 원리를 깊이 이해해야 한다. 자신의 형체를 고집하지 않고 상황에 맞춰 유연하게 대응하되, 본질적인 가치는 잃지 않는 물과 같은 지혜가 필요하다. 컵에 담기면 컵의 모양이 되고, 주전자에 담기면 주전자의 모양이 되는 물처럼, 상황에 맞게 자신을 적응시킬 수 있어야 한다.

직장에서 진정한 강함은 단단함이 아닌 부드러움에서 나온다. 끝까지 살아남는 사람들의 공통점은 바로 이 부드러움의 이해와 실천이다. 그들은 자신의 견해나 입장을 고집하기보다는 다른 상황 인식을 이해하고 수용하며, 그 속에서 자연스럽게 영향력을 발휘한다.

관리자의 유연성은 조직의 갈등관리에서도 핵심이다. 갈등 발생 시 강경한 태도로 상대방을 제압하면 일시적인 승리는 얻을 수 있을지 몰라도 장기적으로는 관계가 악화되고 더 큰 문제가 발생할 수 있다. 반면, 상황을 유연하게 받아들이고 상대방의 입장을 이해하며 해결책을 모색하면 갈등을 건설적인 방향으로 해결할 수 있다.

효과적인 소통은 상대방의 마음을 여는 것에서 시작된다. 강압적이고 일방적인 소통은 방어적인 태도를 유발하고 진정한 대화를 어렵게 만든다. 반면, 이해와 공감을 바탕으로 한 소통은 상대방의 마음을 열게 하고 진정한 대화를 가능하게 한다. 어려운 메시지를 전달할 때는 더욱 세심한 접근이 필요하다.

갈등 상황에서는 유연한 대처가 더욱 중요하다. 강한 태도로 맞서면 갈등이 더욱 악화되지만, 상황을 유연하게 받아들이며 대화하면 해결의 실마리를 찾을 수 있다. 이는 유도에서 상대방의 힘을 역이용하여 제압하는 것과 같은 원리이다. 상대방의 공격적인 태도를 정면으로 맞받아치는 대신, 그 에너지를 수용하고 활용하는 것이다.

합리적인 의사결정을 위해서도 포용적인 자세가 필요하다. 자신의 의견을 강하게 주장하기보다는, 다른 구성원들의 의견을 경청하고 수용하면서 합의를 이끌어내는 것이 더 좋은 결과를 가져온다. 이는 시간이 더 걸릴 수 있지만, 결정된 사항에 대한 구성원들의 지지를 이끌어 실행력을 크게 높일 수 있다.

고객관리에서도 유연한 접근이 중요하다. 고객의 불만이나 요구사항을 강압적으로 무시하거나 거부하는 것은 장기적으로 고객 관계를 해친다. 대신 고객의 입장을 이해하고 공감하면서 적절한 해결책을 찾아가는 것이 더 효과적이다.

결국 조직생활에서 성공의 핵심은 상황을 읽고 유연하게 대처하는 능력에 있다. 이는 단순히 타협하거나 굴복하는 것이 아니라, 마치 물처럼 자연스럽게 흐르면서도 목표를 향해 꾸준히 나아가는 지혜를 의미한다. 조직의 리더들은 이러한 원리를 깊이 이해하고 실천함으로써, 구성원들과 함께 성장하고 발전하는 조직을 만들어갈 수 있다.

조직의 성공은 구성원들 간의 조화로운 협력에 달려있다. 조직은 역량과 개성을 존중하면서도 공동의 목표를 향해 함께 나아가는 균형 잡힌 접근이 필요하다. 부드러움이 강함을 이긴다는 '유능제강'은 건강한 조직문화에 필수적인 조건이며, 조직원 개개인이 갖춰야 할 덕목이다. 부드러움으로 이기고 덕으로 이기는 사람이 진정으로 강한 자다.

생각정리

1. 부드러운 리더십의 힘

◎ 직장에서 강한 리더십보다 부드러운 리더십이 더 효과적인 이유는 무엇일까요?

Ⓐ 나의 생각

2. 공감 찾기

◎ 이 글에서 공감하는 부분은 어떤 것이 있나요?

Ⓐ 나의 생각

💡 작성 팁: 정답은 없습니다. ① 솔직하게 적어보세요. ② 시간을 충분히 가지세요. ③ 동료나 멘토와 함께 이야기를 나누어보는 것도 좋습니다. ④ 3~6개월 후 다시 작성해 보면 변화를 볼 수 있습니다.

꿈이 이루어지는 기록의 마법

기억은 시간이 지날수록 흐려지지만, 기록은 영원히 남는다.

이는 인류의 오랜 역사가 증명하는 명백한 진리이다. 플라톤은 자신의 저서 《파이드로스》[49]에서 "기록은 우리의 기억을 외부에 보존하여 망각을 치료하는 방법"이라고 했으며, 로마의 철학자 세네카는 "우리가 읽은 것을 기록하지 않으면, 그것은 사라질 것이다"라고 강조했다.

레오나르도 다빈치는 기록의 의미를 완벽하게 보여주는 역사적 인물이다. 그는 평생 동안 약 7,200페이지에 달하는 방대한 노트를 남겼다. 여기에는 비행기와 잠수함 같은 미래의 발명품 스케치부터 정교한 해부학 연구, 예술 작품의 상세한 구상까지 다양한 내용이 담겨 있다.

조선 시대는 세계사에서도 유례를 찾기 힘들 정도로 체계적이고 방

---

49 파이드로스Phaedrus: 기원전 4세기경 플라톤이 저술한 대화편으로, 소크라테스와 파이드로스라는 젊은이가 아테네 교외를 산책하며 사랑, 수사학, 영혼, 아름다움 등에 관해 대화

대한 기록문화를 자랑한다. 그 중심에는 《조선왕조실록》이 있다. 조선 시대 왕의 비서실 역할을 했던 승정원의 일상 기록인 《승정원일기》, 그리고 왕실의 주요 의례와 행사의 전 과정을 그림과 함께 상세히 기록한 《의궤》가 있다. 우리는 그 기록으로 조선의 역사를 들여다본다.

기록은 국가나 공공기관, 기업뿐만 아니라 개인의 성장과 발전에 있어 핵심적인 역할을 한다. 개인의 기록은 자기성찰과 성장의 도구로서 특별한 가치를 지닌다. 일기나 개인 저널을 통해 자신의 감정과 생각을 정리하면서 자아를 더 깊이 이해하게 되고, 이는 정서적 안정과 자기 발전으로 이어진다. 또한 자신의 실수와 성공 경험을 기록함으로써 더 나은 의사결정을 내릴 수 있게 된다.

특히 개인의 기록은 다음과 같은 측면에서 중요한 가치를 지닌다. 첫째, 자기 인식의 도구로서 기록은 우리의 생각과 감정을 객관화하여 볼 수 있게 해준다. 매일의 기록을 통해 자신의 행동 패턴과 사고 방식을 파악하고, 이를 통해 개선이 필요한 부분을 발견할 수 있다.

둘째, 목표 달성을 위한 동기부여와 진척도 확인에 있어 기록은 필수적이다. 구체적인 목표와 실행 계획을 작성하고 정기적으로 검토하는 것은 목표 달성의 확률을 크게 높인다.

셋째, 개인의 지식관리 시스템으로서 기록은 학습 효과를 극대화한다. 독서 노트, 학습 일지, 업무 일지 등을 통해 얻은 지식과 경험을 체계화하고 이를 실제 상황에 적용할 수 있게 된다.

기록의 중요성을 강조하는 자기계발서는 널려있다. 특히 목표를 쓰기만 해도 이루어진다고 하는 저자들도 많다. 브라이언 트레이시Brian

Tracy는 "기록된 목표는 소망을 의지로, 불가능을 가능으로, 꿈을 계획으로, 그리고 계획을 현실로 바꾸는 힘이 있다"라고 했다.

나폴레온 힐Napoleon Hill은 《생각하라 그러면 부자가 되리라》에서 성공한 사업가 500명 이상의 습관을 연구한 결과, 명확한 목표를 종이에 써서 매일 읽는 것이 성공의 핵심 요소라고 밝혔다.

이지성은 《꿈꾸는 다락방》에서 목표를 구체적으로 적어두는 것이 성취의 첫걸음이라며 많은 성공한 사람들의 공통된 습관으로 기록을 꼽았다.

〈적으니까 보이더라고요〉의 '캐스터북스Casterbooks'라는 유튜브 운영자는 '아! 맞다, 이거다' 했다가도 기억력이 좋지 않아 까먹고 있다가 갑자기 생각나서 '아! 맞다, ㅇㅇ해야지' 하곤 했는데 무조건 기록하면서 깜빡 잊는 것이 없어져서 뭘 해야 할지를 알게 되었다고 했다.

기록을 하면 정리가 되니 머리가 덜 복잡하고 여유가 생긴다. 일의 효율성도 크게 높아진다. '캐스터북스' 운영자의 이야기는 뭔가를 기록하고 정리하는 것이 사람을 바꾸고 인생을 바꾼다는 것을 보여주는 사례이다. 기록은 사람의 운명조차 바꾼다고 했다.

개인의 성장 사례를 보면 기록의 힘은 더욱 분명해진다. 한 대학생은 자신의 학습 과정과 시행착오를 꾸준히 기록함으로써 효과적인 학습 방법을 발견하고 성적을 크게 향상시켰다. 또 다른 예로, 한 직장인은 매일의 업무 성과와 실수를 기록하면서 자신의 강점과 약점을 명확히 파악하고 이를 바탕으로 커리어 계획을 수립할 수 있었다.

한 직장인은 3년간의 업무 일지 작성을 통해 자신만의 업무 매뉴얼을 완성했고, 이는 승진에 큰 자산이 되었다. 한 작가 지망생은 10년간의 독서 노트가 첫 소설을 쓰는 데 결정적인 도움이 되었다고 했다.

업무 현장에서의 기록은 실수를 줄이고 효율성을 높이는 데 큰 도움이 된다. 한 IT기업의 프로젝트 매니저는 "모든 회의 내용과 의사결정 과정을 상세히 기록함으로써, 프로젝트 진행 중에 발생할 수 있는 혼선을 최소화할 수 있었다"라고 말한다.

디지털 시대의 기록은 더욱 진화하고 있다. 특히 정보의 구조화와 연결성 측면에서 디지털 도구의 강점이 두드러진다. 이러한 디지털 기록 도구들은 정보의 검색, 분류, 공유를 훨씬 더 효율적으로 만들어주고 있다.

제텔카스텐Zettelkasten[50] 방식은 디지털 기록의 대표적 예시이다. 독일의 사회학자 니클라스 루만Niklas Luhmann이 개발한 이 메모 시스템은 개별 노트들을 유기적으로 연결하여 새로운 통찰을 얻는 방법으로, 그의 놀라운 학문적 생산성의 핵심 비결이 되었다.

이 시스템의 핵심은 각각의 메모를 독립적인 단위로 작성하고, 이들 사이의 연결고리를 만들어 새로운 아이디어를 발견하는 것이다. 현대의 많은 디지털 노트 애플리케이션이 이 원리를 차용하고 있다.

최근에는 AI를 결합한 새로운 형태의 기록 방식이 등장했다. AI는 키워드 추출, 자동 분류, 연관 정보 추천 등을 통해 기록의 가치를 한층 높여주고 있다. 이는 단순한 메모에서 벗어나 지식의 체계적 축적

---

50 제텔카스텐은 독일어로 메모 상자를 의미하며, 20세기 독일의 사회학자 니클라스 루만이 개발한 노트 정리 시스템으로, 저서 58권, 논문 550편의 성과 달성

과 재생산이 가능해졌음을 의미한다.

철학자 비트겐슈타인Ludwig Wittgenstein[51]은 "기록이 곧 사고다"라고 했다. 그의 말처럼 체계적인 기록은 우리의 사고를 명확히 하고 발전시키는 가장 효과적인 도구이다. 기록의 가치는 단순한 경험이나 직관의 영역을 넘어 과학적 연구와 실제 사례를 통해 명확히 입증되고 있다.

디지털 전환과 AI의 발전으로 기록의 방식은 더욱 진화하고 있으며, 그 효용성은 더욱 커지고 있다. 이제 우리에게 필요한 것은 각자의 상황과 목적에 맞는 효과적인 기록 시스템을 구축하고, 이를 지속적으로 실천하는 것이다. 체계적인 기록은 개인과 조직의 성장을 위한 가장 강력한 도구가 될 것이다. 기록하면 꿈이 이루어진다.

기록은 단순히 정보를 저장하는 것을 넘어서 우리의 사고를 확장하고 삶을 변화시키는 강력한 도구이다. 개인의 성장과 발전을 위해 지금 바로 기록을 시작해 보는 것은 어떨까. 작은 메모 하나가 당신의 인생을 바꾸는 시작점이 될 수 있다.

---

51 루트비히 비트겐슈타인1889-1951은 20세기의 가장 영향력 있는 철학자 중 한 명

생각정리

1. 목표와 기록

◎ 내가 이루고 싶은 구체적인 꿈은 무엇이며, 그것을 위해 오늘부터 무엇을 기록하면 좋을까요?

Ⓐ 나의 생각

2. 공감 찾기

◎ 이 글에서 공감하는 부분은 어떤 것이 있나요?

Ⓐ 나의 생각

🔅 작성 팁: 정답은 없습니다. ① 솔직하게 적어보세요. ② 시간을 충분히 가지세요. ③ 동료나 멘토와 함께 이야기를 나누어보는 것도 좋습니다. ④ 3~6개월 후 다시 작성해 보면 변화를 볼 수 있습니다.

5장

살아남는 직장인 뭐가 다른가

실력만이 유일한 생존전략이다

"실력은 속일 수 없는 진실이다."

애플의 창업자 스티브 잡스Steve Jobs는 직장인 최고의 카드는 바로 '실력'이라고 말한다. 직장생활 초기 몇 년은 요령과 열정만으로 버틸 수 있을지 모른다. 하지만 5년, 10년을 내다보는 장기적 관점에서는 실력만이 유일한 생존 전략이다.

실력이란 무엇일까? 맥킨지의 연구에 따르면, 직장에서의 실력은 크게 네 가지 영역으로 구분된다. 첫째는 업무 전문성으로, 자신의 분야에 대한 깊이 있는 지식과 경험이다. 둘째는 문제해결 능력으로, 복잡한 상황에서 최적의 해결책을 찾아내는 능력이다. 셋째는 의사소통 능력으로, 자신의 생각을 효과적으로 전달하고 다른 사람의 의견을 이해하는 능력이다. 마지막은 리더십으로, 팀을 이끌고 조직의 목표를 달성하는 능력이다.

글로벌 컨설팅 기업 딜로이트의 조사에 따르면, 입사 5년 차 이상 직장인들 중 상위 20%가 보여주는 특징은 바로 이러한 종합적인 실력이었다. 이들은 단순히 주어진 업무만 잘하는 것이 아니라 문제의 본질을 파악하고, 효과적으로 소통하며, 팀원들과 협력하여 더 나은 결과를 만들어냈다.

말콤 글래드웰Malcolm Gladwell은 《아웃라이어》에서 어떤 한 분야에서 진정한 전문가가 되기 위해 필요한 매직넘버로 '1만 시간의 법칙'을 소개하고 있다. 이는 보통 사람의 범위를 뛰어넘는 세계적인 스포츠 선수, 피아니스트, 소설가, 작곡가 등에서 확인된 공통점이다.

1만 시간은 하루 세 시간씩 10년간 연습한 시간이다. 어느 분야이든 전문가가 되려면 10년간은 집중적으로 갈고닦아야 한다는 것이다. 최고 중의 최고는 그냥 열심히 하는 게 아니라 집중적으로 열심히 하는 연습벌레들이다. 직장에서도 탁월성을 인정받으려면 복잡한 업무를 능숙하게 처리해야 한다. 그러기 위해서는 최소한의 집중과 경험이 필요하다. 실력을 쌓는 과정은 결코 쉽지 않다. 구글의 전 CEO 에릭 슈미트Eric Emerson Schmidt는 "실력은 하루아침에 만들어지지 않는다. 매일의 작은 진전이 모여 큰 차이를 만든다"라고 했다. 어떤 분야에서 전문가가 되기 위해서는 최소 1만 시간의 의식적인 훈련이 필요하다.

실력을 쌓기 위한 구체적인 방법들은 다양하다. 무엇보다 일상적인 업무에서 학습의 기회를 찾아야 한다. 매주 금요일에 한 주간의 업무를 정리하고 배운 점을 기록하는 것만으로도 큰 차이가 날 수 있다. 관련 자격증이나 학위를 취득하고, 산업 동향을 꾸준히 파악해 새로운 트렌드를 학습하면 전문성이 크게 높아진다. 다양한 프로젝트 경험을 통해 실전 능력을 키우는 것도 중요하다.

《백만불짜리 습관》의 저자 브라이언 트레이시는 '왜 어떤 사람은 성공하고 어떤 사람은 실패할까'를 스스로에게 물었다. 성공적인 세일즈맨에게 묻고, 판매에 관한 책과 논문을 찾아 읽고, 인과의 법칙을 찾아내어 일에 적용하였다. 걸을 땐 녹음 테이프를 들었고, 모든 판매 세미나에 참석했다.

그가 찾아낸 답은 간단하고 명료하다. 성공하는 사람들은 자신이 원하는 목표와 그것을 이루는 방법에 집중한다. 반면 실패하는 사람들은 불평과 핑계에 시간을 허비한다. 보통 사람도 평생학습 습관을 기르면 집에서 매일 밤 TV를 보는 천재를 이길 수 있다. 실력으로 승부하려면 평생학습의 자세로 자신을 끊임없이 발전시켜야 한다.

그는 성공하는 직장인의 학습 습관으로 세 가지를 추천했다. 매일 독서하는 습관으로 자신의 삶을 변화시키고, 관련 분야의 세미나와 강연에 적극 참여해 전문가들의 경험과 노하우를 배워 이를 자신의 업무에 적용하고, 출퇴근이나 운동할 때 오디오 프로그램유튜브을 활용하라는 것이다.

4차 산업혁명 시대에는 기존의 지식과 경험이 빠르게 진부화된다. 따라서 끊임없이 새로운 것을 배우고 실력을 연마하는 자세가 그 어느 때보다 중요해졌다.

실력을 쌓는 과정에서 중요한 것은 의식적인 연습이다. 단순히 시간을 투자하는 것이 아니라, 구체적인 목표를 설정하고 피드백을 받으며 개선해 나가는 과정이 필요하다. 예를 들어, 프레젠테이션 능력을 향상시키고 싶다면, 매번 발표 후에 동료들의 피드백을 받고 이를 다음 발표에 반영하는 식이다.

요령이나 빠른 성과에 대한 집착은 정석이 아닌 편법이다. 장기적인 관점에서 자신의 실력을 차근차근 쌓아가는 것이 진정한 경쟁력이다. 워렌 버핏도 말하지 않았던가. "시간은 실력 있는 사람의 편"이라고. 꾸준한 노력과 학습을 통해 실력을 쌓아가는 게 직장 생존과 성공을 보장하는 가장 확실한 자산이 된다. 실력은 남의 눈에 띄고, 결국 쓰임이 있기 마련이다.

석유화학공장의 입사 2년 차 신입사원 때의 일이다. 생산과 소속으로 공정 업무를 담당하고 있던 중 계급이 높디높으신 차장님께서 숙제를 주셨다. 생산라인 공정 중 한 타워Column의 위쪽으로 나가는 스트림의 물질 성분 조성에 변화를 주려면 온도나 압력 등의 운전 조건들을 어떻게 변화시켜야 하는지 계산해 보라는 것이었다.

처음엔 화학 공식들 중 상평형 공식을 적용하면 될 것으로 간단히 생각했다. 그런데 생각했던 방법으로 풀어보려 덤볐더니 아니었다. 그리 간단하게 계산될 거였으면 우리나라 최고의 대학 화학공학을 전공하신 차장님께서 나의 계산 능력을 테스트하려고 하신 것도 아닐 테고… 여하튼 눈앞이 캄캄했다.

모두 퇴근하고 혼자 사무실에 남아 있는데 과장님 책상 위에 메모용 노트가 펼쳐 있었다. 슬쩍 훔쳐보니 과장님도 같은 문제를 풀려고 시도하다가 내가 꽉 막힌 딱 그 부분에서 더 나가지 못한 듯했다. 과장님도 차장님도 풀지 못하는 고차원의 문제라는 생각이 드니 절로 안도의 한숨이 나왔다. 설령 신입사원인 내가 풀어내지 못해도 잠시 머리나 긁적이고 죄송하다고 하면 그냥 지나갈 수도 있겠다는 생각이 들었다.

퇴근 후 집에서 대학 시절 배웠던 전공책을 펼쳐놓고 숙제에 맞을 법한 공식을 찾아보았다. 그러다가 한 공식을 적용하여 계산을 해보았는데 낚싯대에 대어가 물린 느낌이었다. "어! 풀렸다 풀렸어!!" 결과들을 모눈종이에 그래프로 그려 보니 그럴싸하게 그림이 나왔다[52].

이 사례는 단지 아주 작은 하나의 계산 능력일 뿐이다. 화학 공장이라 하지만 고차원적인 계산이 자주 필요하지 않다. 대부분 상식적인 사칙이면 다 통한다. 직장에서 실력이라 함은 앞서 언급한 것들을 경험 과정에서 하나씩 쌓아 가는 것이다.

직장생활의 핵심은 실력이다. 실력 없이 쌓아 올린 것들은 잔바람에도 무너지는 사상누각일 뿐이다. 실력은 갈고닦은 시간의 결과다. 직장생활을 오래 하고 싶으면 실력이라는 토대를 단단히 해야 한다.

---

52 당시는 컴퓨터 도입 전이어서 일일이 수작업을 해야 했다.

생각정리

1. 1만 시간의 법칙

◎ 나에게 1만 시간의 법칙을 적용할 만한 것으로 무엇이 있나요?

Ⓐ 나의 생각

2. 공감 찾기

◎ 이 글에서 공감하는 부분은 어떤 것이 있나요?

Ⓐ 나의 생각

💡 작성 팁: 정답은 없습니다. ① 솔직하게 적어보세요. ② 시간을 충분히 가지세요. ③ 동료나 멘토와 함께 이야기를 나누어보는 것도 좋습니다. ④ 3~6개월 후 다시 작성해 보면 변화를 볼 수 있습니다.

적절한 자랑은 존재감을 높인다

포장도 기술이고 능력이다. 포장술은 선물의 가치를 높이고 받는 자의 기분도 좋게 만든다. 그런 점에서 포장은 콘텐츠의 한 부분이다.

요즘은 포장 기술이 날로 발전하고 있다. 어떨 때는 속에 들은 선물보다 포장이 더 마음에 들어 뜯기가 아까울 때가 있다. 사람도 마찬가지이다. 직장에서 잘나가려면 실력은 물론이지만 적당한 포장 기술이 필요하다.

자신을 적당히 포장할 줄 아는 사람이 더 인정받는다. 능력만큼 인정을 받지 못한다면 무언가가 부족하다는 뜻이다. 인정받는 직장인으로 성장하는 것은 모두가 안고 있는 과제다.

같은 일을 하고도 어떤 사람은 인정받지 못하고, 어떤 사람은 고과를 잘 받고 심지어는 특진까지 한다. 자기 PR에 능한 사람은 조그만 성과에도 높은 사람까지 동원하여 축하행사와 세리머니를 하고 기념선물을 돌리며 상까지 받는 걸 보면서 신기하다는 생각을 한 적이 있다. 하지만 그것 또한 능력이라는 걸 후에야 깨달았다.

체계적이고 전략적인 자기 PR은 직장에서 능력을 인정받는 핵심 요소이다. 성과를 만드는 것만큼이나 그것을 효과적으로 알리는 것도 중요하다. 세계적인 투자자 워렌 버핏은 "당신의 평판을 쌓는 데는 20년이 걸리지만, 그것을 망치는 데는 5분이면 충분하다"라고 했다. 이는 자기 PR의 중요성과 위험성을 동시에 보여주는 말이다.

하버드 비즈니스 스쿨의 연구에 따르면, 동일한 성과를 내더라도 이를 효과적으로 커뮤니케이션하는 직원이 그렇지 않은 직원보다 승진 확률이 35% 더 높았다. 이는 성과의 창출만큼이나 그것을 효과적으로 알리는 것이 중요하다는 것을 보여준다.

효과적인 커뮤니케이션은 단순히 말을 잘하는 것이 아니다. 적절한 시기에, 적절한 방식으로, 적절한 내용을 전달하는 것이 핵심이다. 이는 전문성과 신뢰성을 동시에 보여줄 수 있는 중요한 수단이 된다.

글로벌 컨설팅 기업 A사의 한 컨설턴트는 자신의 경험을 이렇게 공유했다. "신입 시절, 6개월간 진행한 프로젝트에서 클라이언트의 비용을 20% 절감했다. 하지만 이 성과를 제대로 알리지 못했다."

이러한 경험은 많은 직장인이 공감할 수 있는 상황일 것이다. 뛰어난 성과를 내고도 그것을 적절히 알리지 못해 적절한 평가를 받지 못하는 경우가 빈번하게 발생한다.

반면 같은 팀의 동료는 15% 절감 성과를 주간 보고서, 팀 미팅, 그리고 연말 평가에서 구체적인 데이터와 함께 지속적으로 공유해 결과적으로 더 빠른 승진을 했다. 이는 직장에서 적절한 자기 PR이 얼마나 중요한지를 일깨우는 사례다.

구글의 전 인사담당자 라즐로 복은 "성과의 어필은 예술이다"라고 했다. 이는 단순히 성과를 나열하는 것이 아니라, 그것을 효과적으로 전달하는 방법의 중요성을 강조한 것이다. 성과의 홍보도 예술처럼 정교해야 한다는 의미다.

최근 한 채용 면접에서의 일화는 '성과의 어필은 예술이다'라는 말을 실감나게 한다. 두 지원자는 비슷한 프로젝트 경험이 있었다. 첫 번째 지원자는 "저는 성공적으로 프로젝트를 완료했다"라고만 말했지만, 두 번째 지원자는 "6개월간 5명의 팀원들과 협력하여 고객 만족도를 85%에서 93%로 향상시켰고, 이는 업계 평균보다 15%포인트 높은 수치이다"라고 구체적으로 설명했다. 결과적으로 두 번째 지원자가 채용되었다.

이러한 차이는 단순히 표현력의 차이가 아니다. 성과를 바라보는 관점과 그것을 전달하는 방식의 차이를 보여주는 것이다. 자기 PR에서 구체적인 수치와 비교 가능한 지표를 활용하는 것이 얼마나 중요한지를 잘 보여주는 사례이다.

자랑과 포장 기술이 부족했던 나로선 프로젝트 보고서를 작성하면 적절하게 대면 보고를 종종 하라고 권하고 싶다. 정식 보고 자리가 아닌 함께 식사할 때라든가 이런저런 기회가 있을 때마다 간단히 언급하는 것도 좋을 듯하다.

이렇게 자주 또는 종종 언급하고 보고하는 과정에서 그 프로젝트나 업무에 대한 추진 과정에서의 어려운 점을 극복해 가는 과정이나 중요성을 알릴 수 있고, 열심히 하고 있다는 공감을 얻어 낼 수도 있을 것이다.

조직 내에서 자신의 업무 가치를 인정받기 위해서는 문서상의 보고만으로는 부족할 때가 많다. 특히 직관적인 의사소통을 선호하는 관리자들에게는 간략하게 현재 진행 상황과 성과를 대면으로 설명하는 것이 효과적이다. 이러한 비공식적 보고는 상사에게 업무의 진행 상황을 자연스럽게 각인시키는 동시에, 문서로는 표현하기 어려운 노력과 열정을 전달할 수 있는 좋은 기회가 된다.

또한 이러한 접근법은 업무에 대한 피드백을 즉각적으로 받을 수 있는 장점도 있다. 공식 보고서에 대한 반응은 형식적이거나 지연되는 경우가 많지만, 대면 보고는 상사의 즉각적인 의견과 방향성을 파악할 수 있다.

무엇보다 중요한 것은 이러한 방식이 단순한 업무 보고를 넘어 신뢰 관계를 구축하는 기회가 된다는 점이다. 일의 진행 과정에서 겪는 어려움과 그것을 극복하는 과정을 공유함으로써, 단순한 결과물 이상의 가치를 인정받고 장기적으로 조직 내에서 자신의 역량을 효과적으로 증명할 수 있다.

MIT 슬론 경영대학원의 연구진은 과도한 자기 홍보의 위험성에 대한 흥미로운 연구 결과를 발표했다. 자신의 성과를 너무 자주, 또는 과도하게 강조하는 직원들은 오히려 동료들의 신뢰가 낮았다는 것이 골자다.

자신의 공헌만을 강조하고 팀의 기여를 무시하는 행동은 가장 큰 실수로 지적되었다. 이는 적절한 자기 PR이 얼마나 섬세한 균형을 필요로 하는지를 잘 보여주는 사례이다.

빈 깡통이 요란하다고, 텅 빈 머리에 자랑만 하고 포장만 잘 한다고 인정받는 것은 아니다. 자랑도 포장도 전략이 필요하다. 포장이 내용물과 어울려야 상대방도 성과를 인정하고 능력도 평가를 해준다. 그냥 '나 잘했어요'보다는 구체적인 성과와 데이터를 바탕으로 적절한 시기에, 적절한 방식으로 전달하는 것이 중요하다.

직장인의 성공 요소는 다양하다. 전문가적 실력이 핵심이지만 성공적인 커리어를 위해서는 그것을 적절히 알리는 능력도 중요하다. 구체적인 데이터와 겸손한 태도, 그리고 적절한 타이밍이 조화를 이룰 때 자기 어필이 비로소 효과를 발휘한다. 이것이 바로 진정한 의미의 전문가적 자기 PR이다. 자기를 적절히 알리는 것은 단순히 홍보 기술이 아니라 전문성의 한 부분이다.

생각정리

1. 효과적인 자기 PR의 본질

◎ 성과에 대하여 적절한 포장과 자기 PR을 어떻게 효과적으로 할 수 있을까요?

Ⓐ 나의 생각

2. 공감 찾기

◎ 이 글에서 공감하는 부분은 어떤 것이 있나요?

Ⓐ 나의 생각

💡 작성 팁: 정답은 없습니다. ① 솔직하게 적어보세요. ② 시간을 충분히 가지세요. ③ 동료나 멘토와 함께
이야기를 나누어보는 것도 좋습니다. ④ 3~6개월 후 다시 작성해 보면 변화를 볼 수 있습니다.

5.3

고래는 왜 칭찬에 춤을 출까?

칭찬은 고래도 춤추게 한다. 모든 직원을 춤추게 해 조직의 생산성을 최대로 끌어올리는 게 최고의 리더십이다.

켄 블랜차드Ken Blanchard는 저서 《칭찬은 고래도 춤추게 한다》에서 효과적인 칭찬에는 다섯 가지 핵심 요소가 있다고 했다. 칭찬은 즉시 하고, 구체적으로 하며, 상황에 따라 공개적으로 하고, 과정을 인정하며, 무엇보다 진실한 마음으로 해야 한다는 것이다.

다만 공개적인 칭찬은 신중해야 한다. 한쪽만 칭찬받으면 다른 쪽에서 반발할 수 있고, 때로는 칭찬받은 사람이 상사나 동료들의 시기를 받아 오히려 어려움을 겪을 수도 있기 때문이다.

물론 추천을 통한 수상 등 특별한 공적이 있을 때는 적절한 공개 격려가 더 좋은 효과를 낼 수 있다. 중요한 것은 때와 장소를 잘 판단하는 것이다. 조직을 이끄는 리더는 칭찬과 지적의 균형을 맞추는 것은 매우 중요하다.

칭찬과 지적은 마치 자전거의 두 바퀴와 같아서, 한쪽으로만 치우치면 조직이 균형을 잃을 수 있다. 조직의 건강한 성장과 발전을 위해서는 칭찬과 지적이 적절히 조화를 이루어야 하며, 리더는 이러한 균형감을 항상 유지하도록 노력해야 한다.

생산본부장으로서 음료수 병 원료를 저장하고 출하하는 현장 제품 창고를 방문했을 때의 일이다. 이곳은 회사 관리자들이 잘 가지 않는 외진 곳이었는데, 창고에 들어가니 P 대리가 반가이 맞아 주었다.

널찍한 창고 안쪽으로는 제품이 500kg 백에 2단으로 쌓여 있고, 창고 바닥은 푸른색의 에폭시 코팅이 매끈하게 되어 있어서 깔끔했다. 지게차들이 오가기 때문에 에폭시 코팅이 약간씩 닳은 흔적이 보였다. 창고 바닥이 마치 시골집의 오래된 마룻바닥처럼 깨끗해서 P 대리가 보는 앞에서 하얀 목장갑을 낀 손으로 창고 바닥을 쓱 닦아 보았다.

순간, 깜짝 놀랐다. 장갑에 어느 정도는 까맣게 먼지가 묻을 것이라 예측했는데, 먼지가 거의 묻지 않았다. 너무 깨끗해서 도무지 이해가 가지 않을 정도였다. 수천 톤을 저장할 수 있는 넓은 창고 바닥에 근무자는 P 대리와 협력업체 요원 1명뿐이었다.

방문 시간은 오후 3시쯤이었다. 창고 문은 오전부터 내내 열려 있었을 것이고, 제품 출하를 위해서 지게차도 오갔을 것이고, 생산본부장이 창고 방문한다고 미리 예고한 것도 아닌데 거짓말처럼 깨끗했다.

"어어? 먼지가 하나도 없네요!"

나는 어깨를 두드려주며 큰 목소리로 칭찬해 주었다.

신이 난 P 대리는 제품백이 쌓여 있는 곳으로 안내했다. 철저한 품질관리를 위해 쌓아둔 백Bag 상부와 옆면, 바닥면도 깨끗하게 청소하고 관리하여 클레임Claim 방지에 힘쓰고 있다고 설명을 이어갔다. 이후 본사의 직원 칭찬릴레이 행사에 P 대리의 공적을 직접 추천함으로써 개인적 칭찬이 공식적으로 인정받도록 했다.

철학자 존 듀이John Dewey는 "인간에게 자신이 중요한 존재가 되려는 소망은 가장 뿌리 깊은 욕망이다"라고 했고, 철학자 윌리엄 제임스William James는 "인간본성의 가장 끈질긴 욕망은 인정받고 싶어 하는 것이다"라고 했다. 매슬로우의 인간욕구 5단계 중 4단계는 인정의 욕구이다. 홀 케인Hall Caine의 사례는 진정성 있는 칭찬의 파급력을 보여준다. 홀 케인은 20세기 초 《크리스천》, 《재판관》, 《맨섬의 사람들》 등의 베스트셀러 작가이다. 대장장이의 아들이었던 그는 단테 가브리엘 로제티Dante Gabriel Rossetti[53]의 시를 좋아했다. 그는 로제티의 시를 찬양하는 글을 보냈고, 이것이 계기가 되어 로제티의 비서가 되었다.

홀 케인은 새로운 환경에서 유명 문인들과 교류하며 결국 성공한 작가가 되었고, 그가 살았던 맨섬의 집은 전 세계 관광객들의 메카가 되었다. 한 번의 진심 어린 칭찬이 한 사람의 인생을 완전히 바꾼 것이다[54]. 진정성 있는 칭찬이 얼마나 큰 파급력이 있는지를 보여주는 사례다.

골프장에서의 경험도 의미 있는 교훈을 준다. 10년, 20년 전의 골프는 매너의 운동이었다. 굿샷을 외치고 스윙 폼을 칭찬하고, 실수했

---

53 단테 가브리엘 로제티, 1828~1882, 영국, 화가, 시인
54 《데일 카네기 인간관계론》

을 때 한 번 더 기회를 주는 배려로 초보자들의 실력은 빠르게 늘었다. 긍정적 피드백이 더 열심히 배우려는 동기를 자극한 것이다.

지적은 공개적으로 하는 것이 옳을 것이다. 지적을 받는 사람은 기분이 나쁘거나 자존심이 상할 수도 있다. 그러나 효율적인 조직관리를 위해서는 공개적으로 문제점을 지적하고 함께 대책을 세우는 기회를 만드는 게 바람직하다. 직장은 공적인 자리다. 분명한 목적과 대상이 있는 곳이다.

간혹 각자의 생각대로 각자의 잣대로 일을 끌고 갈 수가 있다. 이는 비효율을 초래한다. 일이 엉뚱한 방향으로 흘러가는 것을 방지하려면 상사의 공식적 지적이 필요하기도 하다. 상사는 일의 방향이 큰 틀에서 벗어나지 않게 유도하여 목적한 일을 성공적으로 추진해 나아가야 하는 책임이 있다.

부하직원들이 작성한 문서나 검토서 등의 오류나 잘못된 점들이 상사에게는 잘 보인다. 잘못된 것을 보고 그냥 넘어가기는 쉽지 않다. 그러다 보니 지적질이 되는 것이다. 상사는 뭔가를 만들어 놓으면 지적이나 하는 사람으로 인식할 수도 있다. 서류를 들고 가면, 책상 위에 있던 볼펜부터 잡고 아예 뭔가를 꼭 찾아서 지적할 태세를 갖추는 상사도 있다. 하지만 그게 윗사람의 역할이다.

근본적인 목적이나 의미에서 벗어나는 것은 당연히 지적을 받아 수정해야 한다. 그렇게 하나씩 배워 나가면서 큰 범위를 벗어나지 않으며 일을 하게 되는 것이다. 지적이 꼭 나쁜 것은 아니다. 적절한 지적은 오히려 직원의 성장과 발전을 돕는다. 이는 조직 전체의 역량 향상으로 이어질 수 있다.

MZ세대는 '지적질'과 '빨간 볼펜의 꼰대'를 극도로 싫어한다. 하지만 칭찬만으로는 부족한 경우가 있다. 칭찬으로 개선될 수 있는 문제도 있지만, 때로는 본인들이 무엇을 잘못하고 있는지 명확히 인지하게 해야 할 때도 있다. 계속된 삽질을 막기 위해서는 때로는 분명한 지적이 필요한 것이다.

맥킨지의 최근 연구에 따르면, 개인적인 칭찬과 공식적인 지적의 균형을 잘 맞춘 조직의 직원 만족도가 그렇지 않은 조직에 비해 42% 높았다. 칭찬과 지적의 균형 잡힌 접근이 조직의 성과에 실질적인 영향을 미친다는 것을 과학적으로 입증하는 연구 결과이다.

수단은 상황과 맥락에 맞게 적절히 사용되어야 한다. 칭찬과 지적도 마찬가지다. 개인의 성장을 돕는 칭찬은 가능한 한 개인적으로, 조직의 효율성을 높이는 지적은 공식적으로 하는 게 효과적이다. 칭찬과 지적은 개인의 동기부여와 조직의 성과를 높이는 핵심 요소다. 모든 수단은 균형 잡히게 활용해야 본래의 목적을 이룬다.

생각정리

1. 진정성 있는 칭찬의 힘

◉ 홀 케인의 사례처럼, 진정성 있는 칭찬이 개인의 성장과 발전에 미치는 영향
은 무엇일까요?

Ⓐ 나의 생각

2. 공감 찾기

◉ 이 글에서 공감하는 부분은 어떤 것이 있나요?

Ⓐ 나의 생각

💡 작성 팁: 정답은 없습니다. ① 솔직하게 적어보세요. ② 시간을 충분히 가지세요. ③ 동료나 멘토와 함께
이야기를 나누어보는 것도 좋습니다. ④ 3~6개월 후 다시 작성해 보면 변화를 볼 수 있습니다.

만나는 이 모두가 스승

개인의 성장은 인간관계에 결정적 영향을 받는다. 인간은 서로가 영향을 주고받으며 성장하는 존재다. 오늘 누구를 만나느냐가 내일의 다른 나를 만든다.

인간관계가 개인의 성장과 발전에 미치는 영향은 오늘날 사회과학 연구의 핵심 주제 중 하나이다. 심리학, 사회학, 경영학 등 다양한 학문 분야에서 인간관계의 영향력에 대한 연구가 활발히 진행되어 왔다.

특히 하버드대학의 니콜라스 크리스타키스Nicholas A. Christakis 교수는 개인의 행복, 건강, 성공 등이 직접적인 관계1단계뿐 아니라 친구의 친구2단계, 그리고 그들의 친구3단계까지 영향을 받는다는 '3단계 법칙'을 주장했다.

사회학자 마크 그라노베터Mark Granovetter는 《일자리 구하기》에서 '약한 유대의 강점' 이론을 통해 우리가 일상적으로 만나는 다양한 사람들이 새로운 기회와 성장의 창구가 된다고 설명했다. 이는 단순히 친밀한 관계에만 집중하는 것이 아니라, 다양한 배경과 경험을 가진 사람들과의 폭넓은 교류가 중요하다는 것을 시사한다.

쑨젠화가 《샤오미 스타일》에서 언급했듯이, 부지런한 사람과의 교류는 우리의 근면성을 높이고, 긍정적인 사람과의 교류는 우리의 태도를 변화시키며, 지혜로운 사람과의 교류는 우리의 통찰력을 향상시킨다.

나의 군 복무 시절 경험은 인간관계의 영향력을 선명하게 보여준다. 3년이라는 제한된 공간과 시간 속에서, 고참 사수의 글씨체를 자연스럽게 따라가는 나를 발견한 것이다. 사수의 글이 한석봉처럼 빼어난 필체도, 사수를 엄청 존경한 것도 아니었는데도 말이다.

신입사원 때는 가까운 동료의 말투와 걸음걸이까지 닮아가는 것을 느꼈다. 순간, '이건 아니지' 하며 의도적으로 닮지 않으려고 노력한 적이 있다. 나의 이런 사례는 인간이 타인에게 얼마나 쉽게 동화되는지를 보여준다. 이는 단순한 모방이 아닌, 무의식적인 학습과 성장의 과정으로 이해할 수 있다.

관광 가이드들도 우리에게 깨우침을 준다. "비싼 돈 들여 이렇게 좋은 곳에 왔는데 자유시간을 주면 왜 그냥 바위에 걸터앉아 시간을 낭비하느냐"라는 그랜드캐니언 가이드의 말은 삶의 깊은 통찰을 담고 있다. 이는 우리가 일상적으로 경험하는 모든 순간의 가치를 어떻게 극대화할 수 있는지에 대한 근본적인 질문을 던진다.

호주 가이드의 "10시간 이상 비행기로 가는 곳은 두 번 다시 가기 힘든 곳이니, 하나라도 더 보고 느끼고 카페에서 현지의 분위기도 느껴보라"라는 조언은 경험의 깊이와 폭을 확장하는 방법에 대한 통찰을 제공한다. 이는 단순히 관광지를 둘러보는 것을 넘어, 현지의 문화와 일상을 체험하고 이해하는 것의 중요성을 강조한다.

홋카이도 가이드의 과학적 접근은 전문성의 의미를 깨우쳐 주었다. 단순히 외관상 보이는 것을 설명하는 것이 아니라, 그 현상의 배경에 있는 과학적, 역사적, 문화적 맥락을 함께 제시함으로써 관광객들에게 더 깊은 이해와 감동을 전달했다. 그는 어떤 분야에서든 표면적인 지식을 넘어 본질을 이해하고 추구하는 것이 진정한 전문가임을 보여준다.

골프장 캐디들의 사례는 전문성과 서비스 정신의 결합이 어떻게 가치를 창출하는지 보여준다. 안전에 대한 철저한 의식을 보여준 캐디의 사례는 산업현장의 안전관리에 대한 중요한 통찰을 제공한다. 또한 단 한 번의 라운드로 플레이어의 특성을 파악하여 적절한 클럽을 추천하는 탁월한 관찰력과 판단력은 비즈니스맨에게 고객 이해의 중요성을 일깨운다.

존 맥스웰은《다시 일어서는 힘》에서 당신을 성장으로 인도할 10명과 긴밀한 관계를 유지하라고 한다. 이는 성장을 위한 전략적 인간관계의 중요성을 이르는 말이다. 수동적으로 기다리지 말고, 적극적으로 자신의 성장에 도움이 될 수 있는 사람들을 찾아 나서라는 뜻이다.

계열사 대표와의 만남은 단순한 질문이 어떻게 인생의 전환점이 될 수 있는지를 보여준다. "신년 계획을 세웠느냐"라는 질문은 내가 매년 한 해 계획을 세우는 시작이 되었고 인생의 목표를 설정하고 실천하는 계기가 되었다. 이는 누군가의 조언으로 인한 작은 습관이 큰 변화로 이어질 수 있음을 보여주는 좋은 예시이다.

필자가 관광학 박사가 된 계기는 여수의 한 골프장 사장과의 우연한 만남이었다. 관광학 박사라는 그의 명함이 궁금증을 자아냈고, 몇 차례 이야기를 나누면서 관광학에 호기심이 생겼다. 인생의 전환점은 자주 우연한 계기에 찾아온다. 우연한 인연이 새로운 목표 설정과 성취로 이어지는 사례는 무수하다.

배우려는 자세로 주위를 둘러보면 사방이 온통 스승이다. 연간 200권의 책을 읽었다는 P 상무의 이야기는 충격이었다. 직장생활하면서 일도 하지 않고 책만 보았는가? 아니면 책을 보는 노하우가 있는가? 필자도 6개월 뒤 책 100권 읽기에 도전했다. 뉴욕 전시회에 작품을 출품할 정도의 실력을 가진 고급 공무원 사례는 퇴직 후에도 새로운 성취를 이룰 수 있다는 희망과 가능성을 보여준다.

퇴직 직후 만난 77세 선배들의 활기찬 모습과 72세의 선배가 S 대학교 일본어학과 3학년으로 편입하여 공부하는 열정은 평생학습의 의미를 깨우쳐 준다. 이러한 사례들은 나이는 단지 숫자에 불과하며, 배움에는 끝이 없다는 것을 실증적으로 보여준다. 평생교육은 이 시대의 핵심 키워드다.

만남은 단순한 친목을 넘어 서로에게 긍정의 에너지를 주고받는 소중한 기회이다. 좋은 만남이 운명을 결정한다는 말처럼, 에너지 넘치는 사람들과의 교류는 삶의 질을 높인다. 만나는 모든 이를 스승으로 여기는 자세는 끊임없는 성장의 원동력이 된다. 가이드, 캐디, 선후배, 동료 등 일상의 모든 만남에서 배움의 기회를 발견하고, 그것을 자신의 성장으로 연결시키는 능력이 중요하다. 이는 평생학습 사회에서 더욱 중요해지는 역량이다.

심리학자 앨버트 반두라Albert Bandura의 사회학습이론이 설명하듯, 우리는 주변 사람들을 관찰하고 모방하면서 성장한다. 이는 단순한 이론이 아닌, 제시된 다양한 사례를 통해 확인할 수 있는 삶의 진리이다.

만나는 모든 이를 스승으로 여기면 세상은 큰 배움터가 된다. 공자는 "셋이 길을 가면 그중에 꼭 나의 스승이 있다"라고 했다. 타인을 스승으로 삼아 배우려는 자세는 개인의 성장뿐만 아니라 조직의 발전에도 핵심적인 요소가 된다.

생각정리

1. 인간관계의 영향력

◎ 인간관계나 일상에서 마주친 사람들로부터 영향을 받은 것은 어떤 것들이 있나요?

Ⓐ 나의 생각

2. 공감 찾기

◎ 이 글에서 공감하는 부분은 어떤 것이 있나요?

Ⓐ 나의 생각

💡 작성 팁: 정답은 없습니다. ① 솔직하게 적어보세요. ② 시간을 충분히 가지세요. ③ 동료나 멘토와 함께 이야기를 나누어보는 것도 좋습니다. ④ 3~6개월 후 다시 작성해 보면 변화를 볼 수 있습니다.

5.5

변명은 하수의 언어다

핑계 없는 무덤이 없다고 했다. 잘못을 인정한다는 게 그만큼 어렵다는 말이다. 남의 잘못은 창을 들고 예리하게 파헤치지만 자기의 잘못은 갑옷을 입고 방패를 들고 방어하는 게 인지상정이다.

누구나 잘못을 인정하기 전에 변명거리부터 찾는다. "메시지를 못 봤어", "연락을 못 받았어", "차가 너무 막혀" 등등은 단골 메뉴다. 약속 시간을 지키지 못했을 때는 줄줄이 변명이 따라온다. 나부터도 점심이나 저녁식사 모임에 늦으면 미안하다는 말 앞뒤에 구구절절 변명거리를 갖다 붙인다.

변명은 습관이고, 결국 잘못이나 책임을 회피하려는 심리적 방어기제이다. 거짓이 거짓을 낳듯, 변명이 변명을 부른다. 철학자 니체는 "말이 진실에서 멀어질수록 너저분해진다"라고 했다. 변명은 진실을 감추려는 너저분한 말이다.

직장생활에서 핑계를 대기 시작하면 끝이 없다. 업무 실수나 납기

지연에 대해 끊임없이 변명거리를 찾게 되고, 이는 결국 자신의 신뢰도를 떨어뜨린다. 주변 동료나 상사들은 이러한 변명이 진실인지 거짓인지 금방 알아차린다.

중견기업의 한 임원은 "책임감 있는 직원은 변명 대신 해결책을 찾는다"라고 했다. 문제가 발생했을 때 변명을 늘어놓기보다는 어떻게 해결할 것인지, 어떻게 예방할 것인지를 고민하는 자세가 중요하다는 것이다.

골프에는 100가지의 핑계가 있다고 한다. "어제 술을 새벽까지 마셨다", "한 달 만에 나왔다", "잠을 설쳤다" 등 다양한 변명이 있지만, 이는 결국 자신의 실력 부족을 포장하려는 것일 뿐이다. 자신의 부족함을 인정하지 않으려는 본질은 동일하다.

한 대기업의 신입사원 교육 프로그램은 책임감의 중요성을 잘 보여준다. 교육 과정에서 의도적으로 어려운 상황을 만들고, 이에 대한 대처 방식을 관찰한다. 변명을 늘어놓는 대신 문제해결에 집중하는 사원들이 높은 평가를 받는다. 이는 어떤 상황에서도 변명보다는 책임감과 문제해결 능력이 핵심 역량임을 가르치려는 것이다.

직장생활에서 업무 실수나 실패를 마주했을 때의 대처 방식은 매우 중요하다. 한 대기업 인사담당자는 "승진에서 누락되는 직원들의 공통점 중 하나가 바로 잦은 변명"이라고 했다. 실제로 능력이 부족해서가 아니라, 책임감 있는 태도 부족으로 승진에서 누락되는 사례는 허다하다.

이종철 프로의 "핑계는 하수의 언어이고 무실력에 대한 변명"이라는 말이 가슴에 와 닿는다. 시대가 변해도 책임의 의미는 크게 변하지 않는다. 오히려 업무 환경이 복잡해질수록 자기관리 능력과 책임감의 중요성은 더욱 커지고 있다.

계열사 대표이사 시절, 필자는 매일 아침 직원들보다 일찍 출근하고, 모든 회의를 철저히 준비하며, 약속 시간을 엄수했다. 이는 단순한 규율의 문제가 아니라 조직을 이끄는 리더로서의 기본적인 책임이라고 생각했다.

일상적인 작은 약속들도 중요하다. 회의 시간을 지키고, 보고서 제출 기한을 준수하며, 동료와의 약속을 소중히 하는 것은 기본이다. 이러한 작은 신뢰들이 모여 큰 신뢰를 만들어낸다. 반대로 작은 변명들이 쌓이면 결국 치명적인 신뢰 상실로 이어진다.

조직의 성과와 책임감은 밀접한 관련이 있다. 어떤 조직이든 구성원들이 자신의 역할에 책임감을 가지고 임할 때 좋은 성과를 낸다. 변명하는 문화가 만연한 조직은 결코 높은 성과를 낼 수 없다. 스포츠도 마찬가지다. 승리하는 팀은 항상 책임감 있는 선수들로 구성되어 있다.

변명하지 않는 문화는 조직의 생산성과도 직결된다. 문제가 발생했을 때 서로 책임을 떠넘기거나 변명하는 데 시간을 허비하지 않고, 바로 해결책을 찾아 실행할 수 있기 때문이다. 이는 시간과 비용을 절약하고 조직의 경쟁력을 높이는 데 크게 기여한다.

일본 기업의 사례는 이를 잘 보여준다. 토요타의 5 Why 분석법[55]은

---

55 토요타 5 Why 기법: 문제의 근본 원인을 찾기 위해 '왜?'라는 질문을 5번 반복하는 기법. 토요타 자동차의 창립자인 사키치 토요다가 개발

문제가 발생했을 때 변명하거나 책임을 회피하지 않고, 근본 원인을 찾아 해결하는 방법이다. '왜?'라는 질문을 다섯 번 반복하면서 문제의 진짜 원인을 찾아내는 것이다. 이는 변명이 아닌 해결책을 찾는 기업문화의 좋은 예시다.

고故 하일성 야구 해설가는 "아마추어는 자신의 한계까지 하는 것이고 프로는 자신의 한계를 넘어 어떻게 극복하느냐를 고민하고 행동하는 사람들이다"라고 했다. 직장인에게 던져주는 시사점이 큰 말이다. 직장인은 누구나 프로이며, 프로라면 변명 대신 책임을 선택해야 한다.

책임감은 팀워크에도 큰 영향을 미친다. 한 명의 무책임한 행동과 변명은 전체 팀의 사기를 떨어뜨리고 업무 효율을 저해한다. 반면, 책임감 있는 구성원들로 이루어진 팀은 높은 신뢰를 바탕으로 뛰어난 성과를 낸다. 신뢰를 잃으면 한 대의 매로 해결될 것이 열 대의 매로도 해결되지 않을 수 있다는 것을 명심해야 한다.

한 금융 회사는 실수나 실패를 보고할 때 반드시 세 가지를 포함하도록 한다. 첫째, 무엇이 잘못되었는지, 둘째, 왜 그렇게 되었는지, 셋째, 어떻게 개선할 것인지다. 이러한 방식은 변명 대신 해결책을 찾는 문화를 만드는 데 효과적이다.

장한이는 저서 《회사에 들키지 말아야 할 당신의 속마음》에서 직장인의 변명과 핑계에 대해 날카로운 통찰을 제시한다. 직장 상사들은 변명과 핑계를 좋아하지 않는다. 이러한 태도는 직장인에게 불필요할 뿐만 아니라, 책임감 없는 사람이라는 인상을 심어주는 지름길이다.

그는 많은 직장인이 문제의 본질은 망각한 채, 실수의 원인을 다른 곳에서 찾느라 여념이 없거나 시종일관 다른 사람에게 책임을 전가하는 모습을 따끔하게 지적한다. 가장 현명한 태도는 자신이 맡은 일에 문제가 생겼을 때 솔직하게 잘못을 인정하고 질책을 받아들이는 것이라고 강조한다.

프로페셔널한 직장인이 되기 위해서는 변명하는 습관을 버리고 책임지는 자세를 가져야 한다. 실수는 누구나 하지만 그것을 어떻게 대처하느냐가 능력과 인품을 구분 짓는다. 직장인은 핑계로 포장된 '하수의 언어'가 아니라 책임감이 담긴 '고수의 언어'를 써야 한다.

생각정리

1. 실수 대처의 프로정신

◎ 이종철 프로의 "핑계는 하수의 언어"라는 말처럼, 실수나 실패 상황에서 프로다운 대처 방식은 무엇일까요?

Ⓐ 나의 생각

2. 공감 찾기

◎ 이 글에서 공감하는 부분은 어떤 것이 있나요?

Ⓐ 나의 생각

💡 작성 팁: 정답은 없습니다. ① 솔직하게 적어보세요. ② 시간을 충분히 가지세요. ③ 동료나 멘토와 함께 이야기를 나누어보는 것도 좋습니다. ④ 3~6개월 후 다시 작성해 보면 변화를 볼 수 있습니다.

5.6

줄을 서려면 제대로 서라

안정적인 직장에서 오래 근무하고자 하는 것은 인간의 기본적 욕구다. 평생직장이라는 개념이 사라진 시대에도 이 욕구는 여전히 존재한다.

통계청의 2021년 조사 결과에 따르면 취업인구의 63%가 직장 선택에 있어 수입 40.9%, 안정성 22.1%를 최우선으로 고려하고 있는 것으로 나타났다. 청년층의 61.8%가 대기업, 공기업, 국가기관과 같은 안정적인 직장을 선호한다는 점은 이러한 경향을 명확히 보여준다. 안정적인 일자리를 통한 장기적인 커리어 개발은 이 시대 직장인들의 주 관심사다.

직장에서의 성공이 단순히 개인의 능력만으로 결정되지 않는다는 점은 여러 연구를 통해 입증되고 있다. 2023년 갤럽의 직장인 성공요인 분석 연구는 대기업 임원진의 75%가 올바른 상사를 만난 것을 자신의 성공 요인으로 꼽았다.

이러한 맥락에서 신현만의 《회사가 붙잡는 사람들의 1% 비밀》에서 제시된 '343 원칙'은 매우 중요한 의미를 지닌다. 이 원칙에 따르면 직장인의 성공 요인은 운이 30%, 상사의 끌어주기가 40%, 그리고 본인의 능력이 30%를 차지한다. 주목할 만한 점은 상사와의 관계가 개인의 실제 업무 능력보다도 더 큰 비중을 차지한다는 사실이다. 이는 직장생활에서 상사와의 관계가 얼마나 중요한지를 단적으로 보여주는 수치다.

그렇다면 어떤 상사와 관계를 맺어야 할까? 먼저 전문성과 실력이 뛰어난 상사를 만나야 한다. 업계에서 인정받는 전문성과 깊은 지식, 풍부한 경험을 보유한 상사는 부하직원의 성장에도 큰 도움이 된다. 이러한 상사 밑에서 일하면서 업무 프로세스와 문제해결 능력을 배울 수 있기 때문이다.

또한 성장 가능성과 비전도 중요한 선택 기준이 된다. 회사 내에서 승진 가능성이 높고, 핵심 업무나 프로젝트를 담당하는 등 주류에 해당하는 상사와 함께 일하는 것은 자신의 커리어 발전에도 긍정적인 영향을 미친다. 회사의 장기적인 발전 방향과 일치하는 비전을 가진 상사는 조직 내에서 더 큰 영향력을 발휘할 가능성이 높다.

리더십과 매니지먼트 능력도 간과할 수 없는 요소이다. 체계적인 멘토링과 성장 지원 시스템을 갖추고 공정하고 투명한 업무 분배를 하는 상사는 부하직원의 성장을 가속화할 수 있다. 부하직원의 잠재력을 발견하고 이를 개발할 수 있도록 지원하는 상사는 직장생활에서 든든한 후원자가 될 수 있다.

이러한 상사는 부하직원들에게 적절한 도전 과제를 제시하고, 이를 성공적으로 수행할 수 있도록 필요한 자원과 지원을 아끼지 않는다. 또한 업무 수행 과정에서 발생하는 어려움이나 실수를 학습의 기회로 삼을 수 있도록 건설적인 피드백을 제공하며, 부하직원의 성장을 위해 자신의 시간과 에너지를 투자하는 것을 아까워하지 않는다.

인맥과 네트워크도 중요한 선택 기준이 된다. 회사 내외부의 탄탄한 인맥을 보유하고, 조직 내 영향력 있는 인물들과 좋은 관계를 유지하며, 부서 간 협업이 원활한 리더는 부하직원의 성장에도 많은 도움을 줄 수 있다. 상사의 네트워크는 곧 부하직원의 네트워크로 확장될 수 있기 때문에 매우 중요한 자산이다.

커뮤니케이션 능력 역시 핵심적인 요소로 꼽을 수 있다. 명확한 업무 지시와 피드백을 제공하고, 부하직원과 원활히 소통하며, 갈등 상황에서 합리적인 중재가 가능한 리더는 팀의 성과를 높이는 데 크게 기여한다. 특히 상사의 커뮤니케이션 스타일은 부하직원의 업무 만족도와 성과에 직접적인 영향을 미친다.

인성과 태도 역시 중요한 고려사항이다. 윤리의식이 강하고 도덕성이 높으며, 부하직원의 실수를 적절히 커버해 주는 포용력을 갖춘 상사는 신뢰할 수 있는 멘토가 된다. 적극적인 문제해결 의지를 보이고, 팀원의 의견을 존중하는 민주적 리더십을 발휘한다.

이러한 상사와 함께할 때 조직생활의 노하우를 효과적으로 배울 수 있다. 이런 상사는 부하직원들이 안정감을 가지고 업무에 집중할 수 있는 환경을 조성한다. 또한 조직 내에서 발생할 수 있는 다양한 갈등 상황을 지혜롭게 해결할 수 있도록 도와준다.

업무 추진력도 간과할 수 없는 요소다. 어려운 상황에서도 목표를 달성하는 추진력, 새로운 아이디어를 실행으로 옮기는 실행력, 문제해결에 적극적인 태도를 보이는 상사는 팀의 성과를 높이는 데 큰 역할을 한다. 이러한 상사 밑에서 일하면서 문제해결 능력과 추진력을 배울 수 있다.

경력 개발 지원 측면도 중요하다. 부하직원의 역량 개발을 지원하고, 성과를 인정하며 적절한 보상을 주고, 커리어 성장을 위한 조언과 기회를 제공하는 상사는 직장생활에서 최고의 멘토가 될 수 있다. 이러한 상사와 함께 일하면 자신의 커리어를 체계적으로 발전시키는 데 크게 도움이 된다.

테시마 유로의 《가난해도 부자의 줄에 서라》는 이러한 맥락에서 중요한 통찰을 제공한다. 저자는 성공한 사람들과 함께하면서 그들의 사고방식과 행동양식을 배우는 것이 성공으로 가는 지름길이라고 주장한다. 이는 단순히 그들의 행동을 모방하는 것이 아니라, 그들의 성공적인 사고방식과 문제해결 접근법을 학습하고 내재화하는 것을 의미한다.

조직 내에서 자신의 능력을 적절히 인정받을 수 있는 환경을 만드는 것도 중요한데, 이를 위해서는 단순히 상사나 동료들과의 좋은 관계 유지를 넘어 자신의 업무 성과와 기여도를 효과적으로 커뮤니케이션할 수 있는 분위기 조성이 필요하다.

상사와의 관계 형성은 자연스럽고 진정성 있게 이루어져야 한다. 지나친 아부나 편승은 오히려 역효과를 내며, 장기적으로는 신뢰 관계 구축에 방해가 될 수 있다. 특히 올바른 상사를 선택하고 그들과 건강한 관계를 형성하는 것은 성공적인 직장생활을 위한 핵심 전략이 될 수 있다는 점을 명심해야 한다.

개인의 능력과 노력만으로 직장에서의 성공을 담보하기 어렵다. 조직 내에서의 생산적인 관계 형성, 특히 상사와의 긍정적인 관계 구축은 직장생활의 성패를 결정적으로 좌우한다.

직장에서 상사를 선택할 기회는 많지 않다. 직장인들은 주로 상사의 선택으로 이 부서 저 부서를 옮겨다닌다. 하지만 선택권이 주어지는 순간에는 나를 성공으로 이끌어 줄 상사에 줄을 서야 한다. 설령 선택이 되어졌다 하더라도 진정성 있는 자세로 임해 상사의 신뢰를 쌓아야 한다.

스스로 최선을 다하면 나를 이끌어줄 줄이 어디선가 내려온다.

생각정리

1. 상사 선택의 지혜

ⓠ 좋은 상사를 선택할 때 가장 중요한 기준은 무엇일까요?

ⓐ 나의 생각

2. 공감 찾기

ⓠ 이 글에서 공감하는 부분은 어떤 것이 있나요?

ⓐ 나의 생각

💡 작성 팁: 정답은 없습니다. ① 솔직하게 적어보세요. ② 시간을 충분히 가지세요. ③ 동료나 멘토와 함께
이야기를 나누어보는 것도 좋습니다. ④ 3~6개월 후 다시 작성해 보면 변화를 볼 수 있습니다.

상사는 귀가 열 개다

낮말은 새가 듣고 밤말은 쥐가 듣는다. 모든 복福은 입으로 들어오고, 모든 화禍도 입으로 들어온다.

세상 어디서나 늘 말이 문제다. 특히 부정적인 이야기나 험담은 더 빠르게 전파된다. 직원들끼리 숙덕거리는 이야기, 몇몇이 나누는 뒷담화, 회식자리에서 툭 던진 말들을 다음 날이면 상사들이 알고 있다.

상사들은 겉으로 보기에는 아무것도 하지 않는 것처럼 보일 수 있으나, 실제로는 조직 내의 모든 상황을 파악하고 있다. 상사들의 귀는 열 개라도 모자란다. 전화나 카톡 한번이면 지방이나 세계 어디서든지 실시간으로 커뮤니케이션이 가능한 세상이다. 가만있어도 같은 사안에 대한 정보가 여러 채널로 수시로 들어온다.

상사를 둘러싼 모든 관계자가 정보원이다. 부서 내에서는 자주 보고나 식사를 같이하는 담당임원이나 팀장, 타부서 임원, 노조간부들, 기사, 심지어는 거래처 담당임원이나 사장들도 떠도는 말을 옮기는 정보원이다. 이러쿵저러쿵, 알려고 하지 않아도 절로 다 들려온다. 조직 내의 모든 정보는 결국 상부로 전달된다.

갤럽의 2022년 직장 내 커뮤니케이션 조사에 따르면, 임원급 관리자들은 자신들이 알지 못하는 조직 내 주요 이슈가 10% 미만이라고 응답했다. 이는 고자질이나 감시 때문이 아니라, 네트워크와 오랜 경험을 통해 축적된 통찰력 때문이다. 특히 현대의 디지털 환경에서는 정보의 흐름이 더욱 빠르고 광범위해졌다.

한 중견 IT기업 신입 개발자 A 씨는 회사의 개발 관련 불만을 개인 SNS에 올렸다. 그는 자신의 팔로워가 대부분 회사 외부 사람들이라고 생각했지만, 그의 게시물은 스크린샷으로 캡처되어 사내 메신저를 통해 빠르게 퍼졌고, 결국 경영진까지 전달되었다. 이는 단순한 불만 표출이 회사 전체의 문제로 확대된 대표적인 사례이다.

직장 내 커뮤니케이션의 특성을 이해하는 것이 매우 중요하다. 사람들은 종종 자신의 말이 미치는 영향력을 과소평가하는 경향이 있다. 비공식적인 자리나 사적인 대화에서는 더욱 그렇다. 사소한 발언도 파장을 불러올 수 있다.

상사와의 관계에서도 이러한 원칙은 마찬가지이다. 평상시 대화도 잘 통하고 인자해 보이는 선배도 후배의 행동과 말투를 유심히 관찰하고 있다. 기본적인 것을 소홀히 하면 자칫 불필요한 오해를 산다.

커뮤니케이션에서는 중간관리자의 역할이 중요하다. 그들은 상위 경영진과 실무진 사이에서 정보를 전달하고 해석하는 역할을 한다. 중간관리자가 어떻게 메시지를 전달하고 해석하느냐에 따라 같은 정보라도 전혀 다른 내용으로 읽힐 수 있다.

조직의 규모가 커질수록 공식적인 커뮤니케이션 채널만으로는 모든 정보를 효과적으로 전달하기 어렵다. 이때 비공식적 커뮤니케이션 네트워크가 중요한 역할을 한다. 이는 마치 조직의 신경망과 같아서, 공식 채널로는 전달되기 어려운 미세한 정보들까지 전달한다.

사람들은 자기가 속한 조직과 아무런 관계가 없는 상대에게는 마음의 빗장을 풀고 마음 내키는 대로 말을 하는 경향이 있다. 이것은 매우 위험한 일이다. 현대 조직에서는 모든 구성원이 서로 연결되어 있으며, 어떤 정보도 예상치 못한 경로로 전달될 수 있다.

조직의 문화와 분위기에 따라 커뮤니케이션의 특성도 달라진다. 수평적이고 개방적인 문화를 가진 조직에서는 자유로운 의견 교환이 장려되지만, 이 역시 적절한 방식과 채널을 통해 이루어져야 한다. 반면 위계질서가 강한 조직에서는 더욱 신중한 커뮤니케이션이 요구된다.

효과적인 직장 내 커뮤니케이션을 위해서는 다음과 같은 핵심 원칙들을 기억해야 한다.

첫째, 모든 발언은 공식적인 것으로 간주하고 신중하게 해야 한다. 업무 환경에서는 사적인 대화와 공적인 대화의 경계가 모호하다. 점심 시간의 가벼운 농담이나 퇴근 후의 비공식적 대화도 결국 조직 내에서 전파될 수 있다.

둘째, 상황과 맥락을 항상 고려해야 한다. 같은 말이라도 시기와 장소, 청중에 따라 해당 이슈의 민감도 등을 종합적으로 고려해야 한다. 예를 들어, 조직 개편이 진행 중인 상황에서의 발언은 평상시보다 더 큰 파장을 일으킬 수 있으며, 경영진이 참석한 회의에서의 발언은 실무자 회의에서의 발언과는 다른 맥락으로 해석될 수 있다.

셋째, 부정적인 이야기는 신중하게 다뤄야 한다. 문제점을 지적할 때는 반드시 개선을 위한 구체적인 제안을 함께 제시해야 하며, 가능한 한 개인이 아닌 시스템이나 프로세스에 초점을 맞추어야 한다.

넷째, 디지털 커뮤니케이션의 특성을 이해해야 한다. 현대의 업무 환경에서는 이메일, 메신저, 화상회의 등 다양한 디지털 커뮤니케이션 도구가 사용된다. 이러한 도구들의 특성상 모든 대화는 기록되고 저장되며, 실수로 전체 수신자에게 전송되거나 스크린샷이 공유될 수 있다.

효과적인 커뮤니케이션을 위해서는 실천적 지침들도 중요하다. 발언하기 전에 항상 한 번 더 생각하기, 감정적인 상태에서의 커뮤니케이션 피하기, 중요한 내용은 서면으로 기록하고 확인하기, 상대방의 입장과 관점을 고려하기, 필요한 경우 적절한 피드백 요청하기 등이 그것이다.

직장에서의 커뮤니케이션은 단순한 정보 전달 이상의 의미를 가진다. 그것은 조직문화를 형성하고, 업무 효율성을 좌우하며, 개인의 경력에도 큰 영향을 미친다. 따라서 모든 구성원은 자신의 발언이 조직에 미치는 영향을 항상 고려해야 한다.

직장에서의 커뮤니케이션은 전문성과 신중함이 요구된다. 자신의 발언이 어떤 영향을 미칠 수 있는지 생각하고, 신중하게 말하는 습관을 기르는 것이 필요하다. 이는 개인의 경력 발전과 조직의 건강한 문화 형성을 위한 필수적인 요소이다. 언어 습관의 중요성을 깨우쳐 주는 블로그 험담사례[56]를 옮겨본다.

"학창 시절 나는 꽤나 재미있다?는 행동을 하며 친구들을 웃기곤 했다. 나는 다른 사람의 신체적 특징이나 말하는 습관 등을 흉내 내면서 친구들과 모이면 남의 약점에 험담을 많이 했다. 재미로 시작한 험담은 어디를 가서도 발동됐고 말하지 않으면 입이 간지러워 견딜 수 없었다. 취업해서도 내 험담은 더욱 심해져 싸움까지 벌어졌고 그 일로 인해서 직장까지 그만뒀다."

'입이 곧 재앙을 부르는 문'임을 고백하는 글이다. 상사는 귀가 열 개나 된다. 떠도는 이야기는 모두 듣고 있다고 봐야 한다. 화를 부르는 말은 멀리하고, 복을 부르는 말을 가까이에 두자.

---

56 험담사례: 블로그, 법천선생, 2024년 10월 21일, https://ym4206.tistory.com
/16946225

생각정리

1. 험담의 위험성

◎ 험담이 직장생활에 치명적인 영향을 미칠 수 있는 이유와 예방책은 무엇일까요?

Ⓐ 나의 생각

2. 공감 찾기

◎ 이 글에서 공감하는 부분은 어떤 것이 있나요?

Ⓐ 나의 생각

💡 작성 팁: 정답은 없습니다. ① 솔직하게 적어보세요. ② 시간을 충분히 가지세요. ③ 동료나 멘토와 함께 이야기를 나누어보는 것도 좋습니다. ④ 3~6개월 후 다시 작성해 보면 변화를 볼 수 있습니다.

5.8

업무의 핵심은 우선순위다

인생 최고의 지혜는 '우선순위'를 아는 것이다. 리더십의 핵심은 일에 우선순위를 매기는 것이고, 조직원은 우선순위에 따라 일을 효율적으로 처리하는 게 능력이다.

"우선순위는 모든 것을 하는 게 아니라, 중요한 것을 먼저 하는 것이다"라는 스티브 잡스의 말은 업무 효율의 본질을 정확히 짚는다. 맥킨지의 최신 연구에 따르면, 최고 성과를 내는 리더들의 공통점은 '전략적 우선순위 설정' 능력이다. 이들은 평균적으로 업무 시간의 43%를 조직의 핵심 과제에 투자하며, 이는 일반 관리자들의 27%보다 현저히 높은 수준이다.

현대 사회에서 우리는 끊임없는 알림, 이메일, 메시지의 홍수 속에서 업무를 수행한다. 하버드 비즈니스 리뷰의 분석에 따르면, 직장인들은 하루 평균 120회 이상의 업무 관련 알림을 받으며, 이로 인한 업무 중단은 생산성을 최대 40%까지 저하시킨다. 이러한 환경에서 명확한 우선순위 설정은 성공적인 업무 수행의 핵심 요소가 되었다.

《신경 끄기의 기술》의 저자 마크 맨슨Mark Manson은 우리 인생에서 가장 중요한 것에만 집중하고 나머지는 과감히 포기할 것을 조언한다. 그는 모든 것을 이루려 하고 어떤 부족함도 용납하지 않으려는 태도가 오히려 우리를 지옥의 무한궤도에 빠뜨린다고 지적한다.

인생에서 정말 중요한 것은 무엇이고, 덜 중요한 것은 무엇인지 구분할 줄 아는 '신경 끄기의 기술'이 필요하듯이 직장의 일도 마찬가지이다. 모든 일을 다 잘하려고 하기보다는, 진정으로 중요한 일에 집중해야 한다.

실제로 맥킨지 컨설팅의 연구[57]에 따르면 직장인의 업무시간 중 60%가 긴급하지만 중요하지 않은 일에 소비되고 있다고 한다. 긴급한 일들은 그 특성상 우리의 즉각적인 주의를 요구하지만, 진정으로 중요한 일들은 종종 당장의 긴급성을 띠지 않는다. 장기적인 프로젝트 기획, 팀원들과의 관계 형성, 자기계발과 같은 중요한 일들이 이에 해당한다.

이러한 문제를 해결하기 위해 아이젠하워 매트릭스[58]를 활용할 수 있다. 이는 모든 업무를 중요성과 긴급성이라는 두 축으로 분류하여, 진정으로 집중해야 할 일을 찾아내는 것이다.

매트릭스의 1사분면은 '긴급하고 중요한 일'이다. 즉시 해결해야 하는 위기 상황이나 마감이 임박한 중요 프로젝트가 여기에 해당한다.

---

57 〈업무효율 높이려면? '딥워크' 하세요!〉, 네이버 포스트, https://post.naver.com
58 아이젠하워 매트릭스: 아이젠하워 전 미국 대통령이 고안한 것으로, 일의 우선순위를 정하고 시간관리를 효과적으로 하기 위한 도구

이러한 일들은 리더가 직접 처리하고 최우선 순위로 다뤄야 한다.

2사분면은 '긴급하지 않지만 중요한 일'로, 장기적 관점에서 가장 가치 있는 영역이다. 전략 수립, 조직 발전 계획, 자기계발 등이 여기에 속한다.

3사분면은 '긴급하지만 중요하지 않은 일'이다. 갑작스러운 회의 요청이나 사소한 업무 연락 등이 이에 해당한다. 이러한 일들은 가능한 한 다른 사람에게 위임하거나 최소화하는 것이 바람직하다.

4사분면은 '긴급하지도 중요하지도 않은 일'로, 불필요한 회의나 시간 낭비성 업무가 포함된다. 이러한 일들은 과감히 거절하거나 제거해야 한다.

파레토의 법칙을 적용하면, 전체 성과의 80%는 20%의 핵심 업무에서 나온다. 따라서 이 핵심적인 20%의 업무에 집중하는 것이 중요하다.

동기유발 전문가 브라이언 트레이시Brian Tracy는 효과적인 시간 운영에 대해 수백 권의 책을 읽고 수천 편의 기사를 조사한 결과물로 《개구리를 먹어라!》를 저술했다. 그는 당신이 해야 할 일들 중에서 가장 부담스럽고 중요한 일부터 하라고 조언한다. 개구리를 먹어야 한다면 못생긴 놈부터 먹어 치우라고 한다. 그렇게 하고 나면 나머지 일들은 상대적으로 수월하게 느껴져 전체적인 생산성과 성취감이 높아진다.

그의 '황금개구리 먹기' 실천 전략은 다음과 같이 적용할 수 있다. 먼저 가장 어렵고 중요한 일을 아침 첫 업무로 배정한다. 다음으로 한 번에 한 가지 일에만 집중한다. 마지막으로 완료될 때까지 다른 일로 전환하지 않는다.

이러한 원칙을 실제로 적용한 구글의 전 CEO 에릭 슈미트Eric Emerson Schmidt의 시간관리 방식은 주목할 만하다. 그는 매일 아침 3시간을 생각하는 시간으로 할당했다. 이 시간에는 어떠한 방해도 받지 않고 회사의 장기 전략과 중요한 의사결정에 집중했다. 이는 트레이시의 가장 큰 개구리 먼저 먹기 전략을 실천한 좋은 예시이다.

우선순위관리에서 가장 큰 장애물은 멀티태스킹의 유혹이다. 많은 사람들이 여러 가지 일을 동시에 처리하면 효율적일 것이라고 생각하지만, 실제로는 모든 일의 질이 저하되는 결과를 가져온다. 이를 극복하기 위해서는 시간을 블록으로 나누어 한 번에 한 가지 일에만 집중하는 것이 효과적이다. 이메일과 메신저 알림을 끄고, 집중 시간대를 설정하여 공유하는 것도 좋은 방법이다.

완벽주의 역시 효율적인 우선순위관리를 방해하는 요소이다. 지나친 완벽 추구는 시간 낭비로 이어질 수 있다. 따라서 충분히 좋은 상태가 무엇인지 정의하고 단계별로 완성도 목표를 설정하는 것이 현실적이다. 또한 예상치 못한 업무에 대비하여 하루 일정의 20% 정도는 여유 시간으로 확보해 두는 것이 중요하다.

효과적인 우선순위관리를 실천하기 위해서는 매일 아침 할 일의 목록을 작성하고, 중요도와 긴급성에 따라 우선순위를 부여하며, 상위 3개의 최우선 과제를 선정하는 것이 좋다. 일주일간 모든 업무 활동을 기록하여 시간 낭비 요소를 파악하고, 개선이 필요한 영역을 도출하는 것도 도움이 된다.

위임과 거절의 기술도 중요하다. 자신의 핵심 업무가 아닌 것은 위임하고, 불필요한 회의나 업무는 정중히 거절하며, 집중을 방해하는 요소들을 제거해야 한다. 주간, 월간 단위로 업무 진행 상황을 점검하고 우선순위를 재조정하는 정기적인 업무 검토도 필수적이다.

이러한 우선순위관리는 단순한 시간관리를 넘어 성공적인 직장생활의 핵심 요소이다. 업무 생산성이 향상되고 스트레스가 감소하며, 더 나아가 경력 발전에도 크게 기여한다. 핵심 역량 개발에 집중할 수 있게 되고, 가시적인 성과를 창출할 수 있으며, 전략적 사고능력도 향상된다.

우선순위관리는 무엇을 할 것인가를 결정하는 것만큼이나 '무엇을 하지 않을 것인가'를 결정하는 일이다. 선택과 집중을 통해서 제한된 시간과 에너지를 가장 가치 있는 일에 투자하는 것, 그것이 바로 성공적인 직장생활의 비결이다.

매일 아침 가장 큰 개구리부터 먹어가며, 하루 일의 우선순위를 정해라. 그러면 업무의 효율성이 높아지고 리더로 가는 발걸음도 훨씬 빨라질 것이다.

생각정리

1. 일의 우선순위

◎ 현실적으로 긴급한 일에 밀려 중요한 일을 미루게 되는데 이럴 경우 어떻게 극복하나요?

Ⓐ 나의 생각

2. 공감 찾기

◎ 이 글에서 공감하는 부분은 어떤 것이 있나요?

Ⓐ 나의 생각

💡 작성 팁: 정답은 없습니다. ① 솔직하게 적어보세요. ② 시간을 충분히 가지세요. ③ 동료나 멘토와 함께 이야기를 나누어보는 것도 좋습니다. ④ 3~6개월 후 다시 작성해 보면 변화를 볼 수 있습니다.

6장

상위 1%의 직장생활 레시피 8

태도_능력에 예의를 더하라

"실력은 당신을 정상에 올려놓지만, 태도는 당신을 그 자리에 머물게 한다."

제너럴일렉트릭의 전설적인 CEO 잭 웰치의 이 말은 성공하는 직장인의 핵심을 날카롭게 짚어낸다. 태도attitude는 단순히 겉으로 보이는 행동양식이 아니라 안으로 체화된 품성이다.

H 사의 한 임원은 자신의 회고록에서 "30년간의 직장생활에서 배운 가장 큰 교훈은, 실력은 기본이고 태도가 승부처라는 것이다"라고 했다. 그는 "뛰어난 실력을 가졌지만 태도 때문에 중간에 탈락한 동료들을 수없이 보았으며, 반면 평범한 실력이었지만 남다른 태도로 임원까지 오른 사례도 많았다"라고 덧붙였다.

현대 조직에서 태도의 중요성은 더욱 커지고 있다. 디지털 전환과 급변하는 비즈니스 환경 속에서, 단순한 실력이나 경험보다는 변화에 적응하고 새로운 도전을 받아들이는 태도가 더욱 중요해졌기 때문이다.

매력적인 태도의 핵심은 열정과 성실함의 조화에 있다. 구글의 인사 책임자 라즐로 복Laszlo Bock은 "열정 없는 성실함은 지루하고, 성실함 없는 열정은 위험하다"라고 했다. 열정은 조직에 활력을 불어넣고 혁신을 이끄는 원동력이 되지만, 성실함이라는 기반이 부실하면 오히려 혼란을 초래할 수 있다.

L 사의 P 대리는 매일 아침 누구보다 먼저 출근했다. 같은 층의 M 전무도 일찍 출근했지만, 넓은 사무실 공간에서 항상 먼저 도착한 P 대리의 모습이 자주 눈에 띄었다. 그의 성실한 태도는 결국 승진과 좋은 보직으로 보상을 받았다.

포용력과 여유 또한 매력적인 태도의 중요한 요소다. 포용력이 있는 사람은 다양한 의견과 관점을 수용한다. 여유는 단순히 느긋한 것이 아니라, 상황을 더 크게 보는 능력을 의미한다. 특히 리더의 포용력은 더욱 중요하다. 다양한 배경과 성향을 가진 팀원들을 이끌어야 하는 리더에게 포용적 태도는 필수적 자질이다.

매너는 태도가 외부로 표현되는 방식이다. 좋은 매너는 내면의 바른 태도가 자연스럽게 표출된 것이며, 이는 직장생활에서 매우 중요한 요소가 된다. 아무리 뛰어난 실력을 가진 사람이라도 기본적인 매너가 부족하다면 조직생활에서 어려움을 겪을 수 있다. 전문가다운 매너는 단순히 예의 바른 행동을 넘어선다.

배려는 현대 리더십의 핵심이다. 구글의 순더 피차이Sundar Pichai CEO가 "미래의 리더십은 배려와 공감에 기초할 것"이라고 예측한 것처럼, 많은 기업이 배려의 가치를 중시하고 있다. 구글은 실제로 임원

평가의 30%를 배려의 리더십 항목에 할당하고 있다. 아마존의 제프 베조스Jeff Bezos가 강조한 "고객을 배려하는 것처럼 직원들을 배려하라"라는 말은, 배려가 단순한 친절이 아닌 비즈니스의 핵심 가치임을 보여준다.

《굿 투 그레이트》의 저자 짐 콜린스Jim Collins는 위대한 기업의 리더들은 공통적으로 겸손의 힘을 가지고 있다고 했다. 그의 5년간 연구 결과에 따르면 가장 성공적인 기업을 이끈 CEO들은 놀랍도록 겸손하면서도 동시에 강한 전문성을 갖추고 있었다. 실제로 투자의 현인 워렌 버핏은 1958년 구입한 집에서 60년 이상을 살며 검소한 생활을 하고 있다.

현대 조직에서 겸손은 더욱 중요한 가치가 되고 있다. 복잡한 문제들을 해결하기 위해서는 다양한 관점과 전문성이 필요하며, 이를 위해서는 리더가 자신의 한계를 인정하고 다른 사람들의 의견을 경청할 수 있어야 한다. 긍정적이고 협력적인 태도를 가진 직원들이 있는 팀의 생산성이 평균 23% 더 높다는 연구 결과도 있다.

좋은 태도는 조직문화 형성에도 긍정적인 영향을 미친다. 특히 리더의 태도는 조직 전체의 분위기를 좌우한다. 존중하고 배려하는 리더 아래에서는 자연스럽게 협력적이고 혁신적인 문화가 형성된다.

소통의 태도도 중요하다. 원격근무와 하이브리드근무가 일반화되면서, 디지털 환경에서의 소통 태도는 갈수록 중요해지고 있다. S 기업은 코로나19 팬데믹 이후 전사적으로 디지털 소통 에티켓을 도입했다. 화상회의에서의 적절한 태도, 메신저 사용 시의 응답 시간, 이메일 작성의 기본 원칙 등을 명문화하고 이를 조직문화로 정착시켰다.

긍정적인 태도는 위기 상황에서 더욱 빛을 발한다. 2024년 글로벌 경기 침체 속에서도 성장을 이어간 기업들의 공통점은 긍정적 태도의 조직문화였다. K 사의 CEO는 "어려운 시기일수록 직원들의 태도가 기업의 운명을 결정한다"라며 "긍정적이고 도전적인 태도야말로 위기 극복의 핵심"이라고 강조했다.

태도관리는 경력 개발의 핵심 전략이 되고 있다. 승진이나 부서 이동, 새로운 프로젝트 참여 등 주요 전환점에서 보여주는 태도가 향후 경력 발전의 방향을 결정하는 경우가 많다. 태도관리는 자기성찰에서 시작해 자신의 행동과 영향을 지속적으로 점검하고 개선해 나가는 과정이다.

도전을 받아들이려면 변화를 두려워하고 기피하기보다 이를 새로운 기회로 인식하며, 불확실성 속에서도 적극적으로 해결책을 모색하는 자세가 필요하다. 변화를 수용하기 위해서는 실패를 두려워하지 않는 용기와 지속적인 학습 의지, 그리고 변화에 대한 열린 자세 등 적극적인 태도 변화가 요구된다.

위기 상황에 대처하려면 긍정적 사고가 중요하다. 긍정적 사고는 문제의 본질을 파악하고 어려운 상황에서도 기회와 해결책을 찾아내는 능력이다. 글로벌 경기 침체 속에서도 성장한 기업들의 공통점은 긍정적 태도의 조직문화였다. 긍정적이고 협력적인 태도를 가진 팀은 보다 높은 생산성을 보여 개인과 조직 모두에게 실질적인 성과로 이어진다.

21세기 조직에서 태도는 단순한 자질을 넘어 핵심 경쟁력이 되었다. 실력과 경험도 중요하지만, 궁극적으로 당신을 차별화하고 성공으로 이끄는 것은 바로 태도이다. 피터 드러커Peter Drucker가 말했듯이 "리더십의 본질은 인품이며, 인품은 당신의 태도에서 시작된다".

특히 AI와 디지털 전환이 가속화되는 현재, 기술적 숙련도보다 더 중요한 것은 변화에 적응하고 새로운 도전을 받아들이는 태도이다. 실력은 특정 위치에 도달하게 할 수 있지만, 태도는 지속적인 성장과 발전을 가능하게 한다. 능력에 태도를 더하면 '환상의 콤비'가 된다.

생각정리

1. 태도의 영향력

◎ 개인의 태도가 조직 전체에 미치는 긍정적·부정적 영향은 무엇일까요?

Ⓐ 나의 생각

2. 공감 찾기

◎ 이 글에서 공감하는 부분은 어떤 것이 있나요?

Ⓐ 나의 생각

관계_울타리가 되어줄 특별한 모임

인맥관리는 현대 비즈니스 환경에서 성공을 위한 핵심 요소이다. 황인태의 《리더에게 인정받는 직원의 40가지 비밀》에서 강조하듯, 단순히 많은 사람을 아는 것이 아닌 의미 있는 관계 구축이 중요하다. 상위 1%를 목표로 하는 직장인에게는 자신의 울타리가 되어줄 특별한 모임과 관계가 필수적이다.

하버드 비즈니스 스쿨의 연구는 성공한 비즈니스 리더 대부분이 정기적으로 만나는 핵심 네트워크를 보유하고 있음을 보여준다. 이들은 평균 6~8명으로 구성된 소규모 그룹을 20년 이상 유지하며, 정보 교환과 정서적 지지를 받아왔다. 이는 지속 가능한 네트워크의 중요성을 잘 보여주는 사례이다. 실제로 많은 성공한 리더는 이러한 핵심 네트워크를 통해 중요한 의사결정과 경력 전환의 순간에 큰 도움을 받았다고 증언한다.

효과적인 네트워크 구축을 위한 전략적 접근에서 내부 서클은 회사

내 핵심 관계망으로서 정기적인 학습 모임 구성과 운영이 필요하다. 업무 관련 전문 지식 공유 및 토론 세션을 개최하고, 사내 멘토링 프로그램에 참여하며 운영하는 것이 효과적이다. 부서 간 협업 프로젝트에 적극 참여하는 것도 중요하다. 회사 내 다양한 부서의 핵심 인재들과의 교류는 업무 수행에 큰 도움이 된다.

업계 네트워크는 산업 내 전문가 교류를 의미하며, 정기적인 콘퍼런스와 세미나 참석이 필수적이다. 업계 전문가 발표 및 강연 기회를 확보하고, 산업별 협회와 연구회 활동에 참여하며, 전문가 패널 참여와 자문 활동을 하는 것이 바람직하다. 이러한 활동은 산업의 최신 트렌드를 파악하고 새로운 비즈니스 기회를 발굴하는 데 매우 효과적이다.

확장 네트워크는 타 분야와의 교류를 의미하며, 링크드인 등 전문가 SNS를 적극 활용해야 한다. 전문 콘텐츠를 제작하고 공유하며, 크로스 인더스트리 네트워킹 이벤트와 다른 업종과의 교류모임에 참석하는 것이 좋다. 다양한 산업의 전문가들과 교류는 새로운 시각과 아이디어를 얻는 데 큰 도움이 된다.

동문회와 동호회 활동은 학교 동문회 활동 참여와 관심사 기반 동호회 운영을 포함한다. 스포츠, 문화 활동 중심의 모임과 정기적인 친목도모 행사를 개최하는 것이 효과적이다. 이러한 활동을 통해 형성된 관계는 업무적인 관계를 넘어 더욱 깊은 신뢰를 쌓을 수 있다.

사회공헌 활동은 전문성을 활용한 프로보노 활동과 NGO 및 비영리단체 참여를 통해 이루어진다. 지역 사회 봉사 활동에 참여하고 사회적 가치 창출 프로젝트에 동참하는 것이 바람직하다. 이러한 활동은 사회적 책임을 다하는 동시에 다양한 배경의 사람들과 만날 수 있는 기회를 제공한다.

네트워크 유지와 발전을 위한 정기성의 원칙은 정기적인 만남 스케줄 설정과 온·오프라인 소통 채널 유지를 의미한다. 연간 네트워킹 일정 계획을 수립하고 지속적인 관계관리 시스템을 구축하는 것이 중요하다. 디지털 시대에는 온라인 플랫폼을 통한 지속적인 소통이 더욱 중요해지고 있다.

과도한 네트워킹은 업무 효율성 저하와 워라밸 붕괴, 피상적 관계 증가, 심리적 피로 등의 리스크를 초래할 수 있다. 불필요한 모임 참석으로 핵심 업무에 집중하지 못하거나, 지속적인 인맥관리에 대한 부담이 늘어나는 것도 주의해야 할 점이다.

이러한 리스크를 관리하기 위해서는 선택과 집중이 필요하다. 6~8명 정도의 핵심 네트워크 그룹을 설정하고, 전체 업무 시간의 20% 이내로 네트워킹 시간을 제한하며, 불필요한 모임은 과감히 거절하는 것이 바람직하다.

교환의 원칙은 상호 도움이 되는 정보를 공유하고 전문성 기반의 협업 기회를 창출하는 것이다. 비즈니스 인사이트를 교환하고 경험과 노하우를 공유하는 것이 핵심이다. 일방적인 수혜가 아닌 호혜적 관계 구축이 중요하다.

진정성의 원칙은 순수한 인간관계 구축과 업무를 넘어선 신뢰 관계 형성을 의미한다. 장기적 관점의 관계 투자와 진심 어린 소통과 배려가 필요하다. 이는 네트워크의 지속 가능성을 결정하는 가장 중요한 요소이다.

글로벌 네트워크 구축 전략에선 국제 콘퍼런스에 참여하고 주요 글로벌 콘퍼런스에 정기적으로 참석하는 것이 중요하다. 국제 학술대회 발표 기회를 확보하고 해외 전문가와의 교류를 확대하며 글로벌 트렌드를 파악하고 공유해야 한다. 이는 글로벌 시장에서의 경쟁력 확보에 필수적이다.

국제 전문가 그룹 활동은 국제 전문가 협회 가입과 글로벌 멘토링 프로그램 참여를 포함한다. 국제 공동 연구 프로젝트에 참여하고 해외 전문가 네트워크를 구축하는 것이 효과적이다. 이를 통해 글로벌 시각과 전문성을 동시에 키울 수 있다.

온라인 글로벌 커뮤니티는 국제 온라인 포럼 참여와 글로벌 지식 공유 플랫폼 활용을 통해 이루어진다. 다국적 전문가 그룹에 참여하고 국제 웨비나[59]와 온라인 콘퍼런스에 참석하는 것이 바람직하다. 디지털 전환 시대에 온라인 네트워킹의 중요성은 더욱 커지고 있다.

위기 상황에서의 네트워크 활용은 위기 상황 대응 네트워크 구축과 긴급 자문단 운영을 포함한다. 위기관리 정보를 공유하고 상호 지원 시스템을 마련하는 것이 중요하다. 실제로 많은 기업이 코로나19 위기 상황에서 이러한 네트워크의 중요성을 경험했다.

기회 발굴 네트워크는 새로운 비즈니스 기회를 탐색하고 협업 가능성을 모색하는 것이다. 신규 프로젝트를 발굴하고 혁신적 솔루션을 공동 개발하는 것이 핵심이다. 이는 위기를 새로운 기회로 전환하는

---

59 웨비나Webinar: Web+Seminar

데 매우 중요한 역할을 한다.

성공적인 네트워크 구축은 단순한 인맥 쌓기를 넘어 진정성 있는 관계 형성에 초점을 맞춰야 한다. 정기적인 만남, 가치 있는 교류, 진심 어린 소통을 통해 장기적으로 지속 가능한 관계를 발전시키는 것이 핵심이다.

이러한 네트워크는 개인의 성장을 지원하는 강력한 울타리가 될 뿐만 아니라, 전문성 강화, 기회 창출, 위기관리의 중요한 도구로 활용된다. 지속적인 투자와 관리를 통해 의미 있는 관계를 구축하는 것이 성공적인 비즈니스 커리어를 위한 필수 요소이며, 급변하는 현대 사회에서 그 중요성은 더욱 커질 것으로 예상된다.

네트워크가 튼튼한 사람들이 성공한다. 네트워크는 단순히 인맥이 아닌 든든한 자산이기 때문이다.

생각정리

1. 효과적인 네트워크의 본질

◎ 단순히 많은 사람을 아는 것과 의미 있는 관계를 구축하는 것의 차이점은 무엇일까요?

Ⓐ 나의 생각

2. 공감 찾기

◎ 이 글에서 공감하는 부분은 어떤 것이 있나요?

Ⓐ 나의 생각

⋅💡⋅ 작성 팁: 정답은 없습니다. ① 솔직하게 적어보세요. ② 시간을 충분히 가지세요. ③ 동료나 멘토와 함께 이야기를 나누어보는 것도 좋습니다. ④ 3~6개월 후 다시 작성해 보면 변화를 볼 수 있습니다.

실행_실천이 모이면 작품이 된다

꿈과 목표를 현실로 만드는 것은 실행력이다. 실행이 빠진 꿈은 몽상이자 사상누각이다. 거대한 모자이크가 작은 조각들의 집합체인 것처럼, 인생도 매일의 실행이 모여 하나의 작품이 된다. 많은 사람들이 뛰어난 지식과 계획을 가지고 있지만, 성공에 이르지 못하는 것은 실행력이 부족한 탓이다.

실행력은 목표를 현실로 만드는 실천적 능력이다. 이는 단순히 열심히 일하거나 바쁘게 움직이는 것과는 다르다. 실행력의 본질은 명확한 목적의식을 바탕으로, 계획한 일을 즉각적으로 실천하고, 그 행동을 일관되게 유지하는 것이다. 마치 건축가가 설계도를 현실의 건물로 만들어내는 것처럼, 실행력은 우리의 계획과 목표를 구체적인 결과물로 전환하는 핵심 역량이다.

존 맥스웰John C. Maxwell이 《다시 일어서는 힘》에서 말한 의도적인 삶의 핵심 요소 세 가지를 실행력 구축의 핵심 요소로 바꾸어 보면 의

도성, 즉각적 실천, 일관성으로 요약된다. 실행력의 핵심은 의도적인 삶에 있다. 단순히 일상을 살아가는 것이 아니라 목적을 가지고 의식적으로 행동할 때 우리의 삶은 더 높은 차원으로 발전할 수 있다.

의도성이 강한 사람들의 특징은 분명하다. 그들은 매 순간 자신의 선택이 가져올 결과를 고려하여 행동하고, 어려움에 부딪혔을 때는 더 빠르게 회복하며, 자신의 행동에 강한 책임감을 가진다. 이러한 의도적인 삶은 성과 창출의 기반이 되며, 장기적인 성공으로 이어진다.

즉각적 실천의 중요성은 '통나무 위의 개구리' 이야기가 잘 보여준다. 다섯 마리의 개구리 중 네 마리가 물속으로 뛰어들기로 결심했지만, 실제로 행동으로 옮기지 않았다면 여전히 다섯 마리 모두가 통나무 위에 있는 것과 같다. 실행력이 뛰어난 사람들의 특징은 결심한 것을 즉시 행동으로 옮긴다는 점이다.

일관성이 있으면 작은 행동이라도 꾸준히 반복하면서 큰 변화를 만들어낸다. 이는 마치 복리 효과와 같아서, 시간이 지날수록 그 효과가 기하급수적으로 커진다. 일관된 실행은 작은 성공들을 쌓아 큰 성취로 이어지게 한다.

효과적인 일간 실행을 위해서는 매일 아침 가장 중요한 세 가지 과제를 선정하고, 이를 우선적으로 실행하는 것이 중요하다. 하루를 시작할 때 가장 에너지가 넘치는 시간대를 파악하여 중요한 일을 배치하고, 하루의 끝에는 실행 여부를 점검하며 다음 날을 준비하는 습관이 필요하다.

주간 단위의 실행력 강화를 위해서는 한 주의 핵심 목표를 설정하고, 이를 달성하기 위한 세부 실행 계획을 수립해야 한다. 주말에는 한 주 동안의 실행을 돌아보며, 성공적이었던 부분과 개선이 필요한 부분을 파악하는 시간을 가져야 한다. 이러한 주간 리뷰는 다음 주의 실행력을 높이는 데 큰 도움이 된다.

월간 단위에서는 더 큰 그림을 그리며 장기 목표와의 연계성을 검토한다. 실행은 미루면 미룰수록 더 어려워질 뿐이므로, 월별 계획을 세우고 실천하면 장기적인 성공의 토대를 마련할 수 있다. 매월의 성과를 측정하고 평가하는 것도 중요한 과정이다.

실행력을 방해하는 최대의 적은 완벽주의이다. 모든 것이 완벽해질 때까지 기다리다 보면 아무것도 시작하지 못할 수 있다. 80%의 완성도로 시작할 수 있다는 마음가짐이 중요하며, 실행하면서 개선하는 것이 더 효과적인 전략이다.

실패에 대한 두려움도 극복해야 할 중요한 과제이다. 실패는 학습의 기회이며, 더 나은 실행을 위한 피드백으로 봐야 한다. 실패를 두려워하여 실행을 미루는 것보다, 실패하더라도 그것을 통해 배우고 성장하는 것이 중요하다. 작은 실패들이 모여 성공의 밑거름이 된다.

지속적인 실행력 유지를 위해서는 적절한 동기부여가 필수적이다. 자신의 목표와 그것을 이루고자 하는 이유를 명확히 하고, 이를 자주 상기하는 것이 도움이 된다. 또한 진전 상황을 기록하고 작은 성취도 축하하며, 실행의 모멘텀을 유지하는 것이 중요하다.

실행력은 습관화될 때 가장 강력한 힘을 발휘한다. 처음에는 의식적인 노력이 필요하지만, 꾸준한 반복을 통해 자연스러운 습관이 되면 훨씬 수월해진다. 이는 운동이나 독서처럼, 초기에는 어렵게 느껴지지만 습관이 되면 일상의 일부가 된다.

실행의 궁극적인 목표는 단순한 부지런함이나 열심히 일하는 것을 넘어선다. 마치 정원을 가꾸는 것처럼 매일, 매주, 매월, 매년의 시간을 정성껏 관리하며 올바른 방향으로 꾸준히 나아가는 것이 핵심이다. 명확한 목표 설정, 우선순위 파악, 체계적인 실행 계획, 그리고 지속적인 점검과 개선이 조화롭게 이루어질 때 진정한 실행력이 발휘된다.

성공하는 직장인의 여정에서 실행력은 선택이 아닌 필수적 요건이다. 이는 단순한 노력이 아닌 지혜로운 시스템의 구축과 실천에서 시작되며, 장기적인 성공을 위한 핵심 동력이 된다. 실행력이 있는 사람들은 자신의 시간과 에너지를 효율적으로 관리하며, 지속적인 성장과 발전을 꾀한다.

연간 단위의 실행력은 더욱 전략적인 접근이 필요하다. 1년이라는 시간은 충분히 길면서도 구체적인 목표를 세우고 달성하기에 적절한 기간이다. 연초에 수립한 계획을 분기별로 점검하고 조정하면서, 장기적인 성공을 위한 기반을 다져야 한다.

실행력 강화를 위한 도구와 시스템의 활용도 중요하다. 일정관리 앱, 목표 추적 도구, 생산성 향상 프로그램 등을 효과적으로 활용하면 실행력을 체계적으로 강화할 수 있다. 하지만 도구는 어디까지나 보조 수단일 뿐, 핵심은 사용자의 의지에 있다는 점을 잊지 말아야 한다.

실행력 향상을 위한 환경 조성도 간과할 수 없는 부분이다. 업무 공간의 정리정돈, 불필요한 방해 요소의 제거, 집중력을 높이는 환경 구축 등은 실행력을 높이는 데 도움이 된다. 또한 함께 성장하고 발전할 수 있는 동료나 멘토의 존재도 실행력 향상에 큰 도움이 된다.

실행력은 결국 자신과의 약속을 지키는 것에서 시작된다. 타인과의 약속은 잘 지키면서도 자신과의 약속은 소홀히 하는 경우가 많은데, 진정한 실행력은 자신과의 약속을 철저히 지키는 것에서 비롯된다. 이는 자존감 향상과도 밀접한 연관성이 있다.

실행력은 성장과 발전의 핵심 동력이다. 아무리 좋은 계획과 아이디어라도 실행되지 않으면 무의미하다. 실행력이 있는 사람은 끊임없이 도전하고 성장하며, 궁극적으로 자신이 꿈꾸는 목표에 한 걸음씩 더 가까워진다. 이것이 실행력의 진정한 가치다.

비록 꿈이 작더라도 실천은 크고 과감하게 해야 한다.

생각정리

1. 실행력의 3요소

◎ 존 맥스웰이 언급한 의도성, 즉각적 실천, 일관성 중에서 본인에게 가장 부족한 요소는 무엇인가요?

Ⓐ 나의 생각

2. 공감 찾기

◎ 이 글에서 공감하는 부분은 어떤 것이 있나요?

Ⓐ 나의 생각

💡 작성 팁: 정답은 없습니다. ① 솔직하게 적어보세요. ② 시간을 충분히 가지세요. ③ 동료나 멘토와 함께 이야기를 나누어보는 것도 좋습니다. ④ 3~6개월 후 다시 작성해 보면 변화를 볼 수 있습니다.

해소_불안과 스트레스 퇴치법

'스트레스'는 현대인이 입에 달고 다니는 말이다. 짜증이 나거나 힘든 일이 생기면 입버릇처럼 스트레스 때문에 죽겠다고 하고, 컨디션이 조금만 안 좋아도 스트레스 때문이라고 단정 짓는다.

사전적으로 스트레스는 물리학 영역에서 '팽팽히 조인다'라는 의미이다. 의학영역에서 한스 셀리Hans Seley는 스트레스를 정신적, 육체적 균형과 안정을 깨뜨리려는 자극에 대하여 안정 상태를 유지하기 위해 변화에 저항하는 반응으로 정의하였다[60].

그는 스트레스 반응을 3단계로 구분했는데 첫째로 위험 신호에 대한 경보 반응, 둘째로 스트레스원에 대항하는 대응-저항 반응, 마지막으로 지속적인 스트레스로 인한 탈진 반응이다. 탈진 반응 단계에서는 스트레스가 신체적, 정신적 질병으로 발전할 수 있다고 경고했다.

---

60 안상우, 〈스트레스의 개념에 대한 한의학적 해석〉, 한국한의학연구논문집, 제3권 제1호, pp. 119~151, 1997

직장인에게 스트레스는 늘 함께하는 불편한 존재다. 출근을 위한 이른 아침 기상, 피곤한 몸을 이끌고 가는 지옥 출근길, 쏟아지는 업무, 상사의 연이은 호통, 승진 경쟁 등등.

현대의 직장인은 업무적인 압박, 성과평가, 승진문제, 퇴직의 불안, 동료와의 경쟁, 경제적 불안, 불안정한 미래, 세대 갈등, 타인과의 비교 등 스트레스적 환경에 고스란히 노출되어 있다. 그야말로 스트레스 폭풍 속에 사는 꼴이다.

스트레스는 긍정적 스트레스와 부정적 스트레스로 나뉜다. 긍정적인 스트레스는 적절한 수준에서 여러 긍정적 기능을 한다. 생존을 위한 필수적인 생물학적 반응으로서 위험 상황에서 신체의 즉각적 대응을 돕고, 업무 환경에서는 집중력과 생산성을 향상시킨다. 또한 도전적 과제나 새로운 환경에서의 스트레스는 개인의 성장 동력이 된다.

예르키스-도드슨 법칙에 따르면, 스트레스와 수행능력은 역U자 관계를 보인다. 적정 수준의 스트레스는 최적의 수행능력을 이끌어내므로, 스트레스를 완전히 피하기보다는 적절히 관리하는 것이 중요하다. 부정적인 스트레스는 불안이나 우울 등의 증상을 일으킬 수 있다.

제니스 캐플런Janice Caplen의 저서 《감사하면 달라지는 것들》에 따르면, 지난 수십 년간 의학계 연구 결과는 의미심장하다. 염증이 심장병, 암, 당뇨, 알츠하이머, 뇌졸중과 같은 주요 질병에 결정적인 영향을 미친다는 것이 밝혀졌다. 통합의학 분야의 권위자 리포니스 박사는 현대인이 세균보다는 오히려 백혈구의 과잉 반응으로 사망하고 있다고 한다.

희망적인 것은 이러한 스트레스를 효과적으로 해소할 수 있는 방법들이 있다는 점이다. 전통적 스트레스 해소법과 심리적 접근법, MZ세대 중심의 현대적 접근으로 구분하여 살펴보자.

첫째, 영국 서식스대학교의 연구에 따르면, 가장 효과적인 전통적 스트레스 해소법은 독서다. 좋아하는 음악 듣기, 커피 마시기, 산책하기 등이 그 뒤를 이었다.

다음으로 음악 이론이다. 진회숙은 저서 《나를 위로하는 클래식 이야기》에서 음악은 힘이 세다고 하였다. 음악은 절망에 빠진 사람에게 희망을 주고 고통에 빠진 사람에게 평화를 준다. 그리고 상처받은 사람을 치유하고 슬퍼하는 사람을 위로한다. 또 음악은 죽음의 그늘에서 생명의 꽃을 피우고 지루한 일상에 한 줄기 빛을 선사한다고 하였다.

마지막으로 감사습관이다. 제니스 캐플런은 365일 동안 감사 프로젝트를 통해 놀라운 변화를 경험한다. 1년 동안 감사 일기를 작성하며 결혼, 사랑, 가족으로 시작하여 재정이나 직업, 소유물 등 일상의 모든 측면에 관한 새로운 시각을 발견한다. 특히 다양한 것에 감사하기 시작하면서 그녀의 일상이 더욱 열정적으로 변화한다.

그녀의 경험에 따르면, 감사는 면역체계 강화와 스트레스 완화, 그리고 두통 감소에도 도움이 된다. 더욱 흥미로운 점은 감사, 사랑, 연민의 호르몬이 체내를 순환할 때, 백혈구의 위험 요소가 없어지고 상황이 안전하다는 신호를 받는다. 이러한 신호를 통해 백혈구는 불필요한 염증 반응을 하지 않는다.

둘째, 심리적 접근법이다. 먼저 심리치료사 에이미 모린Amy Morin은 저서 《나는 상처받지 않기로 했다》에서 강철 멘탈은 위기 상황 대처뿐 아니라 여러 문제를 효율적이고 효과적으로 처리하고 전반적인 스트레스 수치도 낮다고 했다.

그는 상처받지 않는 방법으로 13가지를 제시했다.

자기 연민에 빠져 시간을 낭비하지 말 것, 타인에게 휘둘리지 말 것, 변화를 두려워하지 말 것, 통제할 수 없는 일에 매달리지 말 것, 모두를 만족하게 하려 애쓰지 말 것, 예측 가능한 위험은 피하지 말 것, 과거에 연연하지 말 것, 실수를 되풀이하지 말 것, 다른 사람의 성공을 시기하지 말 것, 한 번의 실패로 포기하지 말 것, 홀로 있는 시간을 두려워하지 말 것, 세상이 불공평하다고 말하지 말 것, 즉각적인 결과를 기대하지 말 것이 바로 그것이다.

이는 스트레스 해소법과도 오롯이 이어진다.

다음으로 '옵션 B' 전략이다. 페이스북의 최고운영책임자COO인 셰릴 샌드버그Sheryl Sandberg가 그의 저서 《옵션 B》에서 강조했듯이, 인생에서 최선의 선택지 '옵션 A'가 막혔을 때 다른 대안 '옵션 B'를 준비하는 것이 중요하다. 이는 단순한 대비책이 아니라, 그 자체로 스트레스를 줄이는 효과가 있다.

한 고전적인 실험에서는 불쾌한 소음 속에서 과제를 수행하는 참가자들에게 흥미로운 사실이 발견되었다. 소음을 중단할 수 있는 버튼 즉, 옵션 B가 있다는 사실만으로도 참가자들의 스트레스가 크게 감소했다. 실제로 버튼을 누르지 않더라도, 통제권이 자신에게 있다는 사실만으로도 스트레스 대처 능력이 향상된 것이다.

셋째, MZ세대 중심의 현대적 접근이다. 취미 활동과 소셜 네트워킹, 자기계발로 자존감과 성취감을 높이고, 명상이나 요가로 정신적 안정을 찾고, 자연과의 접촉으로 심신을 안정시키며 스트레스를 해소한다.

직장인의 스트레스관리는 단순한 해소를 넘어 자존감과 삶의 질 향상으로 이어져야 한다. 이를 위해서는 세 가지 차원의 접근이 필요하다. 전통적인 방법으로 기본적인 심리적 안정을 확보하고, 감사습관과 자존감 멘탈관리를 통해 스트레스에 대한 내성을 키운다. 마지막으로 MZ세대가 보여주듯 자기계발과 취미 활동을 통해 적극적인 자아실현을 추구하는 등 종합적인 접근이 필요하다.

스트레스관리가 단순히 부정적 감정의 해소가 아닌, 삶의 의미를 찾아가는 과정이 되어야 한다. 살아갈 이유가 있는 사람은 어떤 어려움도 이겨낸다고 했다. 꿈을 품으면 세상을 걸어가는 발걸음이 한결 가볍다.

생각정리

1. 강철멘탈

◎ 에이미 모린의 상처받지 않는 13가지 방법 중 어려운 것은 무엇인가요?

Ⓐ 나의 생각

2. 공감 찾기

◎ 이 글에서 공감하는 부분은 어떤 것이 있나요?

Ⓐ 나의 생각

💡 작성 팁: 정답은 없습니다. ① 솔직하게 적어보세요. ② 시간을 충분히 가지세요. ③ 동료나 멘토와 함께 이야기를 나누어보는 것도 좋습니다. ④ 3~6개월 후 다시 작성해 보면 변화를 볼 수 있습니다.

6.5

취미_나를 책임질 두 번째 명함

인생을 흑백으로 살 것인가, 아니면 무지개색으로 살 것인가? 이 질문은 특히 성공을 바라는 직장인에게 중요한 의미를 갖는다. 우리의 삶은 단순히 직장에서의 성과나 직함으로만 평가될 수 없으며, 그것이 전부가 되어서도 안 된다.

'나'는 단순히 회사의 직함만으로 정의되지 않는다. 직장인으로서의 정체성을 넘어 자신만의 고유한 색깔을 가진 새로운 정체성, 두 번째 명함을 준비하는 것이다. 단순한 취미나 여가 활동이 아닌, 삶의 새로운 차원을 여는 전문성과 열정의 표현이다. 회사 명함이 조직 내 역할을 나타낸다면, 두 번째 명함은 자신만의 고유한 브랜드와 가치를 상징한다.

취미는 때로 예상치 못한 방향으로 우리 삶을 확장시킨다. 필자의 경우 회사 퇴직 후 곧바로 그림 취미반에 등록했다. 이는 현직 시절부터 준비해 온 여정이었다. 취미를 만들기 위해 얼마간 학원을 다녔다.

지방 발령으로 학원은 그만두었지만 몇 년간은 계속해서 취미 만들기 대상 1호가 그림이었다.

현재는 그룹 퇴직자 모임 수채화반에서 활동하며, 그림을 매개로 한 새로운 네트워크가 형성되었다. 이러한 개인적 경험은 취미 활동의 진정한 가치를 보여준다. 연 1회 진행되는 단체 전시회는 취미 활동이 어떻게 개인의 성장과 자아실현으로 이어질 수 있는지를 보여주는 훌륭한 사례다. 이는 단순한 취미를 넘어서는 새로운 도전과 성취의 장이 된다.

"인생에서 너무 늦은 때란 없다"라는 말은 단순한 격려가 아닌 실제 사례들을 통해 입증되어 왔다. 애나 메리 로버트슨 모지스Anna Mary Robertson Moses는 76세에 그림을 시작하여 101세까지 1,600여 점의 작품을 남겼고, 해리 리버맨Harry Lieberman은 81세에 그림을 시작해 '미국의 샤갈'로 불리게 되었다. 이들의 삶은 '몇 년이나 더 살 수 있을지를 생각하기보다는, 내가 어떤 일을 더 할 수 있을지 생각해 보라'는 중요한 메시지를 전한다. 100세 시대를 살아가는 우리에게 이들의 도전은 나이가 단지 숫자에 불과하며, 진정한 열정 앞에서는 결코 장애물이 될 수 없다는 것을 보여준다.

하버드대학교 인생 성장 보고서《행복의 조건》의 저자 조지 베일런트George E. Vaillant는 보람 있게 은퇴생활을 할 수 있도록 만들어주는 것 중 하나로 '창조성을 발휘할 수 있는 활동'을 꼽는다. 지속적인 창조와 성장의 과정이 있으면 삶이 시들지 않는다. 창조와 성장을 품고 있으면 100세의 나이에도 청춘의 삶을 산다.

오늘날 우리는 그 어느 때보다도 긴 수명을 누리고 있다. 건강관리만 잘한다면 퇴직 후에도 직장생활 기간만큼, 혹은 그 이상의 시간이 우리 앞에 놓여 있다. 이 귀중한 시간을 무계획적으로 흘려 보내는 것은 너무나 큰 낭비다.

우리에게 주어진 시간은 그저 흘려 보내는 것이 아니라, 의미 있게 채워나가야 할 소중한 자산이다. 멀리 가기 위해서는 함께 가야 한다. 가족과 함께, 친구와 함께, 그리고 자신만의 취미와 함께 가야 한다. 이는 단순한 동행의 의미를 넘어서는 삶의 철학이며, 행복한 노후를 위한 필수 조건이다.

취미는 자아를 발견하고 실현하는 핵심 도구이다. 그림이든 음악이든 글쓰기든, 어떤 형태로든 창조적 활동은 우리의 삶을 풍요롭게 한다. 취미가 없는 100세 시대는 삶이 너무 지루하다. 디지털 시대의 도래는 취미 활동의 개념과 범위를 획기적으로 확장시켰다. 유튜브와 같은 동영상 플랫폼은 개인의 일상과 관심사를 콘텐츠로 제작할 수 있는 기회를 제공했다. 취미로 시작한 브이로그가 수만 명의 구독자를 보유한 채널로 성장하는 사례가 늘어나고 있으며, 이는 취미가 새로운 직업이나 수입원이 될 수 있음을 보여준다.

디지털 아트, 모바일 사진작가의 증가 등 스마트폰의 고성능 카메라와 다양한 편집 앱의 등장으로, 전문가 수준의 작품 제작이 가능해졌다. 인스타그램에서 시작한 사진 취미가 전문 작가의 길로 이어지는 경우도 많아졌다. SNS 플랫폼은 작품 공유와 피드백을 즉각적으로 받을 수 있는 환경을 제공하여, 취미 활동의 발전 속도를 가속화했다.

팟캐스트 제작이나 오디오북 낭독과 같은 새로운 형태의 취미도 등장했다. 이러한 활동들은 전통적인 취미와 달리 시공간의 제약 없이 전 세계 사람들과 소통하고 영향력을 발휘할 수 있다는 특징이 있다. 또한 온라인 커뮤니티를 통해 같은 취미를 가진 사람들과의 교류가 용이해져, 취미와 전문성이 더욱 깊어지고 있다. 디지털 시대의 취미는 단순한 자기만족을 넘어 사회적 영향력으로까지 확장되고 있다.

연령대별로 취미의 의미와 가치는 다르게 나타난다. 20~30대 청년층의 경우, 직장생활에 적응하느라 바쁘지만 이 시기에 형성된 취미는 평생의 자산이 된다. 젊은 시절부터 축적된 취미 활동은 독특한 관점과 창의성을 발달시키는 데도 도움이 된다.

또한 동료들과의 새로운 교류 기회를 제공하고 업무 수행에도 긍정적인 영향을 미친다. 직장 초년생 시절부터 시작한 사진 촬영이 10년 후에는 전문가급 포트폴리오로 발전할 수 있는 것처럼, 취미는 미래의 새로운 가능성을 열어주는 열쇠가 될 수 있다.

40~50대 중년층에게 취미 활동은 인생의 전환점에서 새로운 도전과 변화를 위한 교두보가 된다. 주말 농장으로 시작한 원예 활동이 은퇴 후 농업 컨설팅으로 발전하거나, 와인 테이스팅 취미가 소믈리에 자격증 취득으로 이어지는 등 중년기의 취미는 전문성과 결합하여 새로운 직업이나 사회적 역할로 확장될 수 있다. 취미는 인생 2막을 준비하는 중요한 과정이 된다.

한 고위 공직자는 취미로 시작한 그림을 뉴욕 전시회에 출품하고 전문 작가들과 어깨를 나란히 하게 되었다. 이러한 사례는 취미가 단순한 오락거리가 아닌, 인생의 새로운 장을 여는 열쇠가 될 수 있음을 보여준다. 이는 은퇴 후의 삶을 계획하는 많은 이들에게 중요한 시사점을 제공한다.

"서당 개 삼 년이면 풍월을 읊는다"라는 속담처럼, 꾸준한 노력과 열정이 있다면 20년 후에는 지금은 상상할 수 없는 수준에 도달해 있을지도 모른다. 취미를 통한 성장은 우리 삶에 새로운 차원을 열어준다. 단순한 기술의 숙달을 넘어 그 과정에서 만나는 사람들, 겪게 되는 경험들, 그리고 자신의 내면에서 발견하는 새로운 가능성들이 우리의 삶을 더욱 풍요롭게 만든다.

취미는 단순한 시간 보내기가 아닌 인생을 다시 디자인하는 창조적 과정이다. 은퇴 후의 삶을 걱정하거나 현재의 일상에 권태를 느끼는 이들에게 취미는 새로운 도전과 성취의 기회를 제공한다.

지금이 가장 빠른 때다. 늦었다고 생각되면 지금 바로 시작해야 한다. 두 번째 명함에 무엇을 넣고 어떤 색으로 채울지는 당신의 몫이다. 분명한 건, 이 질문에 대한 답을 찾아가면 당신의 인생은 또 다른 길을 걷게 될 것이라는 사실이다.

생각정리

1. 취미의 재정의

◎ 두 번째 명함이 될 취미는 무엇인가요?

Ⓐ 나의 생각

2. 공감 찾기

◎ 이 글에서 공감하는 부분은 어떤 것이 있나요?

Ⓐ 나의 생각

💡 작성 팁: 정답은 없습니다. ① 솔직하게 적어보세요. ② 시간을 충분히 가지세요. ③ 동료나 멘토와 함께
이야기를 나누어보는 것도 좋습니다. ④ 3~6개월 후 다시 작성해 보면 변화를 볼 수 있습니다.

목표_방향을 정하면 길이 보인다

"성공하려면 목표를 가져라." "목표를 종이에 적어라."

수많은 자기계발서에서 흔히 볼 수 있는 문구들이다. 목표가 없는 인생은 나침반 없는 항해와 같다. 목표는 삶의 방향이다. 방향을 정해야 길이 생기고, 길이 보인다. 표류는 방향을 정하지 못한 항해다. 목표는 단순히 이르고자 하는 지점이 아닌, 삶의 나침반이다.

인생에서 목표가 없다면 내 인생의 배는 지금 어디에 있고 어디로 향하는지 알 수 없다. 안타깝게도 대부분의 직장인은 목표를 정하지 못하고 있다. 목표가 있더라도 거기에 이르고자 하는 노력은 게을리하면서 다 잘될 거라고 생각한다. 나이가 들고 경력이 쌓이면 경제적으로 여유가 생기고 퇴직 후에는 행복한 노년을 보낼 수 있을 것이라고 생각한다. 근거가 빈약한 막연한 낙관론이다.

현대 사회는 그 어느 때보다도 빠르게 변화하고 있으며, 이러한 변화의 속도는 더욱 가속화될 것이다. 디지털 기술의 발전, 인공지능의 등장, 글로벌 경제의 불확실성 등은 우리의 미래를 더욱 예측하기 어렵게 만들고 있다.

특히 직장인들의 경우, 현재의 안정적인 수입에 안주하여 미래를 위한 준비를 소홀히 하는 경우가 많다. 하지만 한 직장에서 평생 고용이 보장되지 않는 현대 사회에서 이는 매우 위험한 선택이다. 급변하는 직업 환경에서 생존하기 위해서는 지속적인 자기계발과 새로운 기회에 대한 준비가 필수적이다.

디지털 플랫폼의 발달은 새로운 기회를 제공하고 있다. 유튜브, 온라인 클래스 등 다양한 플랫폼을 통해 부수입을 창출하는 '사이드 허슬러'가 늘어나고 있으며, 이들은 본업과 함께 자신만의 디지털 자산을 구축해 가고 있다.

이러한 변화의 시대에서 목표 설정도 진화해야 한다. AI와 디지털 기술이 주도하는 현재 환경에서는 데이터 리터러시와 디지털 마케팅 같은 새로운 역량이 필수적이며, 전통적 전문성에 디지털 기술을 결합한 하이브리드 스킬의 개발도 중요하다. 더불어 SNS를 통한 개인 브랜딩, 온라인 포트폴리오 구축 등 디지털 자산의 확보는 미래의 불확실성에 대비하는 안전망이 될 수 있다.

엠제이 드마코MJ DeMarco는 《부의 추월차선》에서 인생의 경제적 경로를 세 가지로 구분했다. 첫째는 '인도'로, 라이프스타일의 노예가 되어 당장의 만족을 위해 미래의 자유를 저당 잡히는 가난의 길이다. 둘째는 '서행차선'으로, 대학 졸업 후 좋은 직장에 취직해 65세쯤에 부자가 되는 전통적 방식은 안정적이지만 노년에야 자유를 경험한다는 한계가 있다.

셋째는 '추월차선'으로, 진정한 부를 창출하는 길이다. 드마코가 제시하는 추월차선의 핵심은 '소극적 소득'의 창출이다. 임대 시스템, 소프트웨어 시스템, 콘텐츠 시스템과 유통 시스템, 그리고 인적자원 시스템 등을 통해 지속적인 수입을 얻는 것이다.

이는 단순히 시간을 돈과 교환하는 것이 아니라, 자신만의 시스템을 구축하여 지속적인 수입을 창출함으로써 젊은 나이에 경제적 자유를 얻는 방식이다. 수입파이프를 만들어 놓고 시간을 적게 들이면서도 어디에 있든 수입이 저절로 발생한다.

직장인으로서 당장 이런 시스템을 구축하기는 어려울 수 있지만, 이를 장기적 목표로 삼아 준비해 나가는 것은 현명한 선택일 수 있다. 실제로 성공한 많은 기업가는 직장생활을 하면서도 자신만의 비즈니스 시스템을 구축하기 위해 꾸준히 준비해 왔다.

브라이언 트레이시Brian Tracy는《당신의 무기는 무엇인가》에서 완벽한 행복감과 워라밸을 위해서는 7개 영역에서 목표 설정이 필요하다고 강조했다. 그의 7개 영역은 직업과 가족, 인간관계와 돈, 건강과 자기계발 마지막으로 사회적 공동체이다. 이는 단순한 외적 성장이 아닌, 전인적 성장을 위한 청사진이다.

목표 설정의 중요성에 대해 몇 가지 의미 있는 반론이 제기될 수 있다. 지나치게 구체적인 목표 설정이 오히려 스트레스와 부담으로 작용할 수 있다는 지적이 대표적이다. 너무 경직된 목표 설정이 창의성과 기회를 제한하거나, '목표 중심의 삶'이 현재의 행복을 저해할 수 있다는 우려도 있다.

이러한 반론들은 목표 설정 자체의 문제라기보다는, 목표를 설정하고 추구하는 방식의 문제로 볼 수 있다. 목표는 삶을 단속하는 감옥이 아닌, 방향을 제시하는 나침반이 되어야 하며, 결과보다는 과정 중심의 목표 설정이 바람직하다. 목표는 삶을 풍요롭게 만드는 도구일 뿐, 그 자체가 삶의 전부가 되어서는 안 될 것이다.

목표는 구체적이고 실천 가능한 형태로 세분화되어야 한다. 한 번에 한 입씩 먹으면 코끼리도 먹을 수 있다는 말처럼, 거대한 목표도 작은 단위로 나누면 달성이 가능해진다. 예를 들어, 연간 독서 목표를 세우고, 매월의 운동 계획을 수립하며, 주간 단위의 학습 목표를 설정하는 식이다. 이러한 세분화된 목표 설정은 성취감을 더 자주 경험하게 해주며, 동기부여를 지속적으로 유지하는 데 도움을 준다.

필자는 매년 초에 그 해의 슬로건을 만들고, 7~9개의 주요 목표를 설정했다. 각 목표별로 구체적인 실천사항을 정하고, 주기적으로 진행 상황을 체크했다. 이러한 과정이 해마다 반복되면서, 퇴직 후의 인생 설계까지 자연스럽게 이어졌다. 그 결과 계획했던 목표들을 하나씩 달성하며 보람을 느낀다.

한 번뿐인 인생이다. 그 귀한 인생을 닥치는 대로 살아서는 안 된다. 지금이라도 늦지 않았다. '5년 후의 나는 어떤 모습이고 싶은가?'라는 질문에 답해보자. 성장하고 싶은 전문 역량, 이루고 싶은 경제적 목표, 그리고 소중한 사람들과의 관계 등에 대해 7~10개 정도를 진지하게 생각하고 백지에 적어보는 것이다. 이것이 바로 목표 설정의 시작이다.

그리고 목표별로 구체적인 행동사항을 나열해 보자. 그 다음 기간별 즉 일일, 주간, 월간, 연간 목표를 적는다. 이제는 실행만이 남아 있다. 하나씩 실행해 나가면서 실적을 체크해 보자. 정말 간단하지 않은가! 목표를 향한 작은 실천, 그것이 30분 독서든 10분 운동이든 가족과의 짧은 대화든 상관없다. 어떤 작은 행동이라도, 목표를 향한 의미 있는 한 걸음이 될 것이다.

꿈을 꾸는 삶이 행복하다. 목표를 정하고 이를 향해 가는 삶이 의미 있고 풍요롭다. 목표는 자신의 삶을 주도적으로 이끌어가는 동력이자 나침반이다. 귀한 인생을 우연과 운명에 맡기는 건 삶을 방치하는 행위다. 지금 바로 목표를 정하고, 새로운 인생 여정을 시작하라.

생각정리

1. 목표의 설정

ⓠ 나의 인생목표를 7~10개 적고, 각각에 대하여 세부 실천 항목을 생각나는 대로 3개 이상 적어보세요. 항목별로 실천계획도 적어보세요.

ⓐ 나의 생각

2. 공감 찾기

ⓠ 이 글에서 공감하는 부분은 어떤 것이 있나요?

ⓐ 나의 생각

💡 작성 팁: 정답은 없습니다. ① 솔직하게 적어보세요. ② 시간을 충분히 가지세요. ③ 동료나 멘토와 함께 이야기를 나누어보는 것도 좋습니다. ④ 3~6개월 후 다시 작성해 보면 변화를 볼 수 있습니다.

6.7

공부_자기계발은 평생의 과제다

인생이란 전쟁터에서는 '자신만의 무기'가 있어야 한다. 무기를 벼릴수록 싸움의 승률이 높아진다. 뇌과학자이자 정신의학계 권위자인 이시형 박사는 저서 《공부하는 독종이 살아남는다》에서, 흔들리는 사회에서 살아남기 위한 개인의 무기에 대해 이야기한다. 그는 이미 많은 사람들이 진출해 있는 분야보다는, 누구도 시도하지 않은 새로운 영역이나 기존 대학 학과에 없는 분야에 도전할 것을 권장한다.

급속한 기술 발전과 평균 수명 증가로 인해, 공부는 더 이상 학창시절에만 국한된 것이 아니라 평생 지속해야 하는 과제가 되었다고 강조한다. 그는 공부가 단순한 금전적 가치를 넘어 진정한 희망과 행복을 창출하는 수단이라고 보며, 어떤 종류의 책이든 독서를 시작하는 것만으로도 개인의 운명과 인생이 변화할 수 있다고 주장한다.

깨달음은 늘 늦게 온다고 했다. 가끔 '35년간 한 직장에서 일한 나의 무기는 무엇일까? 나는 과연 나의 무기가 녹슬지 않도록 갈고닦

앉을까' 하고 묻지만 대답이 망설여진다. 그래서 뒤늦게나마 평생공부에 도전하고 있다. 읽지 않던 책을 읽으니 신기하게도 보이지 않던 것들이 보이기 시작한다. 세상을 살다 보니 '미리 알았더라면 좋았을걸' 하는 것들이 너무 많다.

경영의 아버지 피터 드러커Peter F. Drucker의 삶은 평생학습의 완벽한 모델을 보여준다. 《프로페셔널의 조건》에서 그 이유를 파악할 수 있다. 그는 18세에 함부르크대학에 입학한 후, 대학생으로서 일도 하면서 일주일에 한 번은 오페라를 관람했다. 그러던 어느날 그는 베르디Giuseppe Verdi의 오페라를 보게 되었다. 그날 베르디가 작곡한 최후의 오페라 〈폴스타프Falstaff〉에서 받은 영감은 그를 평생 가만두지 않았다. 베르디는 '왜 군이 힘든 오페라 작곡을 계속하는가?'라는 질문에 "음악가로서 나는 일생 동안 완벽을 추구해 왔다. 완벽하게 작곡하려고 애썼지만, 하나의 작품이 완성될 때마다 늘 아쉬움이 남았다. 그 때문에 나에게는 분명 한 번 더 도전해 볼 의무가 있다고 생각한다"라고 답했다.

80세의 나이에도 완벽을 추구했던 베르디의 자세는 드러커의 평생학습 철학의 근간이 되었다. 피터 드러커는 3~4년마다 새로운 주제를 선택하여 공부했다. 통계학, 중세역사, 일본미술, 경제학 등 60년 이상을 한결같이 새로운 분야를 탐구했다. 참으로 경이로운 일이다. 그의 이러한 태도는 학위에 만족해 전문가라는 직함에 흡족해하면서 공부를 게을리하는 사람들에게 경종을 울린다.

자기계발의 방법은 다양하다. 디지털 시대는 자기계발의 새로운 지평을 열었다. 시간과 공간의 제약 없이 학습할 수 있는 다양한 플랫폼이 등장했다. MOOCMassive Open Online Course, 유튜브, 구글의 Grow with Google, 링크드인의 LinkedIn Learning 같은 플랫폼은 최신 직무 역량을 효율적으로 습득할 수 있게 해준다.

AI 기반 학습 도구는 개인화된 학습 경로를 제시하고, 실시간으로 피드백을 제공하는 AI 튜터링 시스템은 학습 효율을 크게 높인다. 챗GPT와 같은 AI 도구는 지식 탐색과 학습의 새로운 방법을 제시한다. 메타버스 환경에서는 가상현실을 통한 실전적 학습이 가능해졌다.

이러한 디지털 도구들을 효과적으로 활용하기 위해서는 체계적인 접근이 필요하다. 산발적인 정보 소비를 넘어 명확한 학습 목표를 설정하고, 다양한 플랫폼을 유기적으로 활용하는 전략이 중요하다. 예를 들어, 온라인 강의로 기초를 다지고 AI 도구로 복습하며, 소셜미디어를 통해 실무 적용 사례를 연구하는 방식이다.

《레버리지》의 저자 롭 무어Rob Moore는 책 읽기와 오디오 프로그램 청취, 강좌 참석이나 멘토링, 네트워킹 등을 추천한다. 브라이언 트레이시 역시 매일 30~60페이지의 독서, 인터넷 검색, 전문가 강연 참석 등을 권장한다. 그는 저서 《그냥, 닥치고 하라!》에서 성공한 사람들의 공통점은 매일 배우는 습관이라고 했다. 또 업데이트되는 새로운 정보와 아이디어를 받아들이기 위해서는 인터넷 검색도 필요하다고 했다.

이들 주장의 공통분모는 '평생공부'다. 제시한 방법은 다양하지만 누구나 의지만 있으면 쉽게 실행할 수 있는 것들이다. 그중에서도 책 읽기는 쉬우면서도 효과는 가장 뛰어난 방법이 아닌가 싶다. 자기계발의 최대 적은 허약한 의지와 게으름이다.

직장인의 자기계발은 현실적인 어려움이 따른다. 직장이 최우선이어야 하는 상황에서, 자기계발에 지나치게 몰두하는 것은 리스크가 따른다. 균형 잡힌 접근이 필요한 이유다. 회사가 공식적으로 지원하는 교육 프로그램을 활용하거나, 업무와 연관된 자격증 취득, 어학공부 등을 우선순위로 삼는 것이 현명한 선택이다.

직장인 10명 중 7명이 자기계발 중[61]이라고 한다. 자기계발 분야는 운동, 독서, 어학 순으로 나타났다. 자기계발 이유는 더 나은 사람이 되려고, 여가를 알차게 보내려고, 좋은 회사로 취업 또는 이직하려고 순이었다.

자기계발 투자의 적정 수준도 고려사항이다. 연봉의 10% 정도를 자기계발에 투자하는 것이 바람직하다. 예를 들어, 연봉 5천만 원이라면 연간 500만 원, 월 40만 원 정도의 투자가 적절할 수 있다. 이는 낭비가 아닌 투자로 봐야 한다. 실제로 자기계발 투자의 수익률은 수백 퍼센트에 달할 수도 있다.

보통 사람들이 어쩔 수 없다는 핑계로 어제도 오늘도 또 내일도 반복되는 그저 그런 나날을 보내고 있을 때, 어떤 사람은 조금 다르게 생각하고 조금 다르게 살아간다. 그 조금의 차이가 세월이 흐르면 큰 차이로 벌어진다.

자기계발의 성공 비결은 지속성에 있다. 꾸준하게, 하지만 서두르지 않는 게 성공의 비법이다. 목표 설정, 실행 계획 수립, 진행 상황 점검

---

61 컴퍼니타임스, 2024년 5월 31일

등 체계적인 접근이 필요하다. 특히 중요한 것은 자기계발이 단순한 지식 축적이 아닌, 실제 삶과 업무에서의 변화로 이어져야 한다는 점이다.

평생공부는 직장인 누구에게나 '필수 과목'이다. 피터 드러커의 말처럼 변화의 시대에 살아남는 유일한 방법은 평생학습자가 되는 것이다. 게으름에 지지 말고 자기계발로 오늘보다 나은 내일을 꿈꾸자.

생각정리

1. 평생학습

◎ 자기계발을 위해 무엇을 어떤 방법으로 하고 있나요?

Ⓐ 나의 생각

2. 공감 찾기

◎ 이 글에서 공감하는 부분은 어떤 것이 있나요?

Ⓐ 나의 생각

💡 작성 팁: 정답은 없습니다. ① 솔직하게 적어보세요. ② 시간을 충분히 가지세요. ③ 동료나 멘토와 함께 이야기를 나누어보는 것도 좋습니다. ④ 3~6개월 후 다시 작성해 보면 변화를 볼 수 있습니다.

6.8

운동_건강과 활력을 모두 잡다

"재물을 잃으면 조금 잃는 것이요, 명예를 잃으면 많이 잃는 것이다. 그러나 건강을 잃으면 모든 것을 잃는 것이다."

삶에서 건강이 얼마나 중요한지를 단적으로 보여주는 오래된 격언이다. 대부분의 사람들은 인생에서 가장 중요한 것으로 가족, 친구, 건강을 꼽는다. 행복의 핵심 요소를 묻는 다양한 설문조사에서도 건강이 늘 상위권을 차지한다. 삶에서 건강보다 더 귀한 것은 없다.

건강의 소중함은 건강을 잃어봐야 안다는 말이 있다. 우리가 일상에서 당연하게 여기는 것들, 즉 보고 듣고 말하고 느끼는 것이 얼마나 큰 축복인지는 그것을 잃은 사람들의 이야기를 들어보면 뼈저리게 알 수 있다. 볼 수 없는 사람은 세상 한 번 봤으면 소원이 없겠다 하고, 듣지 못하는 사람은 사랑하는 사람의 목소리를 한 번만이라도 들어보았으면 여한이 없겠다고 한다.

현대 의학의 발달로 인간의 평균 수명은 크게 늘어났다. 하지만 이는 단순히 오래 사는 것을 의미할 뿐, 건강하게 오래 사는 것과는 다른 문제이다. 많은 사람들이 노년기에 각종 만성질환으로 고통받고 있는데, 이는 젊은 시절의 생활습관과 밀접한 관련이 있다.

현대인은 과거와는 다른 새로운 건강 위험에 노출되어 있다. 장시간의 스마트폰 사용으로 인한 거북목 증후군과 안구 건조증이 증가하고 있으며, 재택근무와 비대면 활동 증가로 인한 운동부족과 불규칙한 생활습관도 건강을 위협하고 있다.

과다한 블루라이트 노출은 수면의 질을 저하시키고, 지속적인 좌식 생활은 척추 건강과 심혈관 질환 위험을 높인다. 이러한 현대적 위험 요소들에 대응하기 위해서는 의식적으로 신체 활동을 늘리고 디지털 기기 사용 시간을 줄이는 등 적절한 관리가 필요하다.

애플의 창업자 스티브 잡스의 마지막 메시지는 우리에게 깊은 울림을 준다. 그는 생전에 엄청난 부와 명예를 누렸지만, 죽음을 앞두고 이렇게 말했다. "내가 그토록 자랑스럽게 여겼던 주위의 갈채와 막대한 부는 임박한 죽음 앞에서 그 빛을 잃었고 그 의미도 다 상실했다."

건강관리의 핵심은 바로 '습관'에 있다. 《습관의 힘》의 저자 찰스 두히그Charles Duhigg는 습관의 형성 과정을 '신호-반복행동-보상'이라는 3단계로 설명한다. 그는 핵심 습관 하나만 바꾸어도 연쇄 반응을 일으키는 변화를 가져온다고 강조한다.

예를 들어, 일주일에 한 번 규칙적으로 운동하는 습관을 들이면, 자연스럽게 더 건강한 음식을 찾게 되고, 아침 운동을 위해 일찍 일어나는 습관이 형성된다. 이는 단순한 신체 활동의 변화를 넘어 전반적인 생활의 질적 향상으로 이어진다. 지구력이 향상되고, 생활의 활력이 생기면서 자신감도 회복하게 된다. "생각이 말이 되고, 말이 행동이 되고, 행동이 습관이 되고, 습관이 운명이 된다"라는 말은 결코 허언이 아니다.

최근 연구들은 규칙적인 운동이 단순히 체력 향상뿐만 아니라 뇌 기능 개선에도 큰 도움이 된다는 것을 보여준다. 유산소 운동은 뇌의 해마 부위를 자극하여 기억력과 학습능력을 향상시키며, 우울증과 불안감을 감소시키는 데도 효과적이다.

필자는 오랫동안 하루 6시간 수면 습관을 들이기 위해 노력했다. 2010년부터는 새벽 5시 기상을 목표로 삼았다. 5시에 기상하여 7시 전 회사 도착, 그리고 어학공부나 운동으로 하루를 시작하는 패턴을 유지했다.

아침 시간을 효율적으로 활용하면서 얻게 된 여유는 업무 성과 향상으로 이어졌고, 규칙적인 생활은 건강상태를 크게 개선시켰다. 주목할 만한 점은 이러한 변화가 하루아침에 이루어진 것이 아니라는 사실이다.

습관은 어떤 행위를 오랫동안 반복적으로 되풀이면서 익혀진 행동이나 사고이다. 사람마다 아침 루틴이 다르다. 어떤 사람은 끝까지 이불 속에서 일어나기를 거부하다가 막판에 허겁지겁 출근을 하고 어떤 사람은 미리 일어나 신문이나 SNS를 확인하고 하루를 생각하는 시간을 갖는다. 이것이 습관이다.

어떤 연구에 따르면 모든 행동의 약 40퍼센트는 습관에 의해 행해진다. 우리의 일상생활이 얼마나 많이 습관에 의해 좌우되는지를 보여주는 수치다.

《아주 작은 습관의 힘》의 저자 제임스 클리어James Clear의 이야기는 감동적이다. 고교 시절 야구 연습 중 동료의 배트에 얼굴을 맞는 큰 사고를 당하여 걸을 수조차 없었다. 하지만 그는 매일 걷는 연습을 해서 결국 대학 최고의 선수가 되었다. 반복된 작은 습관의 누적이 얼마나 큰 변화를 만들어낼 수 있는지를 보여주는 사례다.

클리어는 단순한 성공 스토리를 넘어 인간의 잠재력과 의지의 힘을 실증적으로 보여준다. 그의 회복 과정은 순탄치 않았다. 처음에는 몇 발자국 걷는 것조차 힘들었지만, 포기하지 않고 매일 조금씩 걷는 거리를 늘려갔다.

건강의 중요성은 누구나 알고 있다. 다만 이를 위한 실천은 쉽지 않은 과제이다. 지금 당장 절박하지 않다고 건강관리를 미루다가는 자칫 돌이킬 수 없는 상황에 처한다. 병의 초기는 진단은 어렵지만 치료는 쉽고, 병이 깊어지면 진단은 쉽지만 치료는 어려운 법이다. 건강하고 행복한 백세 인생을 위해서는 지금 이 순간부터 작은 건강의 습관을 만들어야 한다.

건강한 삶을 위한 첫 걸음은 현재 생활습관을 객관적으로 돌아보는 것에서 시작된다. 불규칙한 식사, 운동부족, 과도한 음주, 흡연 등 건강에 해로운 습관들을 하나씩 개선해 나가야 한다. 이때 큰 목표를 세우는 것보다 작은 것들을 실천하는 것이 더 중요하다.

건강관리를 위한 구체적인 실천 방안을 살펴보면, 먼저 유산소 운동과 무산소 운동의 균형이 중요하다. 걷기, 조깅, 수영과 같은 유산소 운동은 일주일에 최소 3회, 회당 30분 이상 실시하는 것이 좋다. 여기에 근력 운동을 주 2회 정도 추가하면 이상적이다.

식단관리는 삼시 세끼 규칙적인 식사가 기본이며 단백질, 탄수화물, 지방의 균형 잡힌 섭취가 중요하다. 아침 식사는 하루의 신진대사를 활성화하는 핵심이므로, 단백질이 풍부한 음식을 포함하는 것이 좋다.

건강한 삶은 우연히 얻어지지 않는다. 일상의 건강한 습관이 건강을 만든다. 건강을 잃으면 행복은 절로 쪼그라든다. 살면서 취해야 하는 것들이 많다. 돈도 필요하고, 명예도 중요하고, 인맥도 나름 뜻이 있다. 하지만 이것 하나는 명심해야 한다. 건강을 잃으면 모두를 잃는다.

운동하는 습관으로 건강을 지키고, 생활의 활력을 찾으면 최소한 행복한 삶의 '필요 조건'은 충족시킨 셈이다. 건강은 인생 최고의 보물이다.

생각정리

1. 습관의 중요성

◉ 찰스 두히그와 제임스 클리어의 사례로 볼 때, 건강한 습관이 중요한 이유는 무엇일까요?

Ⓐ 나의 생각

2. 공감 찾기

◉ 이 글에서 공감하는 부분은 어떤 것이 있나요?

Ⓐ 나의 생각

💡 작성 팁: 정답은 없습니다. ① 솔직하게 적어보세요. ② 시간을 충분히 가지세요. ③ 동료나 멘토와 함께 이야기를 나누어보는 것도 좋습니다. ④ 3~6개월 후 다시 작성해 보면 변화를 볼 수 있습니다.

7장

그럼에도 불구하고 버텨라

평범하지만 특별한 그대

세상은 영웅담에 솔깃한다. 하지만 진정으로 세상을 움직이는 건 평범한 사람들이다. 흔히 영웅이라고 하면 비범한 능력을 가진 특별한 사람들을 떠올린다. 포춘 500대 기업의 CEO, 노벨상 수상자, 올림픽 금메달리스트들처럼 말이다.

하지만 세상을 진정으로 움직이는 힘은 소수의 영웅이 아닌, 매일 묵묵히 자신의 자리를 지키는 평범한 사람들에게서 나온다. 평범한 사람들의 노력과 헌신이 우리 사회를 발전시키는 근간이다.

시오노 나나미Nanami Shiono는 저서 《로마인 이야기》에서 역사는 학자들이 말하는 것처럼 어렵거나 낡은 것이 아니며, 단지 각자의 시대를 열정적으로 살아낸 사람들의 삶에 대한 기록이라고 말한다.

이 말은 오늘날 우리 사회를 이해하는 데도 중요한 시사점을 제공한다. 화려한 스포트라이트를 받는 소수의 성공가들이 아닌, 자신의 위치에서 최선을 다하는 수많은 평범한 사람들이 우리 사회를 움직이는 진정한 동력이기 때문이다.

매일 아침, 도시는 새로운 활기로 깨어난다. 지하철과 버스는 출근하는 사람들로 가득 차고, 도로는 각자의 목적지를 향해 달리는 차량들로 붐빈다. 누군가는 병원으로, 누군가는 공장으로, 또 다른 누군가는 학교나 사무실로 향한다. 이들은 모두 평범한 사람들이지만, 각자의 자리에서 없어서는 안 될 중요한 역할을 수행하고 있다. 그들의 일상적인 노력이 모여 사회라는 거대한 톱니바퀴를 움직이고 있는 것이다.

간호사들은 24시간 환자의 생명을 지키기 위해 고군분투하는 현대 의료 시스템의 중추이다. 그들은 밤낮없이 환자들을 돌보며, 때로는 자신의 휴식도 반납한 채 타인의 건강을 위해 헌신한다. 더 안전하고 편리한 건물을 설계하기 위해 밤늦게까지 도면을 검토하는 건축가들의 노력은 우리의 일상 공간을 더욱 안전하고 쾌적하게 만든다.

학생들의 더 나은 미래를 위해 끊임없이 연구하고 준비하는 교사들의 열정은 다음 세대를 키워내는 원동력이 된다. 완벽한 품질의 제품을 만들기 위해 생산라인을 꼼꼼히 점검하는 기술자들의 세심한 주의력은 우리가 사용하는 모든 제품의 신뢰성을 보장한다.

우리는 종종 대중 매체를 통해 젊은 나이에 큰 성공을 이룬 사람들의 이야기를 접한다. 20대의 억대 연봉 프로게이머, 30대 초반의 유니콘 기업 대표, 글로벌 무대의 K-Pop 아이돌들의 성공은 많은 이에게 부러움과 동시에 평범한 삶에 대한 회의감을 안겨준다. 하지만 이러한 극소수의 성공 사례가 우리 모두가 지향해야 할 유일한 목표일까?

성공은 결코 하루아침에 이루어지지 않는다. 로마가 하루아침에 세워지지 않았듯이, 진정한 성공은 매일매일의 작은 성취들이 모여 이루어진다. 화려해 보이는 SNS나 미디어의 성공 스토리들 속에서도, 우리는 자신만의 가치와 의미를 만들어가고 있음을 잊지 말아야 한다.

임원 승진에서 탈락했거나 자신의 커리어가 정체되었다고 느끼는 순간이 올 수 있다. '만년 과장', '만년 대리'라는 말이 주는 무게감은 때로 견디기 힘들 정도로 무겁게 다가온다. 하지만 인생은 마라톤과 같아서, 중간 기록이 좋지 않다고 경주가 끝난 것은 아니다. 때로는 늦게 피어나는 꽃이 더 오래 아름답게 피어있는 법이다.

세계적인 기업들의 시작도 대부분 소박했다. 아마존은 작은 온라인 서점에서, 삼성전자는 작은 무역상사에서 시작했다. 이들의 성공 뒤에는 수많은 평범한 직원들의 끈기와 노력이 있었다. 진정한 성공이란 화려한 직함이나 높은 연봉만을 의미하지 않는다.

매일 정직하게 일하고, 동료들과 협력하며, 고객과의 약속을 지키는 것, 이런 작은 성실함이 모여 더 큰 가치를 만들어낸다. 타고난 재능이 없다고 좌절할 필요는 없다. 평범한 사람들의 끈기와 성실함이야말로 세상을 더 나은 곳으로 만드는 원동력이기 때문이다.

우리가 매일 마주하는 일상의 순간은 그 자체로 특별한 의미를 지닌다. 출근길에 마시는 커피 한잔, 동료들과 나누는 소소한 대화, 업무를 마치고 느끼는 작은 성취감… 이러한 평범한 순간이 모여 우리의 인생을 만들어간다. 삶은 소소한 것들의 집합이다.

세상은 결코 혼자의 힘으로 움직이지 않는다. 우리 모두는 거대한 퍼즐의 한 조각이다. 비록 각각의 조각은 작고 평범해 보일 수 있지만, 모든 조각이 제자리에 있을 때 비로소 아름다운 전체 그림이 완성된다. 당신의 노력은 결코 헛되지 않다. 비록 지금은 힘들고 어려울지 모르지만, 포기하지 말고 한 걸음 한 걸음 전진하자. 당신의 성실함과 끈기가 언젠가는 반드시 빛을 발할 것이다.

매일 아침 출근길에 오르는 당신, 바로 당신이 이 시대의 진정한 영웅이다. 화려한 조명을 받지는 못해도, 우리의 하루하루는 더 나은 세상을 위한 소중한 발걸음이다. 때로는 지치고 힘들 때도 있겠지만, 각자의 자리에서 묵묵히 최선을 다하며 앞으로 나아가고 있다.

이것이 바로 매일 아침 희망을 품고 새로운 하루를 시작하는 이유이며, 끝까지 포기하지 않고 노력하는 이유이다. 우리 모두는 평범하지만 특별하다. 각자의 자리에서 최선을 다하는 바로 이 시대의 진정한 주인공이다. '아보하'가 모여 삶이 되듯 일상적인 노력이 모이면 더 나은 미래를 만들어간다.

이 글을 읽는 모든 분들, 자신의 일상이 특별하지 않다고 느끼는 분들께 꼭 전하고 싶다. 당신의 하루하루가 만들어가는 작은 변화와 성장이 우리 사회를 움직이는 진정한 힘이라는 것을. 평범한 일상 속에서도 끊임없이 성장하려 노력하는 당신의 모습이, 다른 이들에게 용기와 희망이 되고 있다.

아침에 일어나 출근길에 오르는 그 한 걸음, 업무 속에서 마주치는 어려움을 해결해 나가는 그 순간순간이 모여 우리 사회를 더 나은 방향으로 이끌어가고 있다. 당신의 노력이 헛되지 않다는 것을, 그 작은 실천들이 모여 큰 변화를 만들어낸다는 것을 기억하기 바란다.

오늘도 묵묵히 자신의 자리를 지키는 모든 이들에게 깊은 감사와 응원의 마음을 전한다. 우리는 각자의 방식으로, 때로는 더디게 보일지라도 분명히 앞으로 나아가고 있다. 함께 세상을 더 나은 곳으로 만들어가는 이 여정에서, 당신의 존재 자체가 이미 충분히 가치 있고 의미 있다는 것을 잊지 말기 바란다.

생각정리

1. 평범한 영웅의 하루

◎ 오늘 주변 동료나 가족에게서 받은 작은 칭찬이나 감사 인사는 무엇이었나요?

Ⓐ 나의 생각

2. 공감 찾기

◎ 이 글에서 공감하는 부분은 어떤 것이 있나요?

Ⓐ 나의 생각

💡 작성 팁: 정답은 없습니다. ① 솔직하게 적어보세요. ② 시간을 충분히 가지세요. ③ 동료나 멘토와 함께 이야기를 나누어보는 것도 좋습니다. ④ 3~6개월 후 다시 작성해 보면 변화를 볼 수 있습니다.

7.2

내일을 준비한다는 것

미래는 어느 시대나 불확실했다. 디지털 전환 시대는 그 불확실성의 농도가 한층 더 짙어졌다.

우리는 불확실한 미래 앞에서 살아간다. 코로나19 팬데믹이 전 세계를 뒤흔든 것처럼, 언제 어떤 변화가 찾아올지 아무도 예측할 수 없다. 인공지능의 발전은 일자리의 지형을 바꾸고, 기후 변화는 우리의 생활 방식 전반에 영향을 미치고 있다.

최근의 기술 발전 속도는 그 어느 때보다 빠르다. 불과 몇 년 전만 해도 상상하기 어려웠던 일들이 현실이 되고 있으며, 이러한 변화의 속도는 더욱 가속화될 전망이다. ChatGPT와 같은 인공지능의 등장은 우리의 일상과 직업 세계에 큰 변화를 예고하고 있다.

많은 사람들은 불확실한 미래 앞에서 극단적인 반응을 보인다. 어떤 이들은 과도한 불안감에 사로잡혀 현재의 삶을 놓치고, 또 다른 이들은 미래에 대한 무관심으로 아무런 준비도 하지 않는다. 하지만 우리는 이 두 극단 사이에서 균형을 찾아 미래를 대비하고 준비해야 한다.

은퇴 후의 삶은 새로운 시작이다. 《은퇴 후 8만 시간》의 저자 김병숙의 시간 계산법에 따르면, 60세에 은퇴하고 85세까지 활동한다고 가정했을 때, 우리에게는 25년간 하루 11시간씩 대략 10만 시간이라는 놀라운 시간이 주어진다. 이는 2023년 한국의 연평균 근로시간 1,874시간으로 계산하면 53년간 직장생활을 하면서 보낸 시간과 맞먹는다.

이 10만 시간은 우리에게 주어진 특별한 선물이다. 이는 단순히 남은 시간이 아닌, 진정한 의미의 보너스 타임이다. 태어나서 직장에 들어갈 때까지의 30년, 직장생활을 하며 보낸 30년, 그리고 은퇴 후의 삶. 각각의 시기는 나름의 무게와 의미를 가진 소중한 시간이다.

10만 시간의 의미를 구체적으로 살펴보면 그 가치를 더 잘 이해할 수 있다. 예를 들어, 전문가가 되는 데 필요한 시간이 1만 시간이라고 할 때, 우리에게는 10개의 새로운 분야에서 전문가가 될 수 있는 시간이 주어지는 셈이다. 새로운 언어를 마스터하는 데 1만 시간, 악기 연주를 전문가 수준으로 배우는 데 1만 시간, 다양한 봉사 활동에 참여하는 데 2만 시간, 취미생활을 즐기는 데 3만 시간, 가족과 함께 3만 시간을 보낼 수 있는 귀중한 시간이다.

실제로 많은 사람이 10만 시간을 활용해 인생 최고의 순간들을 경험하고 있다. 60세로 보험회사를 정년퇴임한 구스노키 아라타 씨는 퇴직한 남성의 실태를 취재하여 《정년 후》를 썼고, 책이 출간되자마자 20만 부가 팔리는 베스트셀러 작가가 되었다. 그는 "인생은 후반전이 중요하다"라고 말한다.

우리가 직장에서 보내는 시간은 단순히 '버티는 시간'이 아니다. 그것은 후에 선물로 받을 10만 시간을 더욱 풍요롭게 만들기 위한 소중한 준비 기간이다. 매일의 업무 경험, 동료들과의 관계, 크고 작은 도전들은 모두 우리를 더 단단하게 만든다. 지금 겪는 어려움들은 언젠가 귀중한 자산이 된다.

직장은 놀이터가 아니다. 과도한 업무량, 복잡한 인간관계, 끊임없는 성과 압박은 직장인의 어깨를 짓누르고 지치게 만든다. 하지만 그 너머에 있는 우리만의 시간, 우리가 진정으로 하고 싶은 일을 할 수 있는 자유로운 시간이 기다리고 있다는 것을 기억하자. 그 시간은 미뤄둔 꿈을 실현할 수 있는 황금기가 될 것이다.

90세의 나이에 S여대 대학원을 석사 졸업한 할머니는 '배움에는 끝이 없다'는 것을 몸소 실천했고, 히말라야를 자전거로 넘은 80대 할아버지는 '나이는 숫자에 불과하다'는 것을 증명했다. 68세에 IT 스타트업을 창업하여 성공한 P 대표는 "경험은 최고의 자산"이라고 말한다.

성공한 은퇴자들은 공통점이 있다. 그들은 직장생활을 단순히 견뎌내야 할 시간으로 보지 않았다. 대신 매 순간을 배움의 기회로 삼았고, 그 과정에서 자신만의 특별한 재능과 관심사를 발견했다. 이것이 바로 그들이 제2의 인생에서 놀라운 성취를 이룰 수 있었던 비결이다.

은퇴 후의 삶은 우리가 상상하는 것보다 훨씬 더 다채롭고 역동적일 수 있다. 평생 동경해 온 분야에서 새로운 도전을 시작할 수도 있고, 젊었을 때는 미처 생각하지 못했던 새로운 가능성을 발견할 수도 있다. 이 시기야말로 진정한 자아를 실현할 수 있는 시간이 될 수 있다.

인간은 무한한 가능성의 존재다. 나이는 더 이상 한계가 되지 않는다. 오히려 나이가 주는 경험과 지혜는 삶을 살아가는 나침반이 된다. 젊은 시절에는 미처 보지 못했던 것들이 보이고, 조급하게 추구했던 것들의 진정한 의미가 이해된다.

은퇴 후의 시간적 여유는 쫓기듯 살아온 삶에 주어진 귀한 보너스다. 직장생활하면서 일에 쫓겨 미뤄두었던 것들을 차근차근 실행할 수 있는 시간이다. 매일 아침 조깅으로 하루를 시작하고, 오후에는 평소 관심 있던 강좌를 듣고, 저녁에는 취미 모임에서 새로운 사람들과 교류하는 등 자신만의 리듬으로 하루를 채워가며 인생을 즐길 수 있는 시간이다.

한 연구에 따르면, 은퇴 후 새로운 도전을 시작한 사람들의 82%가 "인생에서 가장 행복한 시기"라고 응답했다. 이들은 공통적으로 시간적 여유와 선택의 자유를 행복의 주된 이유로 꼽았다. 더 이상 남의 시선을 의식하지 않고, 자신이 하고 싶은 일을 할 수 있다는 것이 큰 행복감을 준다는 것이다.

40년간 회사원으로 일하다 은퇴 후 제빵사가 된 K 씨는 "매일 아침 빵을 굽는 시간이 그렇게 행복할 줄 몰랐다"라고 말한다. 평생 사무직으로 일하다 정원사가 된 L 씨는 "식물들과 함께하는 시간이 나를 치유한다"라고 했다.

미래를 준비한다는 것은 단순히 재정만을 의미하지 않는다. 물론 경제적인 준비도 중요하지만, 그것은 전체 그림의 일부일 뿐이다. 진정한 준비는 자신이 진정으로 원하는 것이 무엇인지 깊이 고민하고, 그 것을 이루기 위한 작은 시도들을 지금부터 시작하는 것이다.

물론 이러한 준비 과정이 쉽지만은 않을 것이다. 때로는 좌절하고, 때로는 지치기도 할 것이다. 하지만 작은 변화들이 모여 큰 차이를 만든다는 것을 기억하라. 오늘의 작은 노력이 미래의 큰 행복으로 돌아올 것이다. 지금 이 순간, 당신의 10만 시간을 어떻게 채워갈지 그려보는 것은 어떨까.

은퇴 이후의 삶을 '제2의 인생'이라고 부른다. 그건 인생 2막이 단순히 여생이 아닌, 새로운 시작이며 또 다른 도전의 기회라는 의미다. 우리에게 주어질 10만 시간은 그 어떤 시간보다 자유롭고 풍요로운 시간이다. 지금 이 순간부터, 그 시간을 의미 있게 채워갈 준비를 한다면 '인생의 보너스 시간'은 더없이 아름답게 빛날 것이다.

생각정리

1. 직장생활의 가치

◎ 현재의 직장생활이 은퇴 후에 어떤 도움이 될까요?

Ⓐ 나의 생각

2. 공감 찾기

◎ 이 글에서 공감하는 부분은 어떤 것이 있나요?

Ⓐ 나의 생각

💡 작성 팁: 정답은 없습니다. ① 솔직하게 적어보세요. ② 시간을 충분히 가지세요. ③ 동료나 멘토와 함께 이야기를 나누어보는 것도 좋습니다. ④ 3~6개월 후 다시 작성해 보면 변화를 볼 수 있습니다.

7.3

세상에 완벽한 회사는 없다

"저기 가면 연봉이 더 높대요." "다른 회사는 워라밸이 정말 좋다던데요." "우리 회사보다 복지가 훨씬 좋다고 하네요."

이는 직장인들 사이에서 흔히 오가는 말이다. 온라인 커뮤니티의 발달로 다른 회사의 화려한 사무실 환경, 파격적인 복지 제도, 자유로운 근무 분위기 등이 끊임없이 공유된다. 남의 떡은 늘 맛있고 더 커보이는 법이다. 많은 직장인은 이런 이야기를 들으며 자신의 직장에 회의감을 느끼곤 한다. 이러한 현상은 젊은 세대들 사이에서 두드러지게 나타나는데, 이는 소셜미디어를 통한 정보의 과잉이 가져온 부작용이라고 볼 수 있다.

"옆 집 잔디가 더 푸르게 보인다"라는 속담처럼, 우리는 종종 다른 곳의 장점만을 보고 현재 자신의 위치를 과소평가하는 실수를 범한다. 이러한 심리는 자신이 가진 것의 가치를 제대로 인식하지 못하게 만들며, 불필요한 비교와 열등감을 유발하기도 한다.

모든 조직에는 저마다의 장단점이 있으며, 겉으로 보이는 것이 전부는 아니다. 화려해 보이는 스타트업도 생존을 위한 치열한 경쟁을 해야 하고, 안정적으로 보이는 대기업도 끊임없는 혁신의 압박에 시달린다. 새로운 환경에서는 업무 강도가 더 세지거나, 조직문화에 적응하기 어려운 경우도 많다.

《퇴사하겠습니다》의 저자 이나가키 에미코Emiko Inagaki는 회사를 떠난 후의 현실을 생생하게 전달한다. 그는 회사의 권세와 온정이 실제로 얼마나 큰 보호막이 되어주는지를 떠나고 나서야 깨달았다고 말한다.

'회사원이 아니면 사람이 아닌 사회'라는 그의 표현은, 회사라는 울타리를 벗어났을 때 마주하게 되는 현실의 냉혹함을 잘 보여준다. 회사를 그만두면 단순히 수입이 줄어드는 것을 넘어서, 사회적 신용과 안전망에서 제외되는 경험을 하게 된다. 이는 우리 사회가 얼마나 '회사 중심'으로 구조화되어 있는지를 보여주는 단적인 예시다.

《지금까지 없었던 세상》의 저자 이민주는 직장을 잃는 것이 모든 것을 잃는 것은 아니라고 했다. 하지만 이 말은 직장의 가치를 강조하는 역설로도 들린다. 실직은 단순한 경제적 어려움을 넘어 관계의 단절과 고립감으로 이어진다. 직장에서 쌓은 인간관계와 신뢰는 무엇과도 바꿀 수 없는 소중한 자산이라는 것을 떠나면 더 실감한다.

고용 사회에서 직장은 단순한 경제적 수단이 아닌, 문화적 욕구를 해소하고 자아를 실현하는 공간이다. 단순한 일터가 아닌 '인생의 학교'이며, 정체성을 확립하고 성장하는 터전이다. 이나가키 에미코가 말했듯이, 일이란 단순히 돈을 받기 위한 것이 아니라 다른 사람을 기쓰게 하고 도움이 되는 것이다.

이러한 관점에서 볼 때, 현재의 회사에서 자신의 가치를 높이고 관계를 발전시키는 데 집중하는 것이 더 현명한 선택일 수 있다. 현재의 직장에서 끝까지 버티며 자신의 가치를 증명하는 것이 진정한 성공의 지름길일 수 있다. 직장에서 쌓고 있는 업무 노하우와 인맥, 조직 내 신뢰 등은 쉽게 대체할 수 없는 무형의 자산이다. 이러한 자산들의 가치는 종종 간과되지만, 실제로는 매우 중요한 경쟁력이 된다.

조직 적응력 또한 중요한 고려사항이다. 모든 회사는 저마다의 문화와 시스템을 가지고 있으며, 새로운 환경에 적응하는 것은 생각보다 많은 시간과 에너지를 필요로 한다. 잦은 이직은 이러한 적응 과정을 반복해야 한다는 것을 의미하며, 이는 결과적으로 개인의 성장을 저해할 수 있다.

성공적인 직장생활의 핵심은 '주도성'에 있다. 주어진 환경을 탓하기보다, 그 환경에서 어떻게 자신의 가치를 높일 수 있을지를 고민하고 실천하는 것이 중요하다. 실제로 성공한 직장인들은 항상 현재의 위치에서 최선을 다했다. 불만족스러운 환경 속에서도 자신의 가치를 높이는 데 집중했고, 주어진 기회를 최대한 활용했다.

주도성에 대한 필자의 경험담이다. 신입사원 2년 차 생산부서 근무 때의 일이다. 2차 오일쇼크를 겪으면서 기술을 도입해 건설한 공장들에 대하여 대대적인 에너지 절감 활동을 한 기록을 찾았다. 전체적으로 상당한 금액을 절감했다는 내용과 건별로 제안 내용 및 계산 근거들이 있었다.

스스로 궁금하여 전체 내용을 하나씩 재점검하고 정리했다. 그 결과를 A3용지에 그려서 전체 공장의 에너지 밸런스를 다시 점검해 봤다. 이런 과정에서 공장 전체의 에너지 밸런스를 파악할 수 있었고, 과거 선배들이 어떻게 에너지 절감 운동에 참여했는지도 알 수 있었다. 이는 단순한 업무 파악을 넘어 조직의 역사와 문화를 이해하는 소중한 기회가 되었다.

이러한 경험은 그 후에도 직장 생활을 하는 데 많은 도움이 되었다. 어느 부서에서 근무하든 업무에 관한 한 주도적으로 찾아서 하는 것이 습관이 되었다. 덕분에 힘들고 어려운 일, 억울한 일들이 있어도 그냥 인내하며 오랜 시간 근무가 가능했다.

SNS를 통해 끊임없이 공유되는 다른 회사의 좋은 면들을 보면서, 많은 직장인이 포모FOMO[62] 증후군에 시달리고 있다. 자신이 뭔가를 놓치고 있다는 불안감은 현재의 직장생활에 대한 만족도를 떨어뜨리고, 이는 성급한 이직 결정으로 이어질 수 있다.

겉으로 보이는 높은 연봉이나 좋은 복지 제도가 반드시 지속 가능한 것은 아니다. 회사의 재무건전성, 시장에서의 경쟁력, 미래 성장 가능성 등을 종합적으로 고려해야 한다. 진정한 성장은 단순히 직급이나 연봉의 상승만을 의미하는 것이 아니다. 전문성의 깊이, 문제해결 능력, 리더십, 인간관계 등 다양한 측면에서의 균형 잡힌 발전이 필요하다.

총체적 성장은 어느 한순간에 이루어지는 것이 아니라, 꾸준한 노력과 시간을 필요로 한다. 특히 현재의 직장에서 쌓은 경험과 관계는 성

---

62 FOMO: Fear of Missing Out으로, 소외되는 것에 대한 두려움

장의 중요한 토대가 된다. 이는 단순히 업무적 능력뿐만 아니라, 조직 문화의 이해와 인적 네트워크 형성에도 큰 영향을 미친다.

현재의 자리에서 최선을 다하는 직장인이 성공 스토리를 쓴다. 환경을 탓하지 않고, 현실에 안주하지 않고, 주어진 여건에서 최대치를 만들어내는 직장인이 앞서간다. 더 나은 회사는 밖에서 찾는 것보다 우리가 안에서 만들어가야 한다. 세상에 회사는 많다. 하지만 그 어디에도 완벽한 회사는 없다.

생각정리

1. 직장생활의 핵심

ⓠ 최근 스스로 찾아서 주도적으로 해본 일은 어떤 것이 있나요?

Ⓐ 나의 생각

2. 공감 찾기

ⓠ 이 글에서 공감하는 부분은 어떤 것이 있나요?

Ⓐ 나의 생각

💡 작성 팁: 정답은 없습니다. ① 솔직하게 적어보세요. ② 시간을 충분히 가지세요. ③ 동료나 멘토와 함께 이야기를 나누어보는 것도 좋습니다. ④ 3~6개월 후 다시 작성해 보면 변화를 볼 수 있습니다.

붙어 있는 것도 능력이다

붙어 있는 것도 능력이고 버티는 것도 기술이다.

"운칠 기삼 운칠 복삼"이라는 말이 있다. 직장생활은 운이 7이고 기술이 3, 운이 7, 복이 3이라는 뜻이다. 인생에도 흔히 적용되며, 세상사가 운에 의해 많이 좌우되는 것을 강조하는 말이다. 운이 좋아 코드 맞는 상사를 만나면 승진도 하고 오래 버티기도 쉽다.

아무리 날고 긴다는 사람도 운이 따르지 않으면 일이 꼬인다. 경험적으로 볼 때 운에 포함되는 것들은 좋은 상사 만나기, 일 잘하고 착한 후배 만나기, 빛나는 부서나 업무 맡기, 경쟁자 부재, 경영실적 좋은 부서, 리스크 적은 부서 등이다. 하지만 운은 내가 어쩔 수 없는 것이니 결국 기술, 즉 내 능력으로 회사에서 버텨야 한다.

전문 분야 실력은 중간단계까지 올라가는 데는 도움이 되지만 상위 1%에 들려면 운 좋은 여건이 받쳐줘야 직장에서 오래 버틸 수 있다. 직장에서 잘나가는 사람은 극히 일부분이다.

대부분의 직장인에게 직장은 힘겨운 곳이다. 승진에 누락되어 동기보다 늦거나 아예 승진이 막힌 사람들의 심적 고통은 말로 표현이 어렵다. 가족을 부양해야 하는 가장의 입장으로서 이직은 더 복잡해진다. 중간에 퇴직하고 사업을 한다는 것은 더구나 넌센스다.

난관을 극복하려면 상황을 파악하고 대책을 세워야 한다. 우선 내가 통제할 수 있는 것과 통제할 수 없는 것을 구분해야 한다. 통제할 수 없는 것은 승진, 연봉, 보직, 좋은 상사 만나는 것, 나에 대한 평가 등이다. 통제 밖의 것들은 잊어버리고, 대신 통제할 수 있는 것에 집중하라.

어떻게 하면 자존감과 자신감을 가질 수 있을까? 답은 바로 끝까지 버티는 힘의 원천인 '히든카드'다! 히든카드는 자존감과 자신감을 업시키는 진짜 든든한 백이고 기댈 언덕이다. 자존감과 자기 인생에 대한 자신감만 있다면 세상에 두려울 것이 없다. 히든카드를 위하여 목표를 정하고 준비해야 한다.

365일간의 세계일주로 《어쩌다 보니 지구 반대편》을 펴낸 오기범 작가의 이야기는 우리에게 좋은 예시가 된다. 그는 인생을 축구 경기처럼 40세까지를 전반전, 이후 80세까지를 후반전, 조금 더 산다면 연장전으로 정의한다.

그의 인생 전반전의 꿈은 교사가 되는 것, 세계일주를 하는 것, 자신의 이름으로 책을 출간하는 것이고, 이 세 가지 모두를 이미 이루었다. 후반전의 꿈으로는 사랑하는 사람을 만나고, 그 사람과 함께 세계일주를 하며, 게스트하우스를 운영하면서 소박하게 살아가는 것이다.

그에게는 꿈이 있기에 목표가 생기고, 그로 인해 일상을 열정적으로 살아갈 수 있는 것이다. 또한 삶의 방향이 명확하므로 불안할 일도 없다. 이는 우리에게 많은 것을 시사한다. 꿈을 꾸며 열심히 살면 인생의 길이 보인다.

직장생활을 하면서 히든카드를 준비하는 것은 쉽지 않다. 개인의 미래를 준비하면서 현재의 업무에 충실하기가 생각보다 어렵다. 하지만 불가능한 것은 아니다. 목표를 세우고 꾸준히 할 수 있는 것부터 실천하면 길이 열린다. "천 리 길도 한 걸음부터"라고 했다.

《때로는 길이 아닌 길을 가라》의 저자 정양호는 이력이 화려하다. 행정고시 출신인 그는 공무원으로 시작하여 조달청장을 지냈으며 미국으로 유학하여 경제학 박사를 취득했다. 그는 국장이 되고 나서부터 매년 100권 이상의 책을 읽고 블로그에 리뷰를 올렸다. 9년째 올린 리뷰는 무려 1,300권에 달한다.

그는 제2인생 원칙 5가지를 다음과 같이 제시하였다. 첫째는 일을 최우선으로, 일자리를 찾는 것이고 둘째는 재무관리를 제대로 하는 것으로, 일정한 수입원을 확보하는 것이다. 셋째는 30년 장기계획으로, 일과 즐기기 반반의 버킷리스트를 작성하는 것이고 넷째는 사랑으로, 주변사람들과 일을 사랑하는 것이다. 마지막으로 다섯째는 이 모든 것을 바로 실천하는 것이다.

인생을 직장이라는 틀로 한정할 수는 없다. 승승장구하며 오래 다니든, 중간에 그만두게 되든, 그저 묵묵히 정년을 채우든, 그것으로 인생 전체를 평가할 수는 없다. 우리에게는 아직 남아있는 10만 시간이 있다.

우리는 종종 직장에서의 성과나 평가에 지나치게 얽매여 더 큰 그림을 보지 못하는 경우가 많다. 우리의 삶을 풍요롭게 만드는 다양한 요소들이 존재한다. 가족과의 관계, 취미생활, 자기계발, 건강관리가 그것이다. 이러한 요소들의 균형을 맞추는 것은 장기적으로 직장생활을 지속할 수 있는 힘이 된다.

　직장에서의 성공이 반드시 전통적인 의미의 승진이나 높은 연봉만을 의미하는 것은 아니다. 자신의 분야에서 전문성을 쌓고, 동료들과 좋은 관계를 유지하며, 일과 삶의 균형을 찾는 것도 또 다른 형태의 성공이다.

　직장생활에서는 우리가 직접 통제할 수 있는 영역에 집중해야 한다. 업무 능력을 향상시키거나, 새로운 기술을 습득하거나, 인간관계를 개선하는 등의 노력이 이에 해당한다. 이러한 노력들이 쌓여 결국 경쟁력이 되고, 장기적으로는 더 나은 기회로 이어질 수 있다.

　어려움을 극복하는 데는 긍정적인 마인드가 중요하다. 하지만 이는 단순히 '긍정적으로 생각하자'는 막연한 태도가 아니라, 구체적인 계획과 실천이 뒷받침되는 긍정이어야 한다. 현재의 어려움을 새로운 기회로 전환시키는 방법을 찾거나, 실패의 경험을 학습의 기회로 삼는 등의 실질적인 노력이 필요하다. 이러한 구체적 행동이 우리의 직장생활을 더욱 단단하게 만들어 준다.

　직장에서의 '버티기'는 단순히 시간을 견디는 것이 아니다. 그 과정에서 자신을 발전시키고 새로운 가능성을 모색하는 적극적인 행위가 되어야 한다. 현재에 최선을 다하면서도 동시에 미래를 준비하는 자세가 중요하다. 그것이 바로 진정한 의미의 '버티기'이며, 이러한 능력이야말로 요즘 사회에서 가장 필요한 역량일지도 모른다. "인생지사 새옹지마"라고 했다. 당장의 어려움이 나중에는 축복이 되고, 현재의 성공이 나중에는 족쇄가 될 수도 있다.

1998년 US오픈에서 맨발 샷으로 우승한 박세리 선수는 "골프는 장갑 벗기 전까지 모른다"라고 했다. 우리 인생의 내일도, 인생 2막도 어떻게 전개될지는 아무도 모른다. 한 가지 분명한 것은 오늘 우리의 현명한 선택으로 내일이 크게 달라진다는 사실이다. 진정한 승자는 마지막을 멋지게 장식하는 사람이다.

생각정리

1. 버티는 힘의 원천

ⓠ 히든카드로 어떤 것을 생각하고 있나요?

Ⓐ 나의 생각

2. 공감 찾기

ⓠ 이 글에서 공감하는 부분은 어떤 것이 있나요?

Ⓐ 나의 생각

🔆 작성 팁: 정답은 없습니다. ① 솔직하게 적어보세요. ② 시간을 충분히 가지세요. ③ 동료나 멘토와 함께
이야기를 나누어보는 것도 좋습니다. ④ 3~6개월 후 다시 작성해 보면 변화를 볼 수 있습니다.

매일 아침을 기다리는 이유

"매일 아침 거울을 보며 자문한다. '오늘도 이 일을 하고 싶은가?' 만약 며칠 연속으로 '아니오'라고 답하게 된다면, 나는 무언가를 바꿔야 한다는 것을 알게 된다."

스티브 잡스Steve Jobs의 이 유명한 말처럼, 우리는 매일 아침 자신에게 질문을 던진다. '너는 이 일을 하고 싶으냐?'고…. 한숨이 나오고, 발걸음이 무거워질 때도 있지만, 그럼에도 불구하고 우리는 매일 아침을 맞이한다.

아침은 하루의 시작이자 새로운 기회와 도전의 출발점이다. 매일 아침을 맞이하는 순간, 우리는 전날의 고민과 걱정을 뒤로하고 새로운 가능성을 향해 한 걸음 앞으로 내딛는다. 이는 단순한 시간의 흐름이 아닌, 우리 삶의 질적 변화를 가져오는 중요한 순간이다.

우리가 아침을 기다리는 데는 다양한 이유가 있다.

첫 번째 이유는 함께 일하는 동료들이다. 《구글의 아침은 자유가 시작된다》의 저자 라즐로 복_{Laszlo Bock}은 심리적 안정감이 조직의 성공을 좌우하는 핵심 요소라고 주장했다. 실제로 구글 아리스토텔레스 프로젝트의 연구 결과, 팀의 성과를 좌우하는 가장 중요한 요소는 팀원들 간의 심리적 안정감이었다.

이러한 심리적 안정감은 단순한 업무적 신뢰를 넘어서는 것이다. 함께 일하는 동료들과의 관계는 직장생활의 핵심 동력이 된다. 서로를 이해하고 배려하며, 힘든 순간을 함께 극복해 나가는 과정에서 우리는 진정한 팀워크의 가치를 발견하게 된다.

둘째는 새로운 도전과 성장의 기회이다. H 자동차의 한 엔지니어는 자신의 블로그에 이렇게 썼다. '15년 차 엔지니어지만 매일이 새롭다. 전기차 시대가 오면서 기존의 지식만으로는 부족했다. 50대의 나이에 새로운 공부를 시작했다. 힘들지만, 이런 도전이 있어 매일 아침이 기대된다.'

MZ세대 직장인들은 이러한 도전과 성장을 더욱 적극적으로 추구하고 있다. 한 스타트업의 25살 마케터는 자신의 뉴스레터에 이렇게 썼다. '저희 세대는 일과 삶의 균형을 중요하게 생각하지만, 그것이 소극적인 태도를 의미하지는 않습니다. 오히려 더 열심히 배우고 도전합니다. 다만 그 과정에서 자신만의 페이스를 유지하고, 번아웃을 방지하는 것을 중요하게 생각합니다.'

도전과 성장의 기회는 직장생활에 새로운 활력을 불어넣는다. 새로운 기술을 배우고, 새로운 프로젝트에 참여하며, 때로는 실패를 경험하면서 우리는 조금씩 성장해 나간다. 이 과정에서 느끼는 성취감과 만족감은 우리가 매일 아침을 기대하게 만드는 중요한 원동력이 된다.

셋째는 더 나은 미래를 위한 준비이다. 와튼스쿨의 애덤 그랜트 Adam Grant 교수는 저서 《기브 앤 테이크》에서 성공적인 사람들은 현재의 성과에 안주하지 않고 지속적으로 미래를 준비하는 특징이 있다고 주장한다. 실제로 한 설문조사에 따르면, 직장인의 78%가 '미래에 대한 준비'를 현재 직장생활의 중요한 동기로 꼽았다.

미래를 준비한다는 것은 단순히 새로운 기술을 습득하거나 자격증 따는 것 이상을 의미한다. 그것은 꿈꾸는 더 나은 삶을 위한 기초를 다지는 과정이며, 우리의 역량과 가능성을 확장시키는 여정이다. 이러한 준비 과정은 때로는 힘들고 지칠 수 있지만, 그 속에서 우리는 성장의 기쁨을 발견한다.

넷째는 가족을 위한 책임감이다. 지난해 은퇴한 한 중견기업 임원은 회고록에서 이렇게 썼다. '30년 직장생활 중 사표를 쓰고 싶었던 순간이 여러 번 있었다. 그때마다 나를 붙잡은 것은 아침에 학교 가는 아이들의 뒷모습이었다. 그들의 꿈을 위해, 내 꿈을 잠시 미뤄야 했다. 하지만 그것 또한 행복한 선택이었다.'

가족에 대한 책임감은 때로는 무거운 짐처럼 느껴진다. 하지만 그것은 동시에 우리에게 힘과 용기를 주는 원천이 된다. 가족의 행복을 위해 노력하는 과정에서 우리는 더 큰 의미와 보람을 발견하며, 이는 직장생활에 새로운 의미를 부여한다.

알리바바의 마윈은 "꿈이 있다면 현실의 어려움은 견딜 만한 것이 된다"라고 했다. 실제로 성공한 직장인들의 공통점은 명확한 꿈과 목표가 있다는 것이다. 꿈과 목표는 우리에게 방향성을 제시한다. 그것은 힘든 순간을 견디게 하는 원동력이 되며, 매일의 루틴한 업무에도 특별한 의미를 부여한다.

S 전자의 한 임원이 신입사원 강연에서 한 말은 시사하는 바가 크다. "30년 직장생활을 하면서 깨달은 것은, 출근이 즐거운 사람이 성공한다는 것이다. 그 즐거움은 스스로 만들어가야 한다. 동료와의 관계에서, 업무의 성취감에서, 그리고 자신의 성장에서 말이다."

즐거움은 단순히 주어지는 것이 아니다. 그것은 우리가 매일의 업무와 관계 속에서 의미를 발견하고, 가치를 창출해 내는 과정에서 만들어지는 것이다. 하는 일에 자부심과 열정이 있을 때, 매일의 출근은 의무가 아닌 산뜻한 즐거움이 된다.

의미 있는 직장생활을 위해 다음과 같은 실천적 제안들을 고려해 볼 수 있다.

첫째, 매일 아침 출근 전 5분간 오늘 하루의 의미 있는 목표 하나를 정해보자. 작은 목표라도 그것을 달성했을 때의 성취감은 다음 날의 동기가 된다.

둘째, 주간 회고 시간을 가져보자. 금요일 퇴근 전 15분, 이번 주에 배운 것, 감사한 것, 개선하고 싶은 것을 간단히 메모하는 것만으로도 우리는 일의 의미를 더 선명히 발견할 수 있다.

셋째, '성장 동아리'를 만들어보자. 비슷한 목표를 가진 동료들과 함께 점심시간이나 퇴근 후 짧은 시간이라도 모여 서로의 경험을 나누고 피드백을 주고받는 것은 큰 도움이 된다. 한 보험회사의 사례처럼,

이런 작은 모임이 회사 전체의 학습 문화로 발전하기도 한다.

최근 한 연구 결과에 따르면, 직장인의 행복도는 연봉이나 직위보다 '일의 의미'와 더 높은 상관관계가 있다고 한다. 결국 우리가 매일 아침을 기다리는 것은, 하는 일에서 나름의 의미를 찾았기 때문일 것이다.

일의 의미는 개인마다 다르게 정의된다. 어떤 이에게는 전문성의 성장일 수 있고, 다른 이에게는 동료와의 협력일 수 있으며, 또 다른 이에게는 사회에 대한 기여일 수 있다. 중요한 것은 각자가 자신만의 의미를 발견하고 그것을 추구해 나가는 것이다.

월트 디즈니Walter Elias Disney는 "인생에서 가장 행복한 순간은 당신이 아침에 일어나 좋아하는 일을 하러 갈 때이다"라고 했다. 우리도 각자의 이유로 매일 아침을 기다린다. 비록 모든 날이 즐겁지는 않더라도, 이러한 이유들이 매일 아침 새로운 하루를 시작하게 만드는 신선한 에너지다.

직장은 생계 이상의 의미가 있다. 성장과 발전의 터전이자, 관계를 맺고 의미 있는 성과를 만들어내는 공간이다. 아침이 설레고 출근길이 가벼운 직장인은 세상에서 가장 행복한 사람들이다. 매일 아침은 또 다른 가능성이 시작되는 순간이다.

생각정리

1. 아침의 의미

ⓠ 아침이 기다려지고 출근이 가벼웠던 적이 있었나요? 있다면, 그 이유는 무엇
인가요?

Ⓐ 나의 생각

2. 공감 찾기

ⓠ 이 글에서 공감하는 부분은 어떤 것이 있나요?

Ⓐ 나의 생각

💡 작성 팁: 정답은 없습니다. ① 솔직하게 적어보세요. ② 시간을 충분히 가지세요. ③ 동료나 멘토와 함께
이야기를 나누어보는 것도 좋습니다. ④ 3~6개월 후 다시 작성해 보면 변화를 볼 수 있습니다.

7.6

사표를 품고 다니는 2030에게

실업흉터Unployeement Scarring를 알고 있는가?

제이슨 셴커Jason Schenker의 《코로나 이후 불황을 이기는 커리어 전략》에 나오는 말이다. 첫 단추를 잘못 끼면 이후 과정이 순조롭지 않듯이, 처음부터 낮은 임금의 일터에서 시작하면 이후 커리어 전체의 임금수준을 낮추게 된다. 이는 곧 나에게 찾아올 기회의 문을 좁히게 되는 꼴이 된다.

MZ세대들은 디지털 네이티브로서 새로운 기술과 트렌드에 민감하며, 수평적 소통과 빠른 피드백을 선호한다. 또한 부업이나 투잡을 통한 다중 수입원 확보에도 적극적이다. 이러한 세대적 특성은 퇴사를 바라보는 시각에도 영향을 미친다. 하지만 중요한 것은 세대적 특성을 핑계로 성급한 판단을 해서는 안 된다는 점이다.

한국경제연구원의 2024년 조사 결과는 충격적이다. 대기업 신입사원의 1년 내 퇴사율이 27.8%에 달한다. 4명 중 1명 이상이 소위 드림

컴퍼니로 불리는 대기업의 문을 1년도 채우지 못하고 나온다는 의미이다. 2010년 18.8%였던 1년 내 퇴사율은 매년 꾸준히 증가해 왔고, 이제는 어떤 기업도 이 문제에서 자유로울 수 없는 상황이 되었다.

더욱 놀라운 것은 이직을 준비하는 시기이다. 과거에는 최소 3년 이상 근무하고 이직을 고민하는 것이 일반적이었지만, 요즘은 입사 전부터 퇴사를 계획하는 경우가 많다. 취업포털 잡코리아의 조사에 따르면, 신입사원의 67.3%가 입사 전부터 계획된 퇴사를 고려하고 있었다고 한다. '일단 들어가서 배울 것은 배우고, 더 좋은 기회를 찾아 나가겠다'는 게 이들의 생각이다.

대형 IT기업 A 사의 신입사원 B 씨27세는 이렇게 말한다. "회사가 나쁜 건 전혀 아니다. 연봉도 괜찮고 복지도 좋다. 하지만 내가 정말 하고 싶은 일, 내 열정을 바칠 수 있는 일인지는 잘 모르겠다. 2년 정도 경험을 쌓고 스타트업으로 옮길 생각이다." 이런 생각을 품고 다니는 것은 B 씨만이 아니다. 같은 회사 인사담당자는 "요즘 신입사원들은 회사를 하나의 경력 플랫폼으로 보는 경향이 강하다"라고 말한다.

대기업 인사담당자들은 입사 초기 퇴사의 원인을 다음과 같이 분석한다. 첫째, 현실과 기대치의 차이Gap이다. 화려한 회사 이미지만 보고 입사했다가 실제 업무 환경과 조직문화에서 괴리를 느끼는 경우이다. 둘째, 소통의 부재이다. 수직적인 조직문화에서 자신의 의견을 제대로 표현하지 못하고 스트레스가 쌓이는 경우이다. 셋째, 성장 가능성에 대한 의구심이다. 자신의 커리어 성장이 보이지 않는다고 판단하는 경우이다.

하지만 현실은 냉혹하다. 통계에 따르면 퇴사를 선택한 MZ세대 직장인의 대부분이 후회한다고 한다. "퇴사하고 나니 이상하게도 주위가 너무 고요해 불안감에 사로잡혔다"라는 한 20대 퇴사자의 고백처럼 충동적이고 신중하지 못한 퇴사, 준비 없는 퇴사는 자칫 쪽박 찬 신세가 된다.

코로나19 이후 디지털 전환이 가속화되면서 직장의 개념도 크게 변하고 있다. 재택근무, 하이브리드근무, 디지털 노마드 등 새로운 근무 형태가 등장하면서 '회사'라는 물리적 공간의 의미도 달라지고 있다. 이러한 변화는 위기이자 기회로 작용한다. 하지만 어떤 상황에서든 무작정 퇴사를 선택하기보다는, 변화하는 환경에 맞춰 자신의 역량을 어떻게 발전시킬 것인지를 먼저 고민해야 한다.

2030 직장인들 사이에서는 '부캐' 만들기가 유행이다. 이는 현명한 접근이 될 수 있다. 본업을 유지하면서 부업을 통해 자신의 가능성을 시험해 보고, 실력을 쌓아가는 것이다. 하지만 이 과정에서도 본업에 대한 책임감과 집중력을 잃지 않는 것이 중요하다.

《오늘도 출근하는 김대리에게》의 저자 유세미는, 회사는 취미로 다니는 곳이 아니라고 강조했다. 일과 삶의 균형을 중시하는 2030 직장인들에게는 다소 도전적으로 들릴지 모르지만 회사에서 의미 있는 성과를 내기 위해서는 체계적인 노력과 집중이 필요하다는 의미로 받아들여야 한다.

조직생활에서의 성공은 자신의 생활 패턴을 얼마나 효율적으로 조정하느냐에 달려있다. 소셜미디어 활동이나 부업 등 회사 외적인 활동에 대한 욕구는 이를 어떻게 관리하느냐가 중요하다. 무조건적인 포기나 억압이 아닌, 시간과 에너지의 효율적 배분이 필요하다.

실제로 성공한 2030 직장인들의 특징을 보면 명확한 차이가 있다. 예를 들어, 성공한 IT 업계의 한 젊은 직장인은 회사 업무 시간에는 철저히 업무에 집중하고, 틈틈이 새로운 디지털 기술을 습득하며, 주말에는 관심 분야의 사이드 프로젝트를 진행한다. 이처럼 성공하는 사람들은 일과 삶의 균형을 단순한 시간 배분이 아닌, 자기 발전의 기회로 활용한다.

실력은 노력한 시간에 비례한다. SNS에서 화려하게 보이는 성공 스토리들도 실상을 들여다보면 수년간의 준비와 노력이 있었다. 그들이 선호하는 크리에이터, 스타트업 창업, 프리랜서 등의 경우는 더욱 철저한 준비가 필요하다. 이는 마치 복리 효과와 같아서 꾸준한 노력은 시간이 지날수록 큰 차이를 만들어낸다.

퇴사를 준비하는 과정에서는 자신의 실력과 시장가치를 객관적으로 평가하는 것이 중요하다. 소셜미디어나 온라인 커뮤니티에서 얻는 정보에만 의존하지 말고, 실제 현업에 있는 선배들의 조언을 구하거나 관련 업계의 실질적인 진입장벽을 파악하는 것이 중요하다.

퇴사는 더 이상 터부시되는 선택이 아니다. 하지만 그만큼 더 신중하고 전략적인 접근이 필요하다. 특히 디지털 시대의 빠른 변화 속에서, 현재 회사에서의 경험이 어떤 가치를 가질 수 있을지 냉철하게 판단해야 한다.

사표는 감정이 아닌 이성으로 써야 한다. 젊은 직장인들은 SNS나

온라인 커뮤니티를 통해 퇴사에 대한 다양한 정보와 경험담을 접한다. 하지만 각자의 상황과 조건이 다르다는 것을 인식해야 한다. "나는 정말 충분한 준비가 되어 있는가?", "이것이 감정적인 결정은 아닌가?", "다음 단계에 대한 구체적인 계획이 있는가?" 이러한 질문에 명확한 답을 할 수 없다면, 지금은 퇴사가 아닌 더 큰 성장을 위한 인내가 필요한 시기일 수도 있다.

지금의 직장이 힘들고 답답하더라도, 죽도록 열심히 해보는 것은 어떨까. 진정 죽을 만큼 노력해도 안 된다는 확신이 들 때, 그때 가서 떠나도 늦지 않다. 사회가 급변하는 지금, 안정적인 직장의 가치는 오히려 더 커지고 있다. 끝까지 버티는 자가 승리하는 시대, 어쩌면 지금이 바로 그때인지도 모른다.

'옷이 날개'라는 말처럼, 좋은 회사의 명함은 직장인의 사회적 날개가 된다. 들어가기 힘들었던 만큼 쉽게 포기하지 말고 끝까지 최선을 다해보는 것, 그것이 바로 오늘을 살아가는 직장인들에게 필요한 지혜가 아닐까. 퇴사를 고민하는 순간에는 "과연 지금의 선택이 10년 후의 나에게도 최선일까?"라는 질문을 던져보면 어떨까.

생각정리

1. 퇴사의 현실

ⓠ 지금 생각하고 있는 것이 10년 후에도 최선일까요?

Ⓐ 나의 생각

2. 공감 찾기

ⓠ 이 글에서 공감하는 부분은 어떤 것이 있나요?

Ⓐ 나의 생각

💡 작성 팁: 정답은 없습니다. ① 솔직하게 적어보세요. ② 시간을 충분히 가지세요. ③ 동료나 멘토와 함께
이야기를 나누어보는 것도 좋습니다. ④ 3~6개월 후 다시 작성해 보면 변화를 볼 수 있습니다.

7.7

준비된 자만이 새로운 문을 연다

신은 하나의 문을 닫으면 다른 쪽 문을 열어준다고 한다. 하지만 우리는 닫힌 문만 바라보며 절망하고 좌절한다는 것이다. 기회의 문은 늘 열리고 닫힌다. 하지만 준비된 사람만이 여닫히는 그 순간을 예리하게 알아챈다.

종로의 한 식당에서 만난 옛 직장동료들의 이야기는 우리 시대 직장인들의 현실을 적나라하게 보여준다.

S 전무는 임원으로 퇴직했지만 중소기업 전무로 제2의 인생을 왕성하게 살아가고 있다. M 팀장은 명예퇴직 후 건설현장을 전전하다가 결국 백수가 되었다. M 팀장은 촉망받는 대기업 신입사원으로 시작해 팀장까지 승진했지만 불쑥 날아온 명예퇴직 통보는 그의 인생을 송두리째 뒤바꿔놓았다. "백수로 일 년을 보내고 나니 스트레스로 멘탈이 붕괴되었다"라는 그의 고백은 준비 없는 퇴직의 상처가 얼마나 아픈지를 여실히 보여준다. 둘의 출발은 같았지만 끝은 서로 크게 달랐다.

《10년 차 직장인 은퇴 공부법》의 저자 김진형은 다양한 수입 파이프를 만들어야 한다고 조언했다. 하나의 수입원에 의존하지 말고, 여러 개의 낚싯대를 던져놓으라는 것이다. 이는 단순한 투자 조언이 아닌, 인생 전반에 걸친 위험관리 전략이라고 할 수 있다. 망망한 대해에서 어느 낚시에 물고기가 걸릴지는 아무도 모른다.

100세 시대를 살아가는 현대인에게 퇴직은 끝이 아닌 또 다른 시작이다. 퇴직 후의 삶은 단순한 여가생활로만 채울 수 없다. 규칙적인 일과와 의미 있는 활동이 필요하다. 건강한 노후의 비결은 매일 꾸준히 움직이는 것이다. 일이 있다는 것은 곧 목적이 있다는 것이고, 목적이 있으면 자연스럽게 움직이게 된다. 이러한 활동성이 삶의 질을 높이고 건강한 노년을 가능하게 만든다.

《직장인, 딱 3개월만 책 쓰기에 미쳐라》의 저자 이은화는 책이 자존감과 명예, 기회를 동시에 얻을 수 있는 최고의 수단이라고 말하며, 직장인들에게 책 쓰기를 통해 새로운 가능성을 모색할 것을 제안했다.

퇴직 준비는 연령대별로 다른 접근이 필요하다. 30대는 전문성 강화와 자기계발에 집중해야 한다. 디지털 역량을 키우고, 부업이나 사이드 프로젝트를 통해 다양한 경험을 쌓는 것이 중요하다. 자신만의 전문 분야를 만들어가는 시기이다.

40대는 본격적인 제2의 인생 설계가 필요한 시기다. 현재 직장에서의 위치와 향후 전망을 냉철하게 분석하고, 구체적인 대안을 마련해야 한다. 업계 네트워크를 활용한 창업이나 전문 컨설턴트로의 전환을 고려할 수 있다. 재테크와 자산 형성도 이 시기에 집중해야 한다.

50대는 실질적인 퇴직 준비에 들어가야 한다. 퇴직 후 삶에 대한 구체적인 시나리오를 만들고, 필요한 역량과 자원을 확보해야 한다. 현재의 전문성을 활용할 수 있는 분야를 찾거나, 새로운 분야에 도전하기 위한 준비를 해야 한다. 건강관리도 이 시기의 중요한 과제다.

60대 이상은 축적된 경험과 지혜를 활용할 수 있는 방안을 모색해야 한다. 멘토링이나 강연, 저술 활동 등을 통해 자신의 경험을 다음 세대와 공유하는 것도 좋은 방법이다. 또한 취미나 봉사 활동을 통해 삶의 의미를 찾는 것도 중요하다.

30여 년간 생활한 직장의 문을 나오면 또 다른 문이 기다린다. 새로운 문에 들어선다는 것은 분명 두렵고 낯선 일이다. 그 문은 천국의 문일 수도, 지옥의 문일 수도 있다. 신자가 믿음과 선행으로 천국으로 가듯, 직장인은 철저한 준비와 실천으로 천국문을 열어야 한다. 그리고 그 준비와 실천은 지금부터 바로 시작해야 한다.

안정적인 직장에 들어갔다고 해서 인생의 모든 가능성이 거기서 끝난 것은 아니다. 많은 사람들이 현재의 안정에 안주하며 더 큰 도전을 포기하곤 한다. 하지만 우리 인생에는 아직 개척하지 않은 무한한 잠재력이 남아있다. 현재의 자리는 더 큰 도약을 위한 디딤돌일 뿐이다.

직장이라는 한정된 공간에서 벗어나 더 넓은 세상으로 나아갈 수 있는 기회는 항상 존재한다. 다만 그 문으로 들어가기 위해서는 준비가 필요하다. 지금 당신이 안정적인 직장에 있다면, 그것은 새로운 도전을 위한 준비를 할 수 있는 소중한 시간이다.

오늘날의 불확실한 시대에서 성공적인 인생을 위해서는 하나의 길에만 의존해서는 안 된다. 다양한 수입원을 확보하고, 자신만의 콘텐츠를 만들어내는 등 여러 가지 가능성을 동시에 준비해야 한다. 이는 단순히 부수입을 만드는 차원을 넘어서, 자신의 전문성을 새로운 영역으로 확장하고 미래의 기회를 준비하는 과정이다.

새로운 문은 언제나 열려 있지만 그 문에 들어가기 위해서는 용기가 필요하다. 용기는 하고자 하는 욕망에서 나온다. 욕망은 희망 또는 목표에서 나온다. 즉, 퇴직 후 어떤 분야에서 활동할 것인가 하는 밑그림이 있어야 한다.

예로서 필자는 퇴직 후 그림이라는 문, 글쓰기 문, 관광학 박사의 문, 대학 강단의 문에 들어가서 활동하고 있다. 이 모든 것들이 퇴직 후 짧은 시간에 가능할 수 있었던 것은 퇴직 전부터 나름의 밑그림을 수년간 반복한 덕분이다.

가능성은 공평하다. 그건 우리 모두에게 열려 있다. 중요한 것은 지금 당장 시작하는 것이다. 새로운 공부를 시작하거나, 취미를 개발하거나, 글을 쓰거나 등 이런 작은 시작이 결국 인생을 바꾼다. 우리 모두는 언젠가 직장이라는 문을 나서게 된다. 그때 어떤 다른 문으로 들어갈지는 지금부터 어떤 준비를 하느냐에 달려 있다.

온라인 교육 플랫폼의 발달로 누구나 언제 어디서든 원하는 것을 배울 수 있게 되었다. 퇴직 후의 삶을 준비하는 데는 더없이 좋은 시대다. 또한 긱 이코노미Gig Economy의 성장은 우리에게 새로운 기회의 창을 열어주고 있다. 전문성을 가진 개인이 시간과 장소에 구애받지 않고 일할 수 있는 환경이 만들어지고 있는 것이다. 이는 은퇴 후에도 전문성을 활용해 수입을 창출할 수 있는 새로운 가능성을 제시한다.

기회는 준비된 사람의 주변을 서성인다. 퇴직은 또 다른 시작이지만, 새로운 시작이 빛나려면 사전 준비가 철저해야 한다. 기회는 준비된 사람에게만 활짝 문을 열어준다. 새로운 문은 당신을 기다리고 있는데, 당신은 지금 어떤 준비를 하고 있는가?

생각정리

1. 새로운 문

ⓠ 나는 어떤 새로운 문으로 들어가고 싶은가요? 준비는 어떻게 하고 있나요?

Ⓐ 나의 생각

2. 공감 찾기

ⓠ 이 글에서 공감하는 부분은 어떤 것이 있나요?

Ⓐ 나의 생각

💡 작성 팁: 정답은 없습니다. ① 솔직하게 적어보세요. ② 시간을 충분히 가지세요. ③ 동료나 멘토와 함께 이야기를 나누어보는 것도 좋습니다. ④ 3~6개월 후 다시 작성해 보면 변화를 볼 수 있습니다.

7.8

퇴근 후 시간이 내일을 바꾼다

직장인의 하루는 다람쥐 쳇바퀴처럼 돌아간다. 아침에 눈을 뜨면 서둘러 출근준비를 하고, 종일 업무에 시달리다, 저녁이 되면 파김치가 되어 퇴근한다. 똑같은 일상이 반복되면서 많은 직장인은 '무엇을 위해 살아가는지' 질문조차 잊은 채 하루하루를 건너간다.

우리는 하루의 대부분을 직장에서 보낸다. 직장은 '내가 어찌할 수 있는' 공간이 적은 곳이다. 회사의 메뉴얼대로, 상사의 지시대로 움직여야 하는 곳이 직장이다. 직장인이 온전히 자기만의 것으로 쓸 수 있는 것은 퇴근 후 시간이다.

'퇴근 후 무엇을 하며 미래의 가치를 올릴까?' 목숨 걸어도 좋을 만한 것을 찾아야 한다. 자신의 영혼을 울리는 것, 시간 가는 줄 모르고 몰입할 수 있는 것, 평생 해도 지치지 않을 것 같은 그 무언가를 찾아야 한다. 그것은 예술일 수도 있고, 스포츠일 수도 있다. 사회공헌 활동이나 새로운 분야의 학습일 수도 있다.

중요한 것은 그 활동이 단지 시간 때우기가 아닌, 자신의 존재 가치를 확인하고 삶의 의미를 찾을 수 있는 것이어야 한다는 점이다. 직장생활은 우리에게 경제적 안정과 사회적 지위를 제공한다.

하지만 이것만으로는 인간의 총체적인 행복을 이루기에 부족하다. 우리에게는 자아실현의 욕구가 있고, 창조적 활동을 통한 성취감이 필요하며, 무엇보다 자신만의 고유한 삶의 의미를 찾고자 하는 근원적인 갈망이 있다.

한국직업능력연구원의 〈2023년 직장인 경력개발 실태조사〉에 따르면, 퇴근 후 자기계발 활동을 하는 직장인이 41.2%이며 퇴직 후에 대한 준비계획이 있는 직장인이 35.7%에 불과했다. 이는 아직도 많은 직장인이 퇴근 후의 시간을 효과적으로 활용하지 못하고 있음을 보여준다.

피터 드러커Peter Drucker는 "자신의 인생을 관리하는 것은 자신의 일을 관리하는 것보다 더 중요하다"라고 했다. 이는 직장에서의 성공만큼이나 개인의 삶을 어떻게 설계하고 관리하느냐가 중요하다는 의미이다.

퇴근 후의 시간은 이러한 갈망을 충족시킬 수 있는 황금과도 같은 시간이다. 이 시간을 어떻게 활용하느냐에 따라 우리의 삶은 완전히 다른 모습으로 변화할 수 있다. 단순히 TV를 보거나 스마트폰을 들여다보며 시간을 소비할 수도 있지만, 자신만의 열정을 발견하고 키워나가는 소중한 시간으로 만들 수도 있다.

자신만의 열정을 찾는 과정은 결코 쉽지 않다. 이는 마치 광활한 사막에서 보물을 찾는 것과도 같은 여정이 될 수 있다. 하지만 이 여정은 그 자체로 의미가 있고 가치가 있다.

자신에 대해 깊이 탐구하고, 다양한 경험을 시도하며, 때로는 실패도 하면서 진정으로 자신이 원하는 것이 무엇인지 알아가는 과정은 그 자체로 인생을 풍요롭게 한다.

이 여정은 먼저 과거를 돌아보는 것에서 시작된다. 어린 시절부터 현재까지 가장 행복하고 몰입했던 순간들을 되새겨보자. 시간 가는 줄 모르고 집중했던 활동들, 무언가에 완전히 빠져들었던 경험들은 무엇이었던가? 이는 자신에게 내재된 관심사를 발견하는 중요한 실마리가 될 수 있다.

다음으로는 적극적인 탐험의 시기이다. 온라인 강좌를 통해 새로운 분야를 맛보고, 주말 워크숍에 참여하며 다양한 경험을 쌓아간다. 한 달에 최소 한두 가지 새로운 활동을 시도하는 것이 좋다. 유튜브 영상, 팟캐스트, 블로그 등을 통해 다양한 분야의 이야기를 접하면서 나의 호기심을 자극하는 주제가 무엇인지 찾아보자.

관심사가 점차 구체화되기 시작하면, 해당 분야에 관해 더 깊이 탐구하기 시작한다. 관련 전문가들의 이야기를 듣고, 실제 진입 장벽과 필요한 역량이 무엇인지 파악해 본다. 이 과정에서 자신만의 학습 로드맵을 그려나갈 수 있다.

실제 작은 프로젝트를 시작하는 것도 유익하다. 개인 블로그를 운영하거나, 소규모 프로젝트를 기획해 보자. 이 과정에서 중요한 것은 완벽함이 아니라 꾸준함이다. 작은 성과들을 기록하고 공유하면서 자신의 여정을 추적해 나간다.

이 과정에서 가장 중요한 것은 자신에 대한 압박감 없이 즐기는 태도이다. 모든 탐험에는 실패와 좌절이 따르기 마련이다. 하지만 이를 두려워하지 말고 학습의 기회로 받아들여라. 열정은 하루아침에 발견되는 것이 아니라 꾸준한 탐색과 시도를 통해 천천히 피어나는 것이다.

정기적으로 자신의 관심사를 재평가하고, 변화를 허용하는 유연성을 가져보자. 오늘 자신이 열정적으로 느끼는 것이 내일에는 달라질 수 있다. 중요한 것은 호기심을 잃지 않고 계속해서 배우고 성장하는 것이다.

자신만의 열정을 발견했다면, 이제는 그것을 나의 것으로 만들어가는 과정이 필요하다. 이는 단순한 관심이나 흥미 수준을 넘어 진정한 전문성과 깊이를 갖추어가는 것을 의미한다. 관련 분야의 지식을 쌓고, 필요한 기술을 습득하며, 실제 경험을 통해 자신만의 노하우를 만들어가는 것이다.

중요한 것은 꾸준함이다. 하루아침에 전문가가 될 수는 없다. 매일 조금씩이라도 시간을 투자하고, 꾸준히 노력하는 것이 중요하다. 퇴근 후 저녁 시간, 주말의 여유로운 시간들을 활용하여 조금씩 발전해 나가다 보면, 어느새 상당한 수준의 전문성을 갖출 수 있게 될 것이다.

같은 관심사를 가진 사람들과의 교류도 매우 중요하다. 다양한 네트워크를 통해 새로운 정보와 지식을 얻을 수 있고, 서로의 경험을 나누며 함께 성장할 수 있다. 때로는 이러한 인연이 새로운 기회로 이어지기도 한다.

자신만의 열정을 발견하고 키워나가는 과정은 직장에서의 스트레스를 해소하는 데도 크게 도움이 된다. 일상에도 새로운 활력이 생기며, 이는 미래의 새로운 가능성도 열어준다.

오늘의 열정이 내일의 새로운 직업으로 이어질 수도 있고, 새로운 수입원의 씨앗이 될 수도 있으며, 사회에 공헌하는 동기부여가 될 수도 있다.

퇴근 후의 시간은 단순히 '남는 시간'이 아닌, 삶을 변화시킬 수 있는 '무한한 가능성'의 시간이다. 하루는 9시부터 6시까지가 전부가 아니다. 매일 저녁 2시간씩 투자한다면, 1년이면 730시간이다. 이는 전문가가 되기 위한 1만 시간의 7.3%에 해당한다. 작은 시작이 모여 큰 변화를 만들어낸다.

진정으로 사랑하는 것을 위한 투자와 노력은 결코 낭비되는 법이 없다. 작은 성취와 기쁨들이 모이면 우리의 삶은 더욱 풍요롭고 의미로 가득 찬다. 직장이 생계를 책임진다면, 퇴근 후의 시간은 영혼을 살찌우는 시간이 될 것이다. 지금 이 순간부터 시작하라. 한 걸음부터, 작은 관심과 호기심부터, 짧은 시간의 투자부터!

시작하기에 늦은 때란 없다. 오늘 퇴근 후, 당신은 무엇에 투자하겠는가? 인생은 우리가 선택한 것들의 총합이다. 그 선택이 나의 미래를 결정할 것이다.

생각정리

1. 퇴근 후 목숨 걸 것

◎ 평생 해도 지치지 않고 몰입할 수 있는 것은 무엇인가요?

Ⓐ 나의 생각

2. 공감 찾기

◎ 이 글에서 공감하는 부분은 어떤 것이 있나요?

Ⓐ 나의 생각

💡 작성 팁: 정답은 없습니다. ① 솔직하게 적어보세요. ② 시간을 충분히 가지세요. ③ 동료나 멘토와 함께
이야기를 나누어보는 것도 좋습니다. ④ 3~6개월 후 다시 작성해 보면 변화를 볼 수 있습니다.

견디고 버텨 꽃을 피워라

"명확히 설정된 목표가 없으면 사소한 일상을 충실히 살다 결국 그 일상의 노예가 된다."

내가 임원까지 오르는 직장생활을 하면서 길이 막막할 때마다 가슴에서 꺼내 뜻을 새긴 로버트 하인라인Robert Anson Heinlein의 말이다.

세상에 완성형은 없고 완성체도 없다. 어제보다 나은 오늘, 오늘보다 나은 내일을 향해 꿈을 안고 걸어가는 과정이 있을 뿐이다. 삶은 언제나 end가 아니라 and이다. and에는 고난과 시련도 있지만 도전과 기회, 그리고 꿈이 있다.

세상 어디에도 누구나 '완벽한 직업'은 없다. 하지만 완벽하지 않은 그 직장에서 각자의 삶을 설계하고, 자아실현을 향해 한 발짝 발을 내딛는다. 우리가 하는 모든 일에는 나름의 숭고한 의미가 담겨 있다. 직장은 곧 그 숭고한 의미들의 집합체다. 씨앗은 심는 깊이가 다르고 심는 장소가 다르다. 우리의 재능도 마찬가지다.

짧지 않았던 나의 직장생활도 돌이켜 보면 수많은 좌절과 어려움이 앞을 가로막았다. 하지만 그때마다 '일단, 닥치고 버티자'라는 마음가짐으로 난관을 돌파했다. 위기는 '위태로움'과 '기회'의 합성어다. 난관에서 주저앉지 않으면 기회가 다시 노크한다는 것을 오랜 직장생활에서 몸소 깨달았다.

브라이언 트레이시Brian Tracy는 "행복을 가로막는 것은 부정적 감정이다"라고 했다. 직장생활에서도 마찬가지다. 부정적 감정을 극복하는 최고의 묘약은 '성장'이다. 새로운 도전, 꾸준한 학습, 한 걸음씩의 진보는 부정을 긍정으로 바꾸는 마법의 힘이 있다. 간절히 꿈꾸면 현실이 되고, 기적은 믿는 자에게만 일어난다.

여러분 앞에는 제2의 인생이 기다리고 있다. 지금의 어려움은 화려한 인생 2막을 위한 소중한 밑거름이다. 《레 미제라블Les Miserables》의 저자 빅토르 위고Victor Hugo의 말을 빌리면 "겁 많은 자들에게 미래는 불가능이고, 약한 자들에게 미래는 미지未知이며, 용기 있는 자들에게 미래는 기회"이다.

직장인들이여! 지금 고되고 힘들어도 조금 더 버티고, 조금 더 성장하라. 그리하여 마침내 여러분만의 화사한 꽃을 피워라.

이 책이 출간되기까지 많은 분들의 도움을 받았다. 생의 첫 책이 태어나게 도와준 글로벌콘텐츠 출판그룹 홍정표 대표님과 김미미 이사님, 글을 매끄럽게 다듬어준 신동열 작가님, 디지털책쓰기코칭협회 가재산 회장님과 김영희 본부장님, 디지털 책글쓰기 6대학의 기회를 만들어 주신 e클럽 이상철 회장님과 동기생님들 모두께 감사드린다.

새로운 것에 도전하는 남편을 늘 곁에서 묵묵히 격려해 준 아내와 믿고 지켜봐 준 아들 덕분에 이 글을 무사히 마칠 수 있었다. 외손주를 사랑으로 키우며 모든 일을 잘하고 있는 딸과 사위 그리고 희망의 척척박사 외손주 강태현의 응원도 큰 힘이 되었다. 글을 쓰면서 가족의 소중함을 새삼 다시 깨달았다.

늘 격려와 힘이 되어주는 직장 선후배님, 사회 선후배님, 학교 교수님과 학생 등 저를 아는 모든 분들께 진심으로 감사드린다.

┃참고문헌┃

- 김난도 외, 《트렌드 코리아 2025》, 미래의창, 2024.
- 김무귀, 장은주 옮김, 《IQ 최고들의 일머리 법칙》, 리더스북, 2017.
- 김병숙, 《은퇴 후 8만 시간》, 조선북스, 2012.
- 김진형, 《10년 차 직장인 은퇴 공부법》, 위닝북스, 2016.
- 나폴레온 힐Napoleon Hill 유광선·최강석 번역 《생각하라 그러면 부자가 되리라》, 와일드북, 2021.
- 대니얼 골먼 Daniel Goleman, 황태호 번역, 《감성지능 EQ》, 비전코리아, 1997.
- 라즐로 복Laszlo Bock, 이경식 역, 《구글의 아침은 자유가 시작된다》, 알에이치코리아, 2015.
- 롭 무어Rob Moore, 김유미 역, 《레버리지》, 다산북스, 2017.
- 리처드 코치Richard Koch, 유한수 번역 《80/20 세계를 지배하는 자연 법칙》, 21세기북스, 2002.
- 마커스Marcus·애슐리Ashley, 이영래 옮김, 《일에 관한 9가지 거짓말》, 쌤앤파커스, 2019.
- 마크 그라노베터Mark Granovetter, 유홍준·정태인 역 《일자리 구하기》, 아카넷, 2012
- 마크 맨슨Mark Manson, 한재호 역, 《신경 끄기의 기술》, 갤리온, 2017.
- 마틴 베레가드Martin Bjergegaard·조던 밀른Jordan Milne, 김인수 역, 《스마트한 성공들》, 걷는나무, 2014.
- 말콤 글래드웰Malcolm Gladwell, 노정태 역, 《아웃라이어》, 김영사, 2019.
- 모기 겐이치로, 조해선 번역, 《아침의 재발견》, 비즈니스북스, 2019.
- 박영숙·제롬 글렌Jerome C. Glenn, 이영래 역, 《세계미래보고서 2055》, 비즈니스북스, 2017.
- 벤자민 프랭클린Benjamin Franklin, 이혜경 역, 《부자가 되는 길》, 도서출판 청년정신, 2010.
- 브라이언 트레이시Brian Tracy, 서사봉 옮김, 《백만불짜리 습관》, 용오름, 2005.
- 브라이언 트레이시Brian Tracy, 김수연 옮김, 《그냥, 닥치고 하라!》, 나무, 2016.
- 브라이언 트레이시Brian Tracy, 이옥용 옮김, 《개구리를 먹어라!》, 문학수첩, 2013.

- 브라이언 트레이시Brian Tracy, 최린 옮김, 《당신의 무기는 무엇인가》, 와이즈맵, 2018.
- 사이쇼 히로시, 최현숙 역, 《아침형 인간》, 한스미디어, 2003.
- 샤오란, 홍민경 옮김, 《나는 직장인으로 살기로 했다》, 베이직북스, 2017.
- 셰릴 샌드버그Sheryl Sandberg·애덤 그랜트Adam Grant, 안기순 역, 《옵션 B》, 와이즈베리, 2017.
- 스기모토 요시아키, 이진주 옮김, 《싸우지 않고 이기는 대화법》, 좋은책만들기, 2010.
- 시오노 나나미Nanami Shiono, 김석희 역, 《로마인 이야기》, 한길사, 1995.
- 신현만, 《회사가 붙잡는 사람들의 1% 비밀》, 위즈덤하우스, 2009.
- 쑨젠화, 조홍매 옮김, 《샤오미 스타일》, 스타리치북스, 2017.
- 애덤 그랜트Adam Grant, 윤태준 역, 《기브 앤 테이크》, 생각연구소, 2013.
- 앤드류 매튜스Andrew Matthews, 노혜숙 역, 《마음 가는 대로 해라》, 생각의나무, 1998.
- 앤디 앤드루스Andy Andrews, 이종인 옮김, 《폰더 씨의 위대한 하루》, 세종서적, 2011.
- 앨런 웨이스Alan Weiss·마셜 골드스미스Marshall Goldsmith, 김지현 번역, 《라이프 스토밍》, KMAC, 2018.
- 에이미 모린Amy Morin, 유혜인 역, 《나는 상처받지 않기로 했다》, 비즈니스북스, 2015.
- 엠제이 드마코MJ DeMarco, 신소영 역, 《부의 추월차선》, 토트출판사, 2013.
- 오기범, 《어쩌다 보니 지구 반대편》, 포스트락, 2023.
- 유세미, 《오늘도 출근하는 김대리에게》, 책들의정원, 2022.
- 윤정원, 《살아남는 것들의 비밀》, 라곰, 2022.
- 이나가키 에미코Emiko Inagaki, 김미형 역, 《퇴사하겠습니다》, 엘리, 2017.
- 이나모리 가즈오, 양준호 번역, 《생각의 힘》, 한국경제신문, 2018.
- 이민주, 《지금까지 없었던 세상》, 쌤앤파커스, 2015.
- 이승욱, 《포기하는 용기》, 북스톤, 2018.

- 이시형, 《공부하는 독종이 살아남는다》, 중앙북스, 2009.
- 이와타 마쓰오, 김윤경 번역, 《결국 성공하는 사람들의 사소한 차이》, 비즈니스북스, 2018.
- 이은재, 《하는 일마다 인정받는 사람들의 비밀》, 다연, 2019.
- 이은화, 《직장인, 딱 3개월만 책 쓰기에 미쳐라》, 시너지북, 2014.
- 이지성, 《꿈꾸는 다락방》, 차이정원, 2017.
- 이필주, 《나는 행복한 퇴사를 준비 중입니다》, 미다스북스, 2018.
- 장한이, 《회사에 들키지 말아야 할 당신의 속마음》, 이다북스, 2018
- 정민, 《다산선생 지식경영법》, 김영출판사, 2006.
- 정상현, 《소심한 정대리는 어떻게 1년만에 10년치 연봉을 벌었을까》, 다른상상, 2018.
- 정양호, 《때로는 길이 아닌 길을 가라》, 매일경제신문사, 2016.
- 제니스 캐플런Janice Caplen, 김은경 역, 《감사하면 달라지는 것들》, 위너북, 2016.
- 제임스 클리어James Clear, 이한이 역, 《아주 작은 습관의 힘》, 비즈니스북스, 2019.
- 제이슨 셍커Jason Schenker, 박상현 옮김, 《코로나 이후 불황을 이기는 커리어 전략》, 미디어숲, 2020.
- 조지 베일런트George E. Vaillant, 이덕남 옮김, 《행복의 조건》, 프런티어, 2010.
- 존 맥스웰John Maxwell, 김고명, 《다시 일어서는 힘》, 비즈니스북스, 2017.
- 진회숙, 《나를 위로하는 클래식 이야기》, 21세기북스, 2009.
- 짐 콜린스Jim Collins, 이무열 번역, 《굿 투 그레이트》, 김영사, 2021.
- 찰스 두히그Charles Duhigg, 강주헌 역, 《습관의 힘》, 갤리온출판, 2012.
- 최효진, 《유능제강》, 한스미디어, 2013.
- 칼 뉴포트Cal Newport, 김태훈 번역, 《딥 워크Deep Work》, 민음사, 2017.
- 켄 블랜차드Ken Blanchard, 조천제 역, 《칭찬은 고래도 춤추게 한다》, 21세기북스, 2003.
- 테시마 유로, 한양심 번역, 《가난해도 부자의 줄에 서라》, 21세기북스, 2001.

- 토니 로빈스Tony Robbins, 홍석윤 역 《네 안에 잠든 거인을 깨워라》, 넥서스BIZ, 2023.
- 피터 드러커Peter F. Drucker, 이재규 역, 《프로페셔널의 조건》, 청림출판, 2016.
- 한성철·김진영, 《인테러뱅》, 이른아침, 2010.
- 할 엘로드Hal Elrod, 김현수 옮김, 《미라클모닝》, 한빛비즈, 2016.
- 황인태, 《리더에게 인정받는 직원의 40가지 비밀》, 라온북, 2017.

닥치고 버텨라

© 안주석, 2025

1판 1쇄 인쇄_2025년 4월 17일
1판 1쇄 발행_2025년 4월 22일

지은이_안주석
펴낸이_홍정표

펴낸곳_글로벌콘텐츠
　　　등록_제25100-2008-000024호

공급처_(주)글로벌콘텐츠출판그룹
　　　대표_홍정표 이사_김미미 편집_백찬미 강민욱 남혜인 홍명지 권군오
　　　디자인_가보경 기획·마케팅_이종훈 홍민지
　　　주소_서울특별시 강동구 풍성로 87-6 전화_02-488-3280 팩스_02-488-3281
　　　홈페이지_www.gcbook.co.kr 메일_edit@gcbook.co.kr

값 19,000원
ISBN 979-11-5852-530-9 03320